KARL PILKINGTON
EIN IDIOT UNTERWEGS

Buch

Um sich einen Spaß zu erlauben und eine unterhaltsame Fernsehserie zu produzieren, schicken die beiden britischen Kult-TV-Moderatoren Ricky Gervais und Stephen Merchant ihren Kumpel Karl Pilkington auf eine Reise um die Welt. Auf der Agenda stehen alle sieben Weltwunder – von den ägyptischen Pyramiden über den Tadsch Mahal bis hin zur Chinesischen Mauer. Karl ist von der ganzen Sache nur mäßig begeistert, haben sich seine bisherigen Urlaube doch auf Großbritannien, maximal das Mittelmeer, beschränkt. Dazu kommt, dass Karl auf keine Luxusreise geschickt wird, sondern in billigen Hotels oder bei armen Einheimischen übernachten muss, nur um tagsüber ein anstrengendes und oft actiongeladenes Sightseeing-Programm zu durchlaufen. All das gehört jedoch zu den vielen schönen und weniger schönen Überraschungen, mit denen Karl sich erst vor Ort konfrontiert sieht …
In seinem Reisetagebuch schildert er seine bizarrsten, witzigsten und verrücktesten Erlebnisse an einigen der beeindruckendsten und aufregendsten Orten der Welt.

Autor

Karl Pilkington ist Guinness-Buch-Rekordhalter für den meistgeklickten Podcast aller Zeiten und hat in Großbritannien fünf Bücher auf die Bestsellerliste gebracht. *Ein Idiot unterwegs* ist britischer Nummer-1-Bestseller und zugleich sein erster Titel, der auf Deutsch erschienen ist. Auch die Fortsetzung *Ein Idiot reist weiter – Abenteuer und Fettnäpfchen aus aller Welt* hat den Sprung auf die *Sunday-Times*-Bestsellerliste geschafft. Pilkingtons schräge Sicht der Dinge erschüttert inzwischen auch die Zwerchfelle deutscher Fernsehzuschauer.

KARL PILKINGTON
MIT RICKY GERVAIS UND STEPHEN MERCHANT

EIN IDIOT UNTERWEGS

DIE WUNDERSAMEN REISEN DES KARL PILKINGTON

Aus dem Englischen
von Leena Flegler

blanvalet

Die Originalausgabe erschien 2010 unter dem Titel
An Idiot Abroad – The Travel Diaries of Karl Pilkington
bei Canongate Books, Edinburgh.

Verlagsgruppe Random House FSC® N001967

1. Auflage
Taschenbuchausgabe März 2016 bei Blanvalet,
einem Unternehmen der Verlagsgruppe Random House GmbH, München
© der Originalausgabe 2010 by Karl Pilkington
Einleitung und Dialoge: © 2010 by Ricky Gervais und Stephen Merchant
© der deutschsprachigen Ausgabe 2014 by Blanvalet Verlag,
in der Verlagsgruppe Random House GmbH, München
Umschlaggestaltung: www.buerosued.de
Umschlagfoto: © Freddie Clare
Redaktion: Hannah Jarosch
AF Herstellung: wag
Satz: Uhl + Massopust, Aalen
Druck und Einband: GGP Media GmbH, Pößneck
Printed in Germany
ISBN: 978-3-7341-0227-1

Besuchen Sie uns auch auf
www.facebook.com/blanvalet und
www.twitter.com/BlanvaletVerlag.

www.blanvalet.de

INHALT

EINLEITUNG	7
KAPITEL 1: DIE PYRAMIDEN	13
KAPITEL 2: CRISTO REDENTOR	43
KAPITEL 3: DAS TADSCH MAHAL	75
KAPITEL 4: CHICHÉN ITZÁ	111
KAPITEL 5: DIE CHINESISCHE MAUER	149
KAPITEL 6: PETRA	181
KAPITEL 7: MACHU PICCHU	217

EINLEITUNG

»ICH WEISS AUCH NICHT, WIE ICH'S BESSER AUSDRÜCKEN SOLL: ER IST EINFACH EIN VOLLTROTTEL. EIN VÖLLIG DURCHGEKNALLTER, HIRNLOSER, ENGSTIRNIGER IDIOT.«

RICKY GERVAIS

»IM MITTELALTER IN IRGENDEINEM DRECKSKAFF, AUS DEM MAN NICHT RAUSKAM, WÄRE ER EIN GLÜCKLICHERER MENSCH GEWESEN.«

STEPHEN MERCHANT

STEPHEN: Er ist durch und durch ein echter Freak, und wir haben uns schon oft gedacht, dass wir ihn der Welt präsentieren sollten wie in einem dieser viktorianischen Kuriositätenkabinette. Wie P.T. Barnum und sein fetter Freund, die einem zurufen: »Diese Attraktion musst du gesehen haben!«
RICKY: Ich meine... Ich weiß auch nicht, wie ich's besser ausdrücken soll: Er ist einfach ein Volltrottel. Ein völlig durchgeknallter, hirnloser, engstirniger Idiot.
STEPHEN: Wir haben ihn schon oft als die menschliche Inkarnation von Homer Simpson bezeichnet, und ich finde, das trifft es auch ganz gut.
RICKY: Stimmt.
STEPHEN: Homer ist arrogant und ein Idiot. Engstirnig, kleinkariert und trotzdem eine grundgute Person.
RICKY: Und liebenswert. Wirklich liebenswert. Selbst wenn Karl die schrecklichsten Dinge sagt, kommt er damit durch, weil er sie auf so eine naive und nette Art sagt – wie ein kleines Kind. Zum Beispiel: »Chinesen werden zu schnell alt.« Als ich hier nachgehakt habe, meinte er nur: »Chinesen werden nicht wie wir nach und nach älter, oder hast du schon mal einen 35-jährigen Chinesen gesehen?« Ich fragte ihn: »Wie meinst du das?«, und er erklärte: »Na ja, wenn sie jung sind, sehen sie gut aus, aber dann werden sie über Nacht schrumpelig. So wie Obst.« Ich sag nur: der alltägliche Rassismus...
STEPHEN: Das ist nicht rassistisch, das ist einfach bescheuert.
RICKY: Du denkst, es ist bescheuert? Er glaubt das wirklich. Ich hab ihm übrigens dann erzählt, dass ein paar der ältesten Menschen der Welt Chinesen sind, und Karl meinte daraufhin: »Das behaupten die nur.« Und dass sie wahrscheinlich lügen. Er glaubt allen Ernstes, dass diese Chinesen in Wirklichkeit fünfunddreißig Jahre alt sind und ihr wahres Alter verschwei-

gen, weil sie seiner Meinung nach nicht wie jeder andere auch, sondern plötzlich über Nacht altern. Er ist echt ein Idiot. Ich meine, allein schon diese ganzen Theorien und seine Auffassung vom Leben. Wenn seine Freundin ihn nicht immer wieder dazu bringen würde, würde er nie verreisen.
STEPHEN: Im Mittelalter in irgendeinem Dreckskaff, aus dem man nicht rauskam, wäre er ein glücklicherer Mensch gewesen. Das hätte ihm gereicht.
RICKY: Oh ja, und er hätte sich seine eigenen Theorien über den Mond zurechtlegen können.
STEPHEN: Völlig verängstigt, weil er nicht gewusst hätte, wohin der tagsüber verschwindet.
RICKY: Ja, er ist wirklich ein Unikat. Und ich finde, wir sollten ihm die Gelegenheit geben, seinen Horizont zu erweitern. Heißt es nicht immer, Reisen bildet? Es wäre großartig, ihn auf eine Weltreise zu schicken…
STEPHEN: Oh ja, gut! Klar, er ist schon verreist, aber nur an Orte wie Mallorca. Wo es sicher ist. Eine schöne kleine zweiwöchige Pauschalreise.
RICKY: Wenn seine Freundin nicht wäre, würde er nie etwas unternehmen. Er würde daheimbleiben und das Geschirr spülen, denn das ist zu Hause sein Job. Und darauf freut er sich sogar, weil er das eben schon mal gemacht hat und kennt. Manchmal ruf ich ihn an, und dann erzählt er: »Ich spüle gerade ab«, als wäre das eine Riesensache. Er hat auch mal Tagebuch geführt und reingeschrieben, dass er abgespült und die Schuhe seiner Freundin zum Schuster gebracht hat. Und ganz ehrlich: Den Begriff »Schuster« hatte ich seit einer halben Ewigkeit nicht mehr gehört…
STEPHEN: Ich wusste gar nicht, dass es die noch gibt! Ich dachte, die gäbe es nur noch im Märchen!

RICKY: Ganz genau. Jedenfalls bringt sie ihn dazu, mit ihr in den Urlaub zu fahren. Wenn sie bucht, fährt er mit. »Die Alternative ist, dass ich allein daheimbleibe«, sagt er dann, aber wenn er das macht, dann vergisst er zu essen. Kannst du dich noch an die E-Mail erinnern, die Karl einmal aus Versehen an den Radiosender geschickt hat, für den er damals gearbeitet hat, und die sein Kollege dann an uns weiterleitete? Eine E-Mail von seiner Freundin. Sie ist wohl an dem Abend ausgegangen und hat ihm haargenau beschrieben, wo die Quiche im Kühlschrank steht und dass sie sie bereits in Stücke geschnitten hat. Sie hatte sogar ein Zettelchen mit »ESSEN« draufgeklebt.
STEPHEN: Hat er nicht auch mal versucht, Fischstäbchen im Toaster aufzuwärmen?
RICKY: Ja, das hat er. Nein, warte, es waren Würstchen!
STEPHEN: Würstchen, stimmt!
RICKY: Ja, und sie kam heim und fragte nur: »Was zum Teufel tust du da?« Er hat auch einfach mal vergessen zu trinken und deswegen Nierensteine bekommen. Also wirklich, er ist ...
STEPHEN: Er ist einer dieser typischen bekloppten Engländer, die ihre Komfortzone nicht verlassen wollen. Das ist der eigentliche Kern der Sache. Es ist doch so: Er hat alles um sich herum, was er mag und womit er gut klarkommt. Und wenn er in den Urlaub fährt, dann gehört er zu jenen Leuten, die sogar Teebeutel einpacken. Er kann es nicht leiden, sich mit Dingen auseinanderzusetzen, die er nicht kennt. Und er ist fest davon überzeugt, dass es ihn auch nicht interessiert. Was uns bei der Idee, ihn auf Reisen zu schicken, ganz besonders reizt. Wir möchten gern sehen, wie er in die Welt hinausgeht und auf andere Kulturen trifft, andere Menschen,

und schauen, ob das seine Sicht auf die Welt auf irgendeine Art verändert.

RICKY: Genau. Ich muss übrigens zugeben, dass Stephens Motive bei der ganzen Sache um einiges ehrenwerter sind als meine eigenen. Stephen will, dass Karl diese Reisen genießt ...

STEPHEN: Ich bin selbst weit gereist. Ich war an allen möglichen exotischen Orten. Ich finde wirklich, dass Reisen bereichert. Mich persönlich hat es bereichert ...

RICKY: Und ich will, dass er es aus tiefstem Herzen hasst. Ich will mich darüber amüsieren, dass er jede einzelne Sekunde zum Kotzen findet. Das ist mein Beweggrund. Ich bin der Meinung, wir sollten ihn in der Holzklasse losschicken. Wir sollten ihn in den allerletzten Baracken und Bruchbuden übernachten lassen. Und ihn mit den allerschlimmsten Erniedrigungen konfrontieren, die uns nur einfallen. Das wird zum Schreien komisch! Es gibt nichts Komischeres als Karl, der in einer Ecke kauert und mit einem Stock gepikst wird. Dieser Stock bin ich, und jetzt habe ich sogar noch die Macht unseres Fernsehsenders im Rücken. Das wird der lustigste, teuerste Streich, den ich je irgendwem gespielt habe. Es wird großartig!

STEPHEN: Ich hoffe ja, dass er auch mit ein paar echten Stöcken gepikst wird.

RICKY: Auf jeden Fall. In welchem Land pikst man Leute mit Stöcken?

STEPHEN: Da muss es doch irgendein Land geben ...

RICKY: Absolut. Irgendwo gibt es ein kleines, merkwürdiges Land, in dem es erlaubt ist, einen Mann mit Mondgesicht mit einem Stock zu piksen. Das ist eines dieser alten Gesetze, die niemals abgeschafft werden. Wir müssen dieses Land nur finden!

KAPITEL 1

DIE PYRAMIDEN

»ALS ICH DIE PYRAMIDE BESTIEG, KAM MIR DIE WATERLOO BRIDGE IN MEINER HEIMAT LONDON IN DEN SINN – EIN GLEICHERMASSEN ÜBERWÄLTIGENDES, GEWALTIGES, WUNDERSCHÖNES, ZWECKLOSES UND EINSAMES BAUWERK.«

WILLIAM MAKEPEACE THACKERAY

»ICH BIN FASSUNGSLOS, IN WELCHEM ZUSTAND DIE PYRAMIDEN SIND. ICH DACHTE, SIE HÄTTEN FLACHE, SAUBER VERPUTZTE SEITENWÄNDE. ABER JE NÄHER MAN RANGEHT, UMSO DEUTLICHER SIEHT MAN, DASS SIE EIGENTLICH NUR AUS RIESIGEN AUFEINANDERGESTAPELTEN FELSBLÖCKEN BESTEHEN, WIE EIN ÜBERDIMENSIONALES, AUSSER KONTROLLE GERATENES JENGA-SPIEL.«

KARL PILKINGTON

FREITAG, DEN 17. OKTOBER

Meine Reise zu den sieben Weltwundern hat heute damit begonnen, dass ich mich impfen lassen musste. Ich musste mich noch nie für irgendeinen Urlaub impfen lassen. Normalerweise reise ich nicht in Gebiete, für die das nötig wäre. Ich finde, im Urlaub sollte alles so sein wie zu Hause – nur dass man eben an einem anderen Ort ist. Als wir einmal in den Cotswolds waren und nur Vollmilch statt fettreduzierter Milch kaufen konnten, war ich drauf und dran umzukehren und wieder heimzufahren. Das hier wird also eine echte Herausforderung für mich.

Ich hatte einen Termin in einer Arztpraxis in der Nähe der Londoner Tottenham Court Road, was ein bisschen komisch klingt, weil die Gegend eigentlich für ihre Elektroläden bekannt ist. Irgendwie war es so, als würde man in Chinatown ein indisches Restaurant besuchen. In der Praxis erfuhr ich, dass ich sechs Impfungen bräuchte: Tetanus, Typhus, Gelbfieber, Tollwut, Hepatitis A und Hepatitis B. Ich habe gefragt, ob ich die Spritzen in den Hintern bekommen könnte, weil ich gerade erst umgezogen bin und meine Arme benutzen können muss, wenn die neue Waschmaschine geliefert wird. (Ich vermute mal, Michael Palin musste sich mit so etwas nie rumschlagen.) Die Sprechstundenhilfe meinte, sie hätte noch nie gehört, dass jemand die Spritze in die Arschbacke bekommen wollte. Ich sollte mir nicht so viele Gedanken machen, und mein Arm würde das schon überleben.

Sie gab mir also die Spritzen und sagte, ich wäre jetzt für jeden Notfall gewappnet, selbst wenn mich ein lausiger Affe beißen würde. Ich erwiderte daraufhin nur, dass genau das der Grund sei, warum wir ein Problem mit der Überbevölkerung haben. Mal ehrlich: Warum werden sogar Idioten, die meinen, einen lausigen Affen provozieren zu müssen, vor irgendwelchen Krankheiten geschützt?

SAMSTAG, DEN 18. OKTOBER

Zum Glück habe ich die Impfungen nicht in den Hintern gekriegt. Den habe ich mir nämlich platt gesessen, während ich den ganzen Tag darauf gewartet habe, dass die Waschmaschine endlich geliefert wird. Die hatten mir als Zeitfenster 8 bis 18 Uhr genannt. Dieses Zeitfenster hat einen Namen. Es heißt Samstag.

Um 7.50 Uhr bin ich aufgestanden, und das Ding kam um 17.40 Uhr.

Nachdem ich die Maschine in die Küche gewuchtet hatte, tat mir der Arm weh.

△△△

MONTAG, DEN 23. NOVEMBER

Heute habe ich ein paar Aufnahmen mit Ricky und Steve gemacht. Sie haben mir verraten, wohin die Reise gehen wird: nach Ägypten, Brasilien, Indien, Mexiko, China, Jordanien und Peru. Ich muss gestehen, dass mich diese Länder noch nie gereizt haben. Wenn es diese sieben Weltwunder dort nicht gäbe, würde da doch bestimmt niemand hinwollen. Ich und Suzanne fahren meistens in die Cotswolds, nach Devon, Spanien oder Italien. Ich verreise nicht gern. Ich mag keine Herausforderungen oder großen Veränderungen. Ich will mich im Urlaub lieber eine Woche lang irgendwo entspannen, statt meinen Horizont zu erweitern. Besonders abenteuerlustig bin ich auch nicht. Wenn Zeitreisen möglich wären, dann könnte ich mir schon vorstellen, diese Weltwunder irgendwann mal zu besichtigen. Andererseits fand ich's 2007 auf Mallorca auch ganz nett. Da hatten wir eine Vier-Zimmer-Ferienvilla mit eigenem Pool für nur dreihundert Pfund die Woche. Deshalb würde ich womöglich mit der Zeitmaschine einfach wieder dorthin zurückreisen, weil ich ja weiß, dass es mir da gefallen hat. Und außerdem würde es mich nichts kosten, weil ich es ja schon beim ersten Mal bezahlt habe.

Steve hat mir erzählt, dass ein paar Regionen, die wir besuchen werden, ziemlich gefährlich sind. Krish, der Producer, versicherte mir aber, ich müsse mir keine Gedanken machen, weil wir an einigen Orten einen Typen mit Knarre dabeihaben würden, der uns beschützt. Von einem lausigen, tollwütigen Affen gebissen zu werden, scheint keinem von ihnen große Sorgen zu bereiten.

△△△

MITTWOCH, DEN 25. NOVEMBER

Ich musste einen Gesundheits-Check-up machen, um sicherzustellen, dass ich fit genug für die Reise zu den sieben Weltwundern bin. Dafür war ich in einer ziemlich schicken Praxis in der Harley Street. Ich wusste sofort, dass das was Gehobeneres war, weil im Wartezimmer alle Stühle gleich aussahen, was selten ist. Bei den meisten Ärzten, die ich bisher besucht habe, steht ein buntes Sammelsurium an Stühlen im Wartezimmer, die nach und nach dazugekauft wurden. Das erinnert mich immer an Weihnachten zu Hause, als wir uns von den Nachbarn Stühle ausleihen mussten, damit jeder am Tisch Platz hatte.

Ich habe mal gehört, dass man die Qualität einer Arztpraxis an der Auswahl ihrer Zeitschriften erkennen kann. Die Auswahl in der Harley Street war riesig. Die hatten alle Zeitschriften da, die man sich nur wünschen kann – und auch ein paar, die man sich nicht gewünscht hätte. Eine davon war *Boyz*, ein Schwulenmagazin. Ich war der Einzige im Wartezimmer, also hab ich mir gedacht, ich blätter mal ein bisschen und schau mir an, was

Schwule gerne lesen. Allerdings gab es in diesem Magazin nicht allzu viel zu lesen. Das Magazin bestand eher aus einer Aneinanderreihung von Bildern, eins nach dem anderen, und zwar von halb nackten Männern (untenrum überwiegend nackt), die sich als Mechaniker, Landwirte und Klempner verkleidet hatten und ihren Schniedel raushängen ließen. Ich hab noch nie verstanden, warum schwule Männer sich diese Bilder ansehen. Sie haben doch einen eigenen Schniedel, den sie angucken können. Außer den Bildern gab es noch ein paar kürzere Texte, in denen immer irgendein Wortspiel rund um Schniedel und Sack vorkam. An eins erinnere ich mich noch: Sackoku. Das Rätsel war ein ganz normales Sudoku, aber in der Überschrift steckte eben dieses Wortspiel.

Sei's drum. Ich hatte also meinen Gesundheits-Check-up. Der Arzt meinte, dass ich für mein Alter ganz gut in Schuss sei. Es war das erste Mal, dass irgendjemand mein Alter mit meiner Gesundheit in Verbindung gebracht hat. Irgendwie fühlte ich mich danach ziemlich alt.

△△△

MITTWOCH, DEN 9. DEZEMBER

Um 4.30 Uhr wurde ich abgeholt und zum Flughafen gebracht. Sechs Stunden später waren wir in Kairo gelandet und unterwegs zu unserem Hotel. Es hatte keiner auch nur mit einer einzigen Silbe angedeutet, was mich dort erwarten würde, wen ich treffen, was ich essen oder sehen würde. Ich vermute mal, dass jede einzelne Reiseetappe so ablaufen soll. Und ich weiß jetzt schon, dass mir das gegen den Strich gehen wird. Ich kann Überraschungen nicht leiden. Zumindest keine großen. Ein Überraschungsei reicht mir vollkommen.

Das Erste, was mir in Ägypten auffiel, war der Verkehr. Der war einfach nur der Wahnsinn. In den 80ern gab es mal eine Girlband namens *The Bangles*, die einen Hit hatte: »Walk like an Egyptian« – Gehen wie ein Ägypter. Aber hier geht kein Mensch. Hier fährt jeder mit dem Auto. Jede dreispurige Straße wird zu einer sechsspurigen umfunktioniert. Und in jedem Auto sitzen absurd viele Insassen. Da quetschen sich so viele Leute rein, dass sie an den Fenstern kleben wie diese Garfield-Sonnenblenden, die es in den 80ern gab. Und permanent wird gehupt. Vielleicht liegt das aber auch daran, dass so viele Leute in diese Autos gequetscht sind und darum immer irgendjemand aus Versehen mit seinem Arsch auf der Hupe sitzt.

Die Fahrt zum Hotel dauerte ewig, und je länger wir unterwegs waren, umso spärlicher wurden die schönen Hotels, bis wir schließlich vor dem *Windsor* anhielten. Das *Windsor* ist eines der ältesten Hotels in Kairo und liegt in einem der übelsten Viertel. Es hat sogar so einen Metalldetektor am Eingang, wie um zu demonstrieren, wie übel das Viertel ist. Als ich eintrat, löste mein Gürtel den Alarm aus. Während ich richtig erschrocken bin, ist der Sicherheitsmann davon aber noch nicht mal aufgewacht.

Nicht nur das Hotel ist eines der ältesten, sondern auch das Personal. In England würden so alte Leute nicht mehr in Hotels arbeiten dürfen. Ein uralter Mann hat meinen Koffer vom Bus in die Lobby getragen. Wir hatten exakt vor dem Eingang geparkt, aber der Alte brauchte für das Hereintragen genauso lange, wie ich brauchte, um die Formulare auszufüllen und meinen Schlüssel entgegenzunehmen. Irgendwie erinnerte mich das an einen Umzug vor vielen Jahren. Ich hatte eine Firma aufgetan, die billiger war als jede andere und die nur zehn Pfund die Stunde kostete. Mir wurde erst klar, welchen Fehler ich begangen hatte, als der Typ aufkreuzte. Er musste so an die siebzig gewesen sein. Er brauchte allein eine halbe Stunde, um zu unserer Wohnung im dritten Stock zu gelangen. Er trug nur die leeren Umzugskisten, aber schon davon war er schweißgebadet. Es hat am Ende ein Vermögen gekostet.

Ein anderer Mann zeigte mir mein Hotelzimmer. Sie hatten mich im zweiten Stock einquartiert, genau dort, wo sich die Putzleute trafen. Es war einfach unglaublich. Nicht die Tatsache, dass sie sich hier trafen, sondern dass das Hotel überhaupt Putzpersonal beschäftigte. Irgendwie hatte es auch ein bisschen was von einem Lager- und Abstellraum: Vor meiner Zimmertür stand ein Klavier, und auf meinem Kleiderschrank waren fünf Fernseher aufgestapelt.

Der Typ gab mir eine umfassende Zimmerführung: »Hier ist das Telefon. Da ist das Bad.« Er sagte noch ein, zwei andere Sachen, aber die konnte ich nicht verstehen, weil der Boden so laut knarzte und der Verkehr draußen zu sehr dröhnte. Zwei Betten waren durch eine Leuchtstoffröhre an der Wand voneinander getrennt. Sobald man die Lichtröhre anschaltete, kamen all die feuchten Flecken an der Wand besonders gut zur Geltung.

Auf dem Weg nach unten, wo ich die anderen treffen wollte, lief ich dem Hotelbesitzer in die Arme. Keine Ahnung, ob er vor meiner Tür gelauert hatte, um mich zu fragen, ob alles in Ordnung sei, oder ob er jetzt gleich Klavierunterricht hatte. Er war Ende sechzig und sah zwar müde, aber irgendwie auch aufgeweckt aus. Und er erzählte mir ganz begeistert, dass Michael Palin auch schon hier übernachtet hatte. Wenn Palin in solchen Hotels abgestiegen ist, wundert es mich nicht, dass er die Welt in achtzig Tagen umrundet hat. Er wollte bestimmt einfach nur so schnell wie möglich wieder nach Hause.

Dann stellte der Besitzer mir seinen Vater vor, der bestimmt schon weit über neunzig war. Ich wünschte, ich wäre ihm nicht begegnet. Es hätte mir die Bitte um ein besseres Zimmer enorm erleichtert.

Um 16 Uhr bestellten wir Essen. Die meisten von uns entschieden sich für Hühnchenspieße, außer Jan, unser Kameramann, der einer der abgehärtetsten Reisenden in der Gruppe ist. Als wir auf der Busfahrt zum Hotel über unsere schlimmsten Reiseziele gesprochen hatten, hatte ich eine ziemlich grässliche Woche auf Lanzarote erwähnt – und Jan drei Monate in der Antarktis.

Um 17.30 Uhr kam endlich das Essen. Um genau zu sein, hatte es schon um 17.22 Uhr die Küche verlassen, aber auch die Bedienungen waren schon ziemlich alt und krochen im Schneckentempo aus der Küche bis an unseren Tisch.

Anschließend ging ich ins Bett. Zum Einschlafen zählte ich das Hupen der Autos draußen vor dem Fenster.

△△△

DONNERSTAG, DEN 10. DEZEMBER

Heute Morgen habe ich Ahmed kennengelernt. Er stammt aus dieser Gegend und ist ein Pyramiden-Experte und kennt sich auch sonst mit ägyptischer Geschichte aus. Ich hatte schon befürchtet, dass ich ihn nicht verstehen würde, aber sein Englisch ist sogar besser als meins. Er könnte genauso gut Ägyptisch mit mir sprechen, denn die englischen Ausdrücke, die er verwendet, rauschen komplett an mir vorbei. Eines der Wörter war »Tintinnabulation«, was wohl so viel bedeutet wie Geklingel oder Geklimper.

Er hat mich in eine Moschee mitgenommen. Gebete und Religion sind in Ägypten offenbar eine echt große Sache. Ahmed betet fünf Mal am Tag. Ich könnte das im Leben nicht einhalten, wenn ich hier wohnen würde. Ich komme ja schon mit meinen fünf Portionen Obst am Tag ins Schleudern. Religion hat in meinem Leben nie eine große Rolle gespielt. Ich bin nicht einmal getauft. Meine Mum hat immer gesagt, ich sollte das nicht allzu vielen Leuten verraten, weil ich als Ungetaufter ein erstklassiges Hexenopfer abgeben würde. Ich habe bis heute keine Ahnung, was sie damit gemeint hat.

Ahmed hat mir erzählt, dass er daran glaubt, nach dem Tod in einem in jeder Hinsicht perfekten Jenseits zu landen. Ich erwiderte daraufhin, dass ich eigentlich ganz zufrieden mit meinem derzeitigen Leben sei. Ahmed erwähnte unter anderem, dass er in diesem perfekten Jenseits nicht mehr auf die Toilette gehen müsse. Daraufhin verriet ich ihm, dass aufs Klo zu gehen zu meinen täglichen Lieblingsbeschäftigungen zählt. Auf dem Klo verbringe ich kostbare Zeit für mich allein, bekomme den Kopf frei und kann über Sachen nachdenken, ohne dass mich irgendjemand stört. Ich kann allerdings verstehen, dass er so denkt – immerhin habe ich inzwischen ein paar ägyptische Toiletten gesehen: Sie bestehen nur aus einem Loch im Boden und einem Schlauch zum Nachspülen.

Anschließend sind wir in die Altstadt von Kairo gegangen, um den Basar zu besichtigen.

Der Basar ist eine Ansammlung von schmalen, schmutzigen Gassen voller Motorräder und Lieferwagen. An den Ständen selbst bekommt man überwiegend Klamotten, Baumwolle und Wolle. Als ich vorbeispazierte, riefen die Standbesitzer von allen Seiten: »Wie kann ich dir dein Geld abknöpfen?«

Ich habe für Ricky nach so einem Umhang Ausschau gehalten. Er trägt daheim gern bequeme Klamotten. Meistens hat er sogar bis nachmittags um fünf seinen Schlafanzug an. Fündig wurde ich ziemlich schnell, aber es dauerte eine geschlagene Dreiviertelstunde, bis ich einen Preis ausgehandelt hatte. Ich wünschte, sie würden einfach Preisschilder an die Klamotten pinnen. Das würde einem diese Feilscherei ersparen. Ich meine, wenn man hierzulande loszieht, um nur mal eben Brot und Milch zu kaufen, kann das ja Stunden dauern! Der einzige Vorteil am Handeln ist allerdings, dass man nie in diese peinliche Situation gerät, wo einem ein paar Cent fehlen und man den Verkäufer darum bitten muss, sie einem zu erlassen.

Wir kamen auch an einem Mann mit Käfigen voller lebendiger Kaninchen und Tauben vorbei, die er als Nahrungsmittel verkaufte. Ich habe noch nie in meinem Leben Kaninchen gegessen, andererseits hatte ich auch nie eins als Haustier. Aber die Idee, dass man sich ein Kaninchen als Haustier zulegt und es einfach isst, wenn es einem irgendwann zu viel Arbeit macht, finde ich eigentlich ganz clever. Wir würden sicher auch Meerschweinchen essen, wenn die nicht so teuer wären.

Der Neue Basar war genauso vollgestopft mit Touristenkram. Kopftücher, Aschenbecher, Spielzeugkamele, Plastikpyramiden. Auch wenn ich mich heute Morgen mit dem festen Vorsatz auf den Weg gemacht hatte, auf dem Basar nichts zu kaufen, hatte ich eine Plastikkatze und einen Adler für meine Mum in der Tasche, als wir wieder gingen. Hoffentlich findet sie den Adler auch praktisch. Sie hatte bis vor Kurzem zwei Vögel. Einer davon ist allerdings gestorben, und sie hat einen Stein, auf den sie eine Feder des toten Vogels geklebt hat, in den Käfig gelegt, damit Kes, der andere Vogel, weiterhin glaubt, er wäre nicht allein. Ich habe mir gedacht, dass der Adler vom Basar vielleicht ein guter Ersatz wäre.

Unterwegs legte ich ein Päuschen ein, um in Ruhe einen Tee zu trinken, aber es war nicht sonderlich erholsam, weil ich die ganze Zeit von irgendwelchen Leuten belästigt wurde, die mir Geldbörsen, Brillen, Feuerzeuge, Kippen, Ketten, Ringe und Uhren andrehen wollten.

Außerdem habe ich heute zum ersten Mal den Muezzin, den Gebetsausrufer, gehört. Man kann ihn ehrlich gesagt auch gar nicht überhören. Das sind die einzigen Momente am Tag, in denen das Hupen der Autos von Gesängen aus allen Ecken der Stadt übertönt wird.

Währenddessen bleibt alles einfach stehen. Das erste und letzte Mal, dass ich so was in der Art erlebt habe, war, als ich mit achtzehn in einer Druckerei jobbte. Die ganzen Arbeiter an den Druckmaschinen, der Packstation und an den Schneidemaschinen hörten um Punkt 11 Uhr auf zu arbeiten, um sich auf Radio 1 »Our Tune« mit Simon Bates anzuhören.

In Sachen Gebetsruf versucht jedes Viertel der Stadt, lauter zu sein als alle anderen. Wirklich jeder scheint hier mitzuziehen. Aber es bleibt einem ja auch nichts anderes übrig, weil man dem Ganzen sowieso nicht entkommen kann. Es bringt dich dazu, an Religion zu denken, obwohl du eigentlich in dem Moment nicht daran gedacht hast. Ungefähr so, als würde man immer dann Lust auf ein Eis bekommen, sobald man die Klingel des Eismanns bimmeln hört. Als ich noch kleiner war, waren die einzigen Momente, in denen ich überhaupt mit Religion in Berührung kam, die Sonntagabende, an denen im Fernsehen »Songs of Praise« lief. Das war immer mein Startsignal, um in die Badewanne zu hüpfen und mein wöchentliches Vollbad zu nehmen.

△△△

FREITAG, DEN 11. DEZEMBER

Gestern Abend hat Ricky angerufen und sich beschwert, weil ich mich nicht gemeldet habe. Er meinte, er hätte mir jede Menge Nachrichten hinterlassen und um Rückruf gebeten, aber ich komme an die Nachrichten nicht ran, weil ich mich irgendwie aus meiner Mailbox ausgesperrt habe. Ich hab vier Mal den falschen Code eingegeben. Ich hab ihm gesagt, dass ich immer noch SMS empfangen könne, aber es mich jedes Mal siebzig Pence kostet, sie abzurufen.

RICKY: Und was ist mit E-Mails? Kannst du mit deinem Handy mailen?
KARL: Ja, schon, aber eigentlich will ich das nicht, weil mich das siebzig Pence oder so kostet. Ich hab eine E-Mail von Oxfam bekommen, die gefragt haben, ob ich noch mal eine Ziege kaufen will, und das hat mich ein Pfund gekostet.
RICKY: Obwohl du die E-Mail nicht abgerufen oder beantwortet hast?
KARL: Sobald sie auf meinem Handy landet, muss ich dafür blechen. So ist das halt. Also fang bloß nicht an, mir Bilder von deinem Schädel oder so zu schicken!
RICKY: Du bist echt so ein Volltrottel! Ab sofort schicke ich dir natürlich alle paar Minuten irgendeine Nachricht oder E-Mail. Warum erzählst du mir auch solche Sachen?
KARL: Weiß auch nicht.

Ahmed hat mich heute ins Ägyptische Museum mitgenommen. Ich fand es grässlich. Es war genau so, wie ich es mir vorgestellt hatte. Ich habe Museen noch nie gemocht. Außerdem hatte ich das meiste von dem Zeug schon im Millennium Dome gesehen, als dort diese Tutanchamun-Ausstellung war. Da hatte ich eigentlich ebenso wenig hingehen wollen, aber Suzanne, meine Freundin, hatte ausgemacht, dass wir uns dort mit ihrem Bruder treffen. Es war wie das Ägyptische Museum. Kiste um Kiste mit alten Goldschnörkeln. Sogar die Leiche von Tutanchamun lag in einer solchen Kiste. Dass Jilly Goolden, die berühmte Weinkritikerin, eine Führung mitmachte, hat die meisten Besucher allerdings deutlich mehr beeindruckt.

Ahmed hat erzählt, dass sie das Museum erweitern wollen, um noch mehr Touristen auf einmal hineinlassen zu können. Ich glaube ja, das wird diese Museumsleute nur dazu verleiten, noch mehr von diesen alten Kisten auszustellen. Interessant ist aber, dass die Leute sogar schon vor Tausenden von Jahren jede Menge Plunder besessen haben. Offenbar gab es nur eine einzige Möglichkeit, um das ganze Zeug wieder loszuwerden: es verbuddeln. Und dann kommt irgend so ein Archäologe und gräbt es wieder aus. Die Menschen haben schon immer Krempel angesammelt. Ich glaube, das ist auch der Grund, warum Dachböden erfunden worden sind. Dort kann man all den Mist unterbringen, den man im Laufe seines Lebens so anhäuft, statt ihn einzubuddeln.

Ahmed hat mir erklärt, dass viele von diesen Sachen für die Könige angefertigt wurden, damit sie sie in ihr nächstes Leben mitnehmen konnten. Das hätte mich echt geärgert, wenn ich damals gelebt hätte und die Leute gekommen wären und gesagt hätten: »Hey, König Karl, ich hab hier ein schönes Geschenk für dich.«

»Echt wahr? Zeig her!«

»Nein, erst nach deinem Tod.«

»Um ehrlich zu sein, würd ich's mir lieber jetzt gleich ansehen.«

»Nein, ich hab's extra für deinen Tod eingepackt.«

»Würdest du bitte aufhören, davon zu reden, dass ich tot bin?«

Außerdem werde ich doch wohl noch selbst entscheiden dürfen, womit ich mich in meinem nächsten Leben umgeben möchte, oder? Zumindest hätte ich dann die Zeit für einen Garagenflohmarkt, bei dem ich die scheußlichsten Sachen wieder loswerden könnte.

Als ich es nicht mehr ausgehalten habe, bin ich gegangen. Das Museum war einfach zu voll für mich – diese ganzen Leute, die einen herumschubsen und -schieben. Es gab dort sogar Leute mit Kinderwagen, in denen sich die Kinder die Seele aus dem Leib schrien. Nicht gerade der perfekte Ort für Kinder, finde ich.

Draußen habe ich einen KFC entdeckt und mir was zu essen gegönnt, weil ich das Bedürfnis nach etwas hatte, das mich an zu Hause erinnert. Ich wollte gerade meine Bestellung aufgeben, als das Mädchen hinter dem Tresen auf ein Schild vor ihr deutete.

Darauf stand, dass es sich um einen tauben KFC handelte. Ich war mir nicht sicher, was das bedeuten sollte. Hieß das, dass sie hier nur taube Kundschaft bedienten? Das Mädchen hinter dem Tresen wies auf die Speisekarte. Darauf wurde erklärt, wie man seine Bestellung aufgeben muss. Im Grunde sollte man einfach auf den entsprechenden Posten zeigen, wie ich es eigentlich ohnehin immer mache, wenn ich im Ausland bin und Essen bestelle. Es ging wirklich schnell und unproblematisch und war echt eine gute Idee. Ich hatte nämlich schon befürchtet, dass hier niemand Englisch sprechen und ich meine geliebte Zinger Box nicht würde bestellen können. Aber es stellte sich heraus, dass nicht sprechen das Leben tatsächlich einfacher macht.

Sich in einem Fast-Food-Restaurant aufzuhalten, in dem mal keine Discomusik aus den Lautsprechern plärrte oder das Personal sich anschrie, als wäre es auf dem Parketthandel an der Börse, war wirklich angenehm. Die Bedienung war schnell und freundlich, vor allem weil das Personal nicht an der Milchshake-Maschine stand und plauderte, wie es in diesen Fast-Food-Ketten sonst meistens der Fall ist. Ich habe sogar einen Mann gesehen, der sich per Bildtelefon mithilfe von Zeichensprache mit jemand anderem unterhielt. Ich habe noch nie darüber nachgedacht, dass Taube Bildtelefone verwenden. Als ich noch jünger war, haben wir viel Fernsehen mit Untertiteln gesehen, nicht weil irgendjemand in unserer Familie taub gewesen wäre, sondern weil mein Dad nachts arbeitete und wir tagsüber still sein mussten.

Suzanne hat heute angerufen. Sie war ziemlich sauer, weil der Boiler zu Hause gesponnen hat und sie mich vor meiner Abreise gebeten hatte, ihn reparieren zu lassen. Immer habe ich Probleme mit Boilern.

Ach, und Ricky hat mir eine SMS geschickt, in der nur stand: »Siebzig Pence.«

△△△

SAMSTAG, DEN 12. DEZEMBER

Gestern Abend habe ich die Dschellaba angezogen, die ich für Ricky gekauft hatte. Ich wollte irgendwas Bequemes tragen, um mich zu entspannen, also habe ich sie ausgepackt und anprobiert. Am Ende habe ich sogar darin geschlafen. Das ist das Gute an diesem Kleidungsstück: Es ist sehr leicht und bequem. Wenn man hier leben und arbeiten müsste, könnte man es als Nachthemd benutzen und dann einfach den Wecker auf fünf vor neun stellen, aus dem Bett springen und in denselben Klamotten zur Arbeit gehen. Ich glaube, das ist auch der Grund, warum Ärzte so oft diese hellblauen Schlafanzüge anhaben.

Im Grunde ist das genau das Gleiche: Man schläft darin, und wenn man Bereitschaft hat und angepiept wird, kann man sofort den Dienst antreten.

Das einzige Problem mit der Dschellaba ist, dass sie nicht auf Taille geschnitten ist, sodass man nicht kontrollieren kann, ob man zunimmt.

Gestern Abend hat Steve angerufen. Ich habe ihm gesagt, dass der Museumsbesuch reine Zeitverschwendung war. Er hat es mir irgendwie übel genommen, aber dann hat er erzählt, dass er eine Schifffahrt auf dem Nil für mich arrangiert hat. Ehrlich gesagt war ich nicht sonderlich begeistert. Ich mag die Vorstellung nicht, in einem geschlossenen Raum mit einer Menge anderer Leute eingesperrt zu sein und nicht wegzukommen. Ich sagte also zu Steve, dass mir das zu sehr nach organisierter Fröhlichkeit klänge, ich aber keine anderen Pläne hätte und daher gezwungenermaßen mitmachen würde.

Der Manager dieses Nilschiffs, ein elegant gekleideter Mann Ende fünfzig, Anfang sechzig, mit pechschwarz gefärbtem Haar und Wimperntusche, nahm mich in Empfang. Er führte mich auf dem riesigen dreistöckigen Schiff herum und stellte mich den

Kapitänen und Köchen vor und schließlich noch einem schweigsamen Mann, dessen Aufgabe es war, in den Nil zu springen und die Gegenstände wieder heraufzuholen, die den Gästen ins Wasser fielen. Der Schiffsmanager erzählte mir, dass der Mann schon nach Kameras, Uhren und Schmuck unvorsichtiger Passagiere getaucht sei. Während er noch andere Dinge aufzählte, die der Mann aus dem Wasser gerettet hatte, stand dieser ganz in Schwarz mit seinem Poloshirt in die Hose gestopft neben uns wie einer dieser Bösewichte aus den *Bourne-Identity*-Filmen. Ich fragte, ob ich später irgendwas in den Nil werfen dürfe, was der Mann dann wieder heraufholen könnte, und der Manager nickte, was ich spitze fand. Danach ging ich in den Speisesaal.

Das Essen war in Ordnung. Ich hatte eine Suppe als Vorspeise und dann Pute mit Gemüse und anschließend Schokokuchen.

Beim Essen musste ich ein Unterhaltungsprogramm in Form eines Mannes über mich ergehen lassen, der eine Viertelstunde lang auf derselben Stelle herumzappelte, dann einen ägyptischen Comedian mit einer anstrengenden Stimme und eine Bauchtänzerin. Diese Art von Unterhaltungsprogramm ist ehrlich gesagt nicht mein Fall. Ich war auch noch nie in einem Striplokal oder einer Tabledance-Bar, und ich wusste nicht recht, wie ich mich verhalten sollte. Muss man der Tänzerin aus Höflichkeit auf die Hupen und den Hintern glotzen, die sie die ganze Zeit vor einem herumschwenkt, oder ist das pervers? Aber wäre es denn nicht auch eine Beleidigung für die Tänzerin, wenn ich die ganze Zeit nur mit gesenktem Kopf dasäße und lieber die Pute auf meinem Teller anstarren würde? Am Ende habe ich ein bisschen von beidem getan.

Als die Tanzerei vorbei war, bin ich wieder losgezogen, um den Schiffsmanager und seinen Taucher zu suchen. Ich habe noch mal nachgefragt, ob es wirklich okay wäre, wenn ich irgendwas ins Wasser werfen würde. Er meinte: Klar, kein Problem. Ich bat den Manager trotzdem, auch den Taucher zu fragen, aber der Manager

KARLS ERKENNTNISSE

IN ÄGYPTEN GIBT ES INSGESAMT 118 PYRAMIDEN. NICHT NUR DIE DREI, ÜBER DIE ALLE IMMER SPRECHEN.

DIE CHEOPSPYRAMIDE BESTEHT AUS CA. 2,3 MIO. STEINBLÖCKEN, DIE JEWEILS IM SCHNITT 2,5 BIS 15 TONNEN WIEGEN. MAN SCHÄTZT, DASS DIE ARBEITER ALLE ZWEIEINHALB MINUTEN EINEN STEINBLOCK SETZEN MUSSTEN.

DIE PYRAMIDEN VON GISEH STEHEN HEUTE GUTE DREI MEILEN SÜDLICH VON DER STELLE ENTFERNT, AN DER SIE URSPRÜNGLICH ERBAUT WURDEN. SO WEIT HAT SICH DIE ERDOBERFLÄCHE IN DEN VERGANGENEN 4500 JAHREN VERSCHOBEN.

AUCH DIE ARBEITER HATTEN GRÄBER. ALS IN GISEH MAL EINE AMERIKANERIN VON IHREM PFERD FIEL, ENTPUPPTE SICH DER STEIN, ÜBER DEN DAS PFERD GESTOLPERT WAR, ALS DIE SPITZE EINER GIGANTISCHEN ARBEITER-TOTENSTÄTTE MIT MEHR ALS 600 GRÄBERN.

ENTGEGEN DER ALLGEMEINEN ANNAHME WURDE IN DEN PYRAMIDEN NICHT EINE EINZIGE MUMIE GEFUNDEN. DIE MUMIEN STAMMEN ÜBERWIEGEND AUS DEM TAL DER KÖNIGE.

UND NOCH EINE FALSCHE ANNAHME: IN DER CHEOPSPYRAMIDE GIBT ES WEDER HIEROGLYPHEN NOCH IRGENDWELCHE ANDEREN SCHRIFTZEICHEN.

erwiderte nur, wenn er dem Mann etwas auftragen würde, dann werde das auch ausgeführt. Ich sagte, dass ich gern mein ägyptisches Handy in den Fluss werfen würde, aber davon war der Manager nicht sehr begeistert. Am Ende haben wir uns auf einen Salz-und-Pfeffer-Streuer geeinigt. Bevor ich den aber ins Wasser werfen durfte, sollte ich ihn mit leuchtend pinkfarbenem Klebeband einwickeln, damit man ihn im dunklen, schlammigen Nilwasser besser sehen konnte.

Langsam begann ich, an der Fähigkeit des Tauchers zu zweifeln, und fragte noch mal, ob er es wirklich tun wollte. Aber der Manager sagte nur wieder anstelle des Tauchers: »Selbstverständlich!«

Ich wollte den Salz-und-Pfeffer-Streuer gerade über Bord werfen, als der Manager mich zurückhielt, weil das Schiff erst noch ein Stück näher ans Ufer manövriert werden musste, wo die Strömung nicht ganz so stark und das Wasser nicht so tief war. Irgendwie fing das alles an, wie eine einzige große Verarsche zu klingen. Und dann ging der *Bourne*-Bösewicht auch noch von Bord und deutete auf die Stelle, wo ich den Streuer hinwerfen sollte. Okay, Moment mal, der Taucher kann also nur einen Gegenstand heraufholen, wenn die Passagiere diesen in Ufernähe, wo die Strömung nicht ganz so stark ist, ins Wasser werfen, nachdem sie ihn zufälligerweise vorher mit leuchtend pinkfarbenem Klebeband umwickelt und den Taucher vorgewarnt haben?

Dann fingen der Manager und der Taucher auf einmal an zu streiten. Ich wollte wissen, was nicht in Ordnung sei. Der Manager erklärte, dass sich der Taucher weigere, ins Wasser zu springen. Ich antwortete, das sei schon okay, ich hätte ja gar nicht erst gefragt, wenn er es nicht selbst angeboten hätte. Das Ganze hat den Abend irgendwie ein bisschen überschattet. Ich glaube ja, dass der Manager uns einfach so sehr beeindrucken wollte, dass er bereit gewesen wäre, einen seiner Leute für uns über Bord zu werfen.

Ich sagte, dass die Pute gut geschmeckt hätte, und verzog mich.

Merkwürdiger Abend.

SONNTAG, DEN 13. DEZEMBER

Heute bin ich wieder ins Zentrum von Kairo gefahren. Unterwegs fing mein Bauch an zu rumoren. Auf dem Basar sollte es angeblich ein Klo geben, allerdings war das eine dieser öffentlichen Toiletten, für die man bezahlen muss. Was aber nicht weiter schlimm war, weil ich überzeugt war, dass sich die Investition ganz sicherlich lohnen würde, so wie sich mein Bauch anfühlte.

Der Haken an der Sache war nur: Ich hatte kein Geld bei mir, das ich dem alten Mann am Eingang hätte geben können. Also ging ich einfach an ihm vorbei. Hinter der ersten Klotür verbarg sich eine typisch ägyptische Toilette. Hinter Tür zwei und Tür drei – ebenfalls kein Vergnügen. Ich war schon drauf und dran, das Urinal zu benutzen, als mir das Klo hinter Kabine vier den Tag rettete: eine westliche Toilette! Ich huschte hinein, schloss die Tür und wollte mich gerade setzen, als ich bemerkte, dass es sich nicht in jeder Hinsicht um eine westliche Toilette handelte. Es gab nämlich kein Klopapier, sondern nur einen Wasserhahn mit einem Schlauch daran. Einen Moment lang war ich versucht, es drauf ankommen zu lassen, aber ich habe ehrlich gesagt keinen blassen Schimmer, wie man sich nur mit einem Wasserschlauch ordentlich den Hintern abputzen soll. Das wäre wie Autowaschen ohne Schwamm. Es funktioniert einfach nicht. Mit dem Schlauch gehen nur die groben Schlammklumpen ab. Man braucht einfach mehr Zubehör. Ich beschloss also, wieder zu gehen, und griff nach der Türklinke – oder besser gesagt: ins Leere. Denn die verdammte Klinke fehlte. Ich war eingesperrt. Ich hämmerte an die Tür, aber es kam niemand. Wahrscheinlich konnte der Mann am Eingang mich nicht hören, weil gerade draußen der Muezzin loslegte. Ich war nur froh, nichts bezahlt zu haben. Es stank, es gab kein Klopapier und keine Türklinke. Ich versuchte, Krish oder Christian zu erreichen, hatte aber keinen Empfang. Und ich konnte mich noch nicht mal hinsetzen, weil es auch keinen Toilettendeckel auf dem Klo gab.

Ich war fast zehn Minuten dort eingesperrt, als endlich die Tür aufging, weil jemand mein Klo benutzen wollte. »Keine Klinke«, sagte ich. Der Typ war Engländer und erklärte mir, dass man für die Klobenutzung bezahlen müsste, dann bekäme man auch die Klinke. So etwas hatte ich ja noch nie gehört.

»Warum verkauft der Mann kein Klopapier?«, fragte ich. »Das gibt es hier nämlich auch nicht.«

Der Engländer fischte eine Rolle Klopapier aus seiner Tasche und meinte, er würde sein Hotel nie ohne verlassen. »Hab ich immer in meiner Bauchtasche.«

Und schon war er hinter der Tür verschwunden. Ich dachte einen Augenblick darüber nach, ob ich warten sollte, bis er fertig war, um ihn um ein paar Blatt Klopapier anzupumpen, aber ich hatte keine Lust mehr, dort weiter herumzuhängen. Wo ist eigentlich dieser Charmin-Bär, wenn man ihn braucht?

Ich ging zurück zu Krish und Christian, die nicht mal bemerkt hatten, dass ich eine halbe Stunde lang verschwunden war. Sie hatten in der Zwischenzeit darüber diskutiert, wo wir essen gehen sollten.

»Worauf hast du Lust?«, fragte Krish.

Es war mir egal. »Hauptsache, es gibt ein Klo«, sagte ich nur.

Wir gingen in ein schickes Restaurant, das einem Mann namens George gehörte.

George verkündete, er würde mir etwas vorsetzen, das mir den wahren Geschmack Ägyptens offenbaren würde, was mich sofort in Alarmbereitschaft versetzte. Was ich bislang von ägyptischem Essen gesehen hatte, bestand aus beige-braunem Brei, in den man Brot tunkte. Ich mag so ein Essen nicht besonders. Humus oder Couscous zählen für mich nicht als vollwertige Mahlzeit.

Ich ging zur Toilette. Sie war ordentlich und sauber, es gab Türklinken und alles. Sehr schick.

Wir mussten fast vierzig Minuten warten, bis unser Essen an den Tisch gebracht wurde. George setzte sich zu mir und sah mir beim Essen zu. Es sah ganz in Ordnung aus. Ich hab von allem einen Bissen probiert und erst hinterher gefragt, was es gewesen sei. Es stellte sich heraus, dass ich Ochsenhirn, Zunge und Auge, Penis und Hoden gegessen hatte. Warum in aller Welt würde das irgendjemand essen wollen? Warum um Himmels willen sollte man von einem so großen Tier wie einem Ochsen nur die beiden Enden verarbeiten, aber nicht das schöne fleischige Stück dazwischen?

Aber ich bin wohl nach Ägypten gekommen, um neue Sachen auszuprobieren, und das hier war definitiv neu für mich. Normalerweise esse ich nur dienstags Rind mit Gemüse.

Mein Bauch war allerdings deutlich stiller als noch am Morgen. Wahrscheinlich ist er nach all dem merkwürdigen Essen in Schockstarre verfallen. Bevor ich ins Bett gegangen bin, habe ich noch ein paar Jaffa Cakes verdrückt, die ich mitgebracht habe, damit mein Magen noch etwas zu verdauen bekommt, das er gewohnt ist.

△△△

MONTAG, DEN 14. DEZEMBER

Heute habe ich einen Einheimischen kennengelernt, Mahmoud. Er ist zweiundzwanzig Jahre alt und verdient sein Geld mit Kameltouren zu den Pyramiden. Er hat mich zu sich nach Hause eingeladen. Seine Tür steht für jeden offen – sogar für sein Kamel. Ich finde das ziemlich bemerkenswert. Laut Mietvertrag darf ich in meiner Wohnung nicht mal eine Katze halten.

Gleich nachdem ich bei ihm ankam, musste ich sein Klo benutzen. Offenbar ist mir das Ochsengemächt von gestern nicht gut bekommen. Das Klo war allerdings besetzt. Von einem Huhn.

Mahmoud scheuchte es hinaus. Ich erzählte ihm, dass in dem Supermarkt, in dem ich mal gearbeitet habe, ein Schild vor dem Personalklo davor warnte, sein Mittagessen in der Toilette zu lagern. Aber er hatte Schwierigkeiten, meinen Akzent zu verstehen. Ich fragte ihn, ob ich mir irgendwo die Hände waschen dürfe. Er deutete auf die Küchenspüle, in der sich ein weiteres Huhn befand, diesmal allerdings ein totes, gerupftes, das von schwimmenden Möhren und Kartoffeln umgeben war. Es schien Mahmoud nichts auszumachen, dass ich meine Hände über seinem Abendessen wusch.

Mahmouds Ehefrau schälte auf dem Küchenboden Kartoffeln. Er erklärte mir, dass er eigentlich vier Frauen haben könne, im Augenblick aber nur diese eine habe. Ich fragte ihn, ob er für Nummer zwei einen anderen Typ Frau wählen würde. So würde ich es zumindest machen. Wie Schneewittchen und die sieben Zwerge. Bei denen war auch jede Charaktereigenschaft abgedeckt. Ob Mahmoud so seine Frauen aussuchte? Er meinte, er bräuchte eine stärkere. Es hörte sich an, als würde er über ein neues Auto reden.

Irgendwie war die Stimmung danach ein bisschen merkwürdig, also verließen wir sein Haus und traten unsere Kameltour zu den Pyramiden an.

Ich habe nie zuvor auf einem Kamel gesessen. Kamele sind nicht unbedingt die allerbequemsten Reittiere. Zunächst einmal haben sie Höcker. Außerdem war ich nervös. Das letzte Mal, als ich auf einem Tier gesessen habe, war auf einem Pferd auf einem Jahrmarkt, als ich noch deutlich kleiner war. Das Pferd ging mit mir durch, nachdem irgend so eine Tussi ihre Kippe auf dem Pferdehintern ausgedrückt hatte. Ich rutschte von seinem Rücken und bekam einen Tritt gegen den Schädel.

Mahmoud führte uns an ein paar dicht befahrenen Straßen entlang, was die Autofahrer nicht besonders prickelnd fanden, weil wir den Verkehr aufhielten. Und als wir endlich die Wüste erreichten, konnten wir nicht allzu viel sehen, weil ein Sandsturm aufgekommen war. Mein Gesicht wurde von winzigen Sandkörnchen beschossen. So wie die Ägypter aus allem Kapital schlagen, wundert es mich, dass die Tourismuszentrale hierfür keine Werbung macht. »Ein Tag im Sandsturm – das ultimative Gesichtspeeling!«

Die Pyramiden wollen wir uns morgen genauer ansehen.

△△△

DIENSTAG, DEN 15. DEZEMBER

Ich war wieder unterwegs zu den Pyramiden, diesmal aber in einem Lieferwagen. Es war schon ganz schön was los, obwohl wir früh dran waren. Busladungen von Menschen waren bereits vor uns angekommen und betraten gerade das Gelände.

Das Erste, was man dort sieht, ist die Große Sphinx von Giseh. Ich kann dieser Sache nicht allzu viel abgewinnen – ein Löwenkörper mit einem Menschenkopf. Ein paar Männer verkauften kleine Modellsphinxe. Das Problem ist ja, dass die Nase der Großen Sphinx fehlt, sodass auch all die kleinen Sphinxe, die sie als Souvenirs verkaufen, keine Nasen haben und aussehen, als wären sie beschädigt.

Ich bin fassungslos, in welchem Zustand die Pyramiden sind. Ich dachte, sie hätten flache, sauber verputzte Seitenwände. Aber je näher man rangeht, umso deutlicher sieht man, dass sie eigentlich nur aus riesigen aufeinandergestapelten Felsblöcken bestehen, wie ein überdimensionales, außer Kontrolle geratenes Jenga-Spiel. Irgendjemand hat mir erzählt, dass nur eine einzige der Pyramiden zu den sieben Weltwundern gehört, auch wenn hier drei davon stehen, was wirklich seltsam ist, weil sie alle identisch aussehen. Aber das offizielle Weltwunder ist die Cheopspyramide. Wenn ich Arbeiter an einer der anderen zwei Pyramiden gewesen wäre und mein Kollege die ganzen Lorbeeren für die erste geerntet hätte, wäre ich sauer gewesen. Es würde mich nicht überraschen, wenn es einer der anderen Arbeiter gewesen wäre, der die Nase der Sphinx abgeschlagen hat, nachdem er von dieser Weltwundersache Wind bekommen hatte.

Es tut mir echt leid, aber sie sind wirklich nicht halb so beeindruckend wie auf den Fotos, die ich von ihnen gesehen habe. Auf den Fotos wirkt es so, als stünden sie mitten in der Wüste und als gäbe es weit und breit nichts anderes, aber in Wirklichkeit sieht man im Hintergrund jede Menge Wohnblöcke und den Pizza Hut am Eingang und drumherum Geröll und Trümmer.

Morgen gehe ich wieder hin, da bekomme ich eine Führung.

△△△

MITTWOCH, DEN 16. DEZEMBER

Wir sind wieder zu den Pyramiden gefahren. Ich hätte dort eigentlich einen gewissen Dr. Hawass treffen sollen, der sich wohl um die ganze Anlage kümmert. Aber der hatte sich in letzter Minute krankgemeldet, und ich habe eine Führung von einem Mann namens Aladin bekommen. Er weiß alles, was man über die Pyramiden wissen kann.

Er liebt die Pyramiden, was ich ein bisschen komisch finde, denn er ist schließlich kein Projektmanager, der jeden Tag vorbeikommt und die Fortschritte in Augenschein nimmt. Diese Dinger sehen seit Jahren gleich aus, bleiben auch so und werden auch nicht saniert.

Aladin begann seine Tour mit einer begeisterten Schilderung des Pyramidenbaus. Ich mag solche Führungen nicht, sie erinnern mich an Geschichtsunterricht. Da werden mir zu viele Daten genannt. Ich habe ein paar andere Leute beobachtet, die sich einer

Führung angeschlossen hatten, und auch ihre Mienen sahen enttäuscht und unschlüssig aus, als wären sie sich nicht richtig im Klaren darüber, was sie jetzt, da sie die Pyramiden gesehen haben, tun sollten. Es ist wie bei einem Krankenbesuch. Man hat ein bisschen geplaudert und die obligatorischen Blumen überreicht, und eigentlich will man wieder gehen, aber man hat das Gefühl, es wäre noch zu früh dafür. So habe ich es zumindest empfunden.

△△△

DONNERSTAG, DEN 17. DEZEMBER

Krish hat mir erzählt, dass ich heute ein Pärchen treffen soll, das mit den Pyramiden wirklich etwas anfangen kann, und dass wir endlich auch eine betreten werden. Es ist womöglich das erste Mal, dass ich aufgeregt bin, seit ich nach Ägypten gekommen bin.

Ich bin zu den beiden nach Hause gefahren. Sie heißen Andrew und Seija, und sie betreiben eine Sache namens »Galactic Light« und klettern immer wieder in die Pyramiden, um – wie sie sagen – »mit den Mächten des Kosmos, der Einheit oder dem Gottesbewusstsein rund um den Planeten und Atlantis in Kontakt zu treten. Da die Cheopspyramide das Zentrum des gesamten Gottessystems darstellt, ist sie mit allen anderen Heiligtümern auf der ganzen Welt ebenso verbunden wie mit dem Zentrum unserer Galaxis und dem Mittelpunkt unseres Planeten Erde. Sie ist ein überwältigendes, großartiges Monument, das uns über Raum und Zeit erhebt.«

So ganz habe ich das nicht kapiert. Eigentlich wollte ich doch nur eine Pyramide von innen sehen, nachdem ich von der Außenansicht ein wenig enttäuscht gewesen war.

Aber sie hatten eine schöne Wohnung. Mit einem tollen Blick

auf die Pyramiden vom Toilettenfenster aus. Sie brachten mir bei, wie ich mich entspanne, und sangen ein paar Mantras, die wir im Inneren der Pyramide wiederholen würden.

Es lief alles gut, und ich begann gerade, einigermaßen ruhig zu werden, als der Gebetsruf ertönte. Direkt vor ihrem Wohnzimmerfenster war ein Lautsprecher angebracht, aus dem es gut zwanzig Minuten lang rausplärrte.

Das war für mich wirklich das Anstrengendste an Ägypten. Ich habe Andrew gefragt, ob sie von dem Lautsprecher gewusst hatten, bevor sie sich die Wohnung kauften. Wetten, dass der Makler sie in die Wohnung und wieder hinaus geführt hatte, als gerade kein Gebet anstand?

Nachdem ich ein paar Mantras gelernt hatte, aßen wir Burger und Pommes und gingen dann zu den Pyramiden hinüber. Eigentlich war schon geschlossen, aber wir hatten die Erlaubnis, das Gelände zu betreten, nachdem all die anderen Touristen es bereits hatten verlassen müssen. Es war gespenstisch. Keine Reisebusse, keine Kamele, keine Ramschverkäufer – und es war dunkel.

Wir betraten die Pyramide über eine Treppe, von der Andrew und Seija behaupteten, sie sei mehr als hundertfünfzig Meter lang. Dann mussten wir uns auf Knien durch eine kleine Öffnung quetschen, um die sogenannte Königskammer zu erreichen. Ich bin nicht besonders gut im Schätzen, aber ich würde sagen, dass rund fünfzig Leute auf einmal darin Platz finden könnten, wenn sie sich ein bisschen dünn machen.

Die Wände aus rosafarbenem Granit sahen beeindruckend aus. Nur der Steinsarg am anderen Ende der Kammer wirkte ein wenig heruntergekommen. Er sah aus, als wäre er ziemlich grob behauen. Wahrscheinlich hatten zu diesem Zeitpunkt des Pyramidenbaus (da waren schon dreiundzwanzig Jahre vergangen) die Arbeiter die Schnauze voll und wollten ihre Arbeit einfach nur noch schnell zu Ende bringen. Als würde man einen Anbau an seinem Haus vornehmen, und am Ende hat man eine Mängelliste mit gesprungenem Putz oder wackeligen Steckdosen, deren Ausbesserung länger als der eigentliche Anbau dauert.

Der Deckel auf dem Steinsarg fehlte, die Mumie ebenfalls. Andrew und Seija zündeten ein paar Kerzen an, was ich nicht besonders clever fand, da es dort drinnen ohnehin schon ziemlich heiß war und nicht das geringste Lüftchen ging. Außerdem gab es dort keine Notausgänge. Trotzdem habe ich mich ganz still verhalten, weil ich die Stimmung nicht verderben wollte. Sie begannen mit ihrem Mantra. Dann führte Seija mich zu dem Steinsarg und forderte mich auf hineinzusteigen. Damit hatte ich nicht gerechnet, aber während sie mich dorthin schubste, sangen die beiden ihr Mantra immer weiter, sodass ich keine Gelegenheit hatte, sie zu unterbrechen und zu fragen, was sie denn überhaupt vorhatten. Es war eines der seltsamsten Erlebnisse meines Lebens. Ich lag regungslos in einem viertausend Jahre alten Sarg, während zwei Fremde über mir trällerten. Insgesamt lag ich wohl fünf Minuten in dem Sarg, dann zogen Seija und Andrew mich wieder hinaus, damit Seija einsteigen konnte.

Ehe wir die Pyramide verließen, wollte Seija von mir wissen, ob ich die kosmischen Kräfte gespürt hätte. Ich hätte gerne Ja gesagt, aber leider war das nicht der Fall gewesen, und so beschloss ich, ihr gegenüber ehrlich zu sein. Sie wirkte ein bisschen enttäuscht.

So eigenartig das alles war – es war eine tolle letzte Erfahrung, und es rundete meine Reise nach Ägypten und zu den Pyramiden wunderbar ab. Wie viele Leute können schon von sich behaupten, dass sie in einem kerzenbeleuchteten Sarg in der Königskammer von einer der großen Pyramiden gelegen haben?

Abgesehen davon war es der einzige Moment während meiner gesamten Ägyptenreise, in dem ich weder einen Gebetsruf noch das Hupen von Autos oder irgendeine andere Art von – wie Ahmed sagen würde – Tintinnabulation hören konnte.

△△△

KAPITEL 2
CRISTO REDENTOR

»KEINE ANGST VOR ENTTÄUSCHUNG: DIE STATUE ZU BESTEIGEN IST TAGSÜBER EINE GROSSARTIGE ERFAHRUNG – UND GERADEZU MAGISCH BEI NACHT.«

THE ROUGH GUIDE TO BRAZIL

»ICH BIN MIR ZIEMLICH SICHER, DASS KEIN MENSCH VON IHM NOTIZ NEHMEN WÜRDE, WENN ER IM INDUSTRIEGEBIET AUSSERHALB VON STRETFORD AUF EINER VERKEHRSINSEL STEHEN WÜRDE.«

KARL PILKINGTON

DIENSTAG, DEN 9. FEBRUAR

Als wir an diesem Nachmittag den Flughafen hinter uns ließen, war es unfassbar heiß. Normalerweise schwitze ich nicht am Kopf, aber heute ist mir der Schweiß buchstäblich von der Stirn getrieft. Sogar meine Ohren waren nass. Ricky und Stephen hatten mir ja diverse neue Erfahrungen auf diesen Reisen angekündigt, aber schwitzende Ohren hatten meines Wissens nicht auf der Liste gestanden.

Während wir durch den Sonnenschein an den goldenen Stränden von Ipanema vorbeifuhren, plauderte ich ein bisschen in die Kamera und äußerte meine Vorfreude auf Rio. Dann erfuhr ich, wo genau es hingehen sollte – ins Hostel Piratas de Ipanema –, und schon war ich nicht mehr ganz so begeistert.

»Regel Nummer eins in diesem Hostel ist: Mach die Küche hinter dir sauber!«, verkündete Fredericko, der Besitzer, noch ehe ich meine Taschen abgestellt hatte.

»Dann solltest du diese Regel vielleicht demjenigen noch mal mit auf den Weg geben, der die Küche zuletzt benutzt hat«, entgegnete ich.

Sie sah aus, als hätte dort eine Bombe eingeschlagen. Halb leere Kaffeebecher, zerdrückte Bierdosen, dreckiges Besteck und geöffnete Becher mit Joghurt, deren magenfreundliche Bakterien angesichts der lebensfeindlichen in dieser Küche garantiert schon vor langer Zeit kapituliert hatten.

Fredericko war ein sechsundvierzig Jahre alter Hippie und bei den Jugendlichen, die dort herumhingen, sehr beliebt. Er hatte ein Dauergrinsen im Gesicht, rauchte selbstgedrehte Zigaretten und trug gebleichte, abgeschnittene Jeans. Schade, dass er die Bleiche für seine Klamotten und nicht für die Küche benutzt hatte.

Er führte mich einen langen, gewundenen Weg entlang zu meinem Schlafplatz. Erst ging es durch einen dunklen Flur mit einem einzelnen Ventilator ohne Schutzisolierung, der mit offenen Drähten verkabelt war, die gefährlich blitzten. Irgendwie erinnerte es mich an den Ausflug nach Alcatraz, den ich vor Jahren mal gemacht hatte. Junge Leute in Surf-Shorts und Bikinis kamen uns entgegen. Dann gingen wir eine windschiefe Treppe hinauf und über eine wacklige Galerie, bis wir schließlich meinen Schlafraum erreichten: ein dunkles Zimmer mit ungefähr zwanzig Betten, in dem es aussah wie in *Annie*, diesem Musicalfilm aus den 80ern, der in einem Waisenhaus spielt. Noch mehr junge Leute gingen ein und aus. Ich bin hierfür zu alt, stellte ich im Stillen fest. Das letzte Mal, dass ich dieses Gefühl hatte, war mit vierzehn, als ich endlich Schwimmunterricht bekam. Die meisten anderen Kinder waren damals deutlich jünger – sieben oder acht. Und sie dachten, ich wäre der Schwimmlehrer.

Fredericko blieb bei einem Etagenbett neben dem Fenster stehen. »Das hier ist das beste Bett im ganzen Hostel«, verkündete er stolz. Ich konnte mir nicht erklären, wie er darauf kam, bis ich später einen Typen aus Hull kennenlernte, der mir erklärte, dass man von dort aus nachts, wenn man aufs Klo müsse, einfach aus dem Fenster pinkeln könne, statt zu den Toiletten hinüberzugehen. Nicht gerade *ensuite,* aber kein Grund, mich zu beschweren, nahm ich an.

Die Matratze war von Flecken übersät. Meine Flecken sahen sogar noch schlimmer aus als die auf den anderen Matratzen. Das lag daran, dass ich im Gegensatz zu den anderen Tageslicht hatte, das ein paar der Flecken besonders gut zur Geltung brachte. Eine Unterhose hing an meinem Bettpfosten. Erst wollte ich sie woanders hinlegen, aber dann überlegte ich mir, dass die Unterhose vielleicht das Ungeziefer von mir ablenken könnte, und ließ sie hängen.

Ich fragte Christian, den Regisseur der Sendung, wie viel es kostete, hier zu übernachten. Vier Pfund pro Nacht, antwortete er. Dann verabschiedete er sich, um mitsamt der restlichen Crew in ein Ferienhaus in der Rua Saint Roman einzuchecken.

Ich beschloss, früh schlafen zu gehen, und schlummerte ein, während auf einem anderen Etagenbett ein Kind, das aussah, als wäre es ungefähr neun, auf seiner Gitarre herumzupfte.

MITTWOCH, DEN 10. FEBRUAR

Ich wachte auf, weil Christian mir seine Kamera mitten ins Gesicht hielt. Es muss in etwa 7 Uhr gewesen sein. Ich hatte ganz gut geschlafen. Die anderen Betten waren mittlerweile alle belegt. Nackte Beine baumelten herunter, und hier und da lugte die eine oder andere Arschbacke unter einer Decke hervor und wartete auf die nächstbeste Bettwanze, die Lust auf Frühstück im Bett hatte. Ich ging mich waschen. Die Toiletten waren definitiv in einem schlechteren Zustand als die Küche.

Frühstücken gingen wir im hinteren Bereich eines Supermarkts, in dem man sein Essen nach Gewicht bezahlen musste. Ich finde die Idee gut. Sie sollten das noch ein bisschen weiterspinnen und den Preis zudem noch an dem Körpergewicht der Kunden festmachen. Wenn man übergewichtig ist, zahlt man ein bisschen mehr, was dann dazu anregen soll, an der Essensaufnahme zu sparen. Ich hatte ein paar Scheiben Toast und ein Stück Papaya. Es war das erste Mal, dass ich Papaya gegessen habe. Sie schmeckte ganz passabel, aber wenn mir jemand sagen würde, ich dürfe nie wieder im Leben Papaya essen, würde es mir trotzdem nicht besonders viel ausmachen. Aber so geht es mir mit den meisten Obstsorten. Es gibt einfach zu viel Obst auf der Welt, und große Mengen will ich gar nicht erst einkaufen, weil es zu schnell gammelig wird. Vielleicht wird uns deshalb auch empfohlen, fünf Portionen Obst am Tag zu essen. Damit es wegkommt, bevor es schimmelt.

Danach widmete ich mich der wichtigsten Aufgabe des Tages und versuchte, ein billiges Hotel zu finden, weil ich keine weitere Nacht in Frederickos Hostel verbringen wollte. Aber irgendwie war alles ausgebucht, angeblich weil Karneval war – zumindest war es das, was sie alle behaupteten. Es konnte aber genauso gut auch daran gelegen haben, dass ich in meinen Shorts und in meinem Schlafshirt ziemlich ungepflegt aussah und sie mich deshalb einfach nicht in ihren Hotels haben wollten. Madonna und Beyoncé waren auch in der Stadt. Wenn Madonna mich in meinem Zustand gesehen hätte, hätte sie sich ganz sicher erbarmt und mich adoptiert und in den Rest ihrer Sammlung aufgenommen.

Irgendwann erlaubten mir Christian und Krish, mit der restlichen Crew in ihrem Haus in der Rua Saint Roman zu übernachten. Das freute mich sehr. Dann verkündete Christian, dass ich heute einen Mann treffen würde, der mir Rio de Janeiro zeigen sollte. Er hieß Celso. Er war siebenundvierzig und hatte einen Gehstock – was mir sehr entgegenkam, weil er sich nur ganz langsam vorwärtsbewegte. Perfekt in dieser Hitze.

Nur wenige Sekunden, nachdem wir uns kennengelernt hatten, machte er mir ein Geschenk. Es war ein Kondom an einer Schnur. Ich öffnete das Päckchen und betrachtete die Anleitung mit jeder Menge Zeichnungen von zwei Männern, die sich gegenseitig Kondome überzogen. Ich bin der Meinung, dass diese Anleitung ganz entschieden zu viele Zeichnungen von Schniedeln beinhaltete. Man braucht schließlich nur einen einzigen, um zu demonstrieren, wie man ein Kondom überrollt. Ich fragte Celso, ob er schwul sei, aber er gab mir keine Antwort.

Stattdessen nahm er mich mit in einen Schönheitssalon, in dem er sich enthaaren lassen wollte. Und er lud mich ein, ihm in die kleine Kabine zu folgen, damit ich ihm dabei zusehen konnte. Er erzählte mir, dass viele Männer in Rio sich wachsen ließen, um sich ihrer unerwünschten Körperbehaarung zu entledigen, damit sie am Strand besser aussähen und schneller braun würden.

Er sagte auch, dass ich zu haarig sei und mich ebenfalls wachsen lassen sollte. Ich schlug das Angebot aus. Celso berichtete, dass er seinen Körper alle vier Monate enthaaren ließ. Ich sah mir die Preisliste an. Die Haare am Anus zu entfernen kostete umgerechnet ungefähr acht Pfund. Warum irgendjemand auch nur auf diese Idee kommen sollte – ich weiß es nicht. Wer in aller Welt braucht eine derartige allumfassende Rundum-Bräune? Celso erzählte mir, dass er sich einmal auch den Sack habe enthaaren lassen und wie weh das getan habe. Vielleicht läuft er genau deshalb am Stock.

Nachdem ich der Prozedur eine Weile zugesehen hatte, beschloss ich, mir nur den unteren Rücken enthaaren zu lassen. Die Körperbehaarung dort erscheint mir in der Tat ein bisschen lang. Vor allem die Tatsache, dass ich sie mir in die Unterhose stopfen muss, ist wohl ein Zeichen dafür, dass es an der Zeit ist, sie loszuwerden.

Es tat weh – und zwar mehr, als ich gedacht hatte. »Nein... genug!«, rief ich und wollte schon aufstehen, als Celso mir zu verstehen gab, dass die Dame erst die eine Hälfte gewachst hatte.

Hinterher beschloss Celso, die überstandene Enthaarung mit einer neuen Badehose zu feiern. Und mir wollte er auch eine kaufen. Ich lehnte ab. Ich würde sie ohnehin nicht tragen, daher wollte ich auch keine geschenkt bekommen. Er kaufte mir trotzdem eine.

Das Haus, in dem die Crew wohnt, ist ganz in Ordnung. Nichts Besonderes, zugegeben, und nicht in der allerbesten Gegend. Vor ein paar Wochen hat hier eine Drogenrazzia stattgefunden, und die Polizei ist deshalb immer noch ziemlich präsent, sodass man sich einigermaßen sicher fühlt. Ich schlafe auf einer Matratze ohne Bett, und in meinem Bad gibt es kein Licht, aber im Vergleich zu Frederickos Hostel ist es wirklich okay.

Und wir haben einen Koch, der uns zum Abendessen Hühnchen und Bohnen gekocht hat.

DONNERSTAG, DEN 11. FEBRUAR

Celso hat mich heute mit zum Strand genommen. Er fragte, ob ich meine neue Badehose eingepackt hätte. Hatte ich nicht. Ich habe sie gestern Nacht noch anprobiert, aber um der Wahrheit die Ehre zu geben: Ich mag sie nicht besonders. Ich hatte bloß keine Ahnung, wie ich es ihm sagen sollte.

Wir gingen am Strand entlang und unterhielten uns dabei über diverse Dinge: vom Leben in Brasilien bis hin zu der Tatsache, dass Kinder heutzutage einfach nur noch tun, wonach ihnen der Sinn steht. Ich fragte ihn nach seiner Gehbehinderung. Es hatte irgendwas mit Diabetes zu tun. Wir mussten wohl schon eine knappe Stunde am Strand entlangspaziert sein, als er plötzlich meinte, seine Beine würden wehtun und er bräuchte ein Päuschen. Ich schaute mich nach einer Sonnenliege und einem Sonnenschirm um, während Celso mir vorschwärmte, wie sehr er diesen Teil des Strandes mochte. Er war bekannt als der Schwulenstrand. Ich schlug vor, vielleicht noch fünf, sechs Minuten weiterzugehen und einen anderen Strandabschnitt aufzusuchen, aber er bestand darauf, dass wir vor Ort blieben. Jeder dort schien ihn zu kennen. Ich fragte ihn erneut nach seiner sexuellen Neigung, aber er war nicht geneigt, mir darauf zu antworten.

Irgendwie war mir mulmig zumute, und ich war ein bisschen sauer auf Celso, dass er mich an diesen Strand gebracht hatte. Also beschloss ich, still auf meiner Liege zu liegen, während er ständig auf seiner herumfuhrwerkte und versuchte, sein Shirt loszuwerden. Dann kam einer seiner schwulen Kumpels vorbei, um Hallo zu sagen – der schwulste Mann, den ich je in meinem Leben gesehen hatte. Jedes einzelne Wort, das er von sich gab, war durch und durch verschwult. Wenn Kenneth Williams einen noch schwuleren Bruder gehabt hätte – es wäre dieser Mann gewesen. Er sagte, ich solle mich lockermachen und ein paar von meinen Klamotten ablegen. Ich weigerte mich. Selbst wenn ich es vorgehabt hätte – jetzt ganz bestimmt nicht mehr. Celso nahm dies als Anlass, um seine Hose auszuziehen und seine neu erworbene Badehose vorzuführen. Ich wollte einfach nur noch im Boden versinken. Celsos schwuler Freund machte mir ein paar Komplimente über meine Beine und meinte, die brasilianischen Homosexuellen würden mich lieben, ich hätte eine enorme Ausstrahlung, aber leider wäre ich nicht sein Typ. Er würde auf Schwarze stehen. Mir fiel keine passende Antwort darauf ein. Trotzdem gab er nicht auf. Er zeigte auf meine behaarten Beine und sagte, damit würde ich in der Schwulenszene als »Bär« klassifiziert werden. Und wieder fiel mir nichts darauf ein.

Stattdessen erinnerte ich mich aber wieder daran, wie Ricky einmal gesagt hatte, dass wir nicht einmal dann einen Löwen verstehen würden, wenn er Englisch spräche, weil der Löwe ein so grundlegend anderes Leben führte als wir. Ich hatte nie begriffen, was er mir damit hatte sagen wollen – jetzt schon.

Celso ließ sich von einem ortsansässigen Mann namens Nelson Mandela massieren. Er sah aus, als würde er es in vollen Zügen genießen.

Ich fragte Celsos Kumpel, ob er wisse, ob Celso schwul sei. Aber er erwiderte nur, das müsse Celso mir schon selbst sagen. Ich drehte mich nach Celso um, dessen Beine gerade um seinen Nacken lagen und dessen Kopf zwischen den Schenkeln des Masseurs steckte, und verschob die Frage auf später.

Irgendwann überließ ich ihn seinen Vergnügungen und kehrte zurück in unser Ferienhaus.

Zum Abendessen gab es wieder Hühnchen mit Bohnen.

FREITAG, DEN 12. FEBRUAR

Wir sind heute sehr früh aufgestanden. Um 5 Uhr. Wir wollten zu Cristo Redentor. Scheiß auf Ganzkörperenthaarung und Sonnenbad am Schwulenstrand. Wegen Cristo Redentor war ich schließlich hier.

Wir fuhren mit einem Kleinbus, den wir in Rio angemietet hatten. Der Kleinbus kam mitsamt Fahrer, der sich uns als Bin Laden vorstellte. Der Kerl war ziemlich schlecht drauf. Er mochte es nicht, wenn jemand von uns an der Klimaanlage herumfummelte, und außerdem hatten wir seiner Ansicht nach zu viel Gepäck dabei.

Wir erreichten den Riesenjesus im Morgengrauen. Cristo Redentor ist nicht annähernd so groß, wie ich ihn mir vorgestellt habe, aber in aller Herrgottsfrühe dort völlig allein zu sein, fühlte sich trotzdem irgendwie erhaben an. Er steht ziemlich weit oben, und von dort aus kann man durch die Wolken auf die gesamte Stadt Rio hinunterschauen. Weiß der Himmel, wie sie ihn dort hinaufgeschafft haben. Der Typ, der meine Waschmaschine von Comet geliefert hatte, hatte sich allein schon darüber beschwert, dass er das Gerät in meine Wohnung im dritten Stock schleppen musste. Vielleicht ist der Riesenjesus ja gerade deshalb eins der Weltwunder.

Ein weiterer Grund könnte aber auch die Umgebung sein. Ich bin mir ziemlich sicher, dass kein Mensch von ihm Notiz nehmen würde, wenn er im Industriegebiet außerhalb von Stretford auf einer Verkehrsinsel stehen würde.

Mit der Sonne kamen die fliegenden Ameisen. In Hundertschaften. Und riesig waren sie auch noch. Ich bin ja der Meinung, dass Ameisen wirklich nicht fliegen können müssen. Laufen können sie ja auch nicht. Ich hab sie beobachtet. Sie kommen und kommen und kommen nicht von der Stelle, und mit dem Fliegen klappt es noch schlechter.

Wir stiegen wieder hinunter und trafen uns mit einer Frau

namens Dolores, die den Riesenjesus über alles liebt. Unterwegs erstand ich eine Kokosnuss – schon wieder ein erstes Mal für mich: Essen und Trinken in einem. Sie sah kein bisschen aus wie diese normalen Kokosnüsse, die auf irgendwelchen Volksfesten angeboten werden. Sie war beispielsweise kein bisschen haarig. Ich weiß nicht genau, ob die hierzulande nun mal so wachsen, oder ob es mit dieser brasilianischen Marotte zu tun hat, dass nichts und niemand behaart sein darf, und der Verkäufer sie deswegen gewachst hat.

Dolores fuhr in einem Strandbuggy vor, ich stieg ein, und sie nahm mich wieder mit hinauf und zeigte mir unterwegs alle möglichen Sehenswürdigkeiten, zum Beispiel das Haus, in dem Ronnie Biggs, der Postzug-Räuber, mal gewohnt hat.

Inzwischen war es oben bei Cristo Redentor ziemlich voll geworden und nur noch halb so schön wie zuvor am Morgen. Hunderte Touristen tummelten und drängelten sich am Fuß der Statue. Zwanzigköpfige Reisegruppen mit Reiseführern, die versuchten, wieder andere Reiseführer von noch größeren Reisegruppen zu übertönen. Sogar die fliegenden Ameisen schienen von den Menschenmassen die Nase voll zu haben und hatten sich verdrückt. Dolores gab mir ein paar Hintergrundinformationen: Der Riesenjesus ist dreißig Meter groß und steht auf einem Sockel, in dem sich eine Kapelle befindet. Ich erzählte ihr, dass ich den Standort ziemlich beeindruckend fände, die Statue selbst mich aber nicht gerade umhauen würde. Gerade als ich das sagte, schlenderte ein englisches Pärchen an uns vorbei, und ich fragte sie nach ihren Eindrücken. Sie waren auch nicht besonders begeistert und meinten, die Statue in Lissabon wäre schöner. Dolores war nicht sonderlich glücklich über diesen Kommentar und meinte lediglich, die beiden hätten ja keine Ahnung.

Für eine wahrhaft beeindruckende Aussicht empfahl sie mir einen Hubschrauberflug um die Statue herum.

Zum Abendessen gab es wieder Hühnchen mit Bohnen.

SAMSTAG, DEN 13. FEBRUAR

Um 5.10 Uhr wurde ich von Christian aus dem Schlaf gerissen. Er sagte nur, um 5.30 Uhr würden wir zu unserem Hubschrauberflug aufbrechen. Ich war hin- und hergerissen. Ich hatte in der vergangenen Nacht nicht allzu viel Schlaf abbekommen. Um 3 Uhr hatte mich irgendwas draußen geweckt – eine Bewegung im Gestrüpp. Ich war aufgestanden und hatte durch einen Spalt in der Haustür eine Gestalt gesehen, die draußen umherschlich und womöglich bei uns einbrechen wollte. Mich umdrehen und das Ganze ignorieren konnte ich ja schlecht, also hab ich die Tür aufgerissen und nachgesehen. Es war ein Huhn. Um 3 Uhr in der Nacht! Was in aller Welt hat ein Huhn um diese Uhrzeit dort draußen zu suchen? Keine Ahnung, ob es in Brasilien ein schlechtes Zeichen ist, wenn dir ein Huhn über den Weg läuft. Ich hab's zumindest so aufgefasst. Denn es sieht ganz danach aus, als würde es heute Abend schon wieder Hühnchen zum Abendessen geben.

Ich schnappte mir eine Banane als Frühstück und stieg zu Bin Laden und der Crew in den Kleinbus. Vierzig Minuten später kletterte ich an Bord eines Hubschraubers. Ich hatte noch nie zuvor in einem Hubschrauber gesessen. Ich war ziemlich aufgeregt. Vor allem, weil diese Dinger nicht einfach weitersegeln, wenn der Motor mal ausfallen sollte. Ich setzte mich auf die Rückbank, und kaum hatte ich meine Kopfhörer aufgesetzt, ging es auch schon los. Keine Sicherheitseinweisung, nichts von dem, was man sich üblicherweise vor einem Start anhören muss. Und auch nichts, woran man sich hätte festhalten können. Sogar über der Rückbank eines verdammten Ford Fiesta hängt so ein kleiner Handgriff, an dem man sich festhalten kann. Aber hier? Nichts. Rein gar nichts.

Ungefähr sechs Meter über der Wasseroberfläche flogen wir an den Stränden von Ipanema und Copacabana entlang. Ich war beunruhigt, weil das bedeutete, dass selbst wenn ich einen Absturz überleben würde, ich durch den schlimmsten Wellengang, den ich je gesehen hatte, zurück an Land schwimmen müsste. Aber als ich mich erst mal an den Anblick gewöhnt hatte, fing es an, Spaß zu machen. Eigentlich ist es eine der besten Fortbewegungsarten überhaupt. Vier Mal flogen wir um Cristo Redentor herum, und es war ein grandioser Anblick. Dolores hatte wirklich nicht zu viel versprochen: Ich hatte eine fantastische Aussicht. Ich blickte auf all die Touristen hinab, die unten am Fuß der Statue wie Ameisen herumwuselten. (Da fällt mir ein: Es hätten ja wirklich Ameisen sein können. Ich weiß schließlich, was dort unten kreucht und fleucht.) Aus dieser Perspektive war die Statue viel beeindruckender. Und sie sah von hier oben größer aus als dreißig Meter. Ich fühlte mich dazu verpflichtet zuzugeben, dass dieser Jesus gut aussah. Aber mal ehrlich: Wenn du in einem Affenzahn im Hubschrauber um seinen Kopf herumrast, ist Jesus wirklich der Letzte, den du blöd von der Seite anreden willst. Allerdings muss ich sagen, dass sein Kinn ein bisschen unproportioniert aussah. Er hatte eine gewisse Ähnlichkeit mit Jimmy Hill. Ich nahm an, das unproportionierte Kinn kam daher, dass der Bildhauer wegen all der fliegenden Ameisen einen Zahn zugelegt hat. Aber als wir am Boden waren und uns wieder normal verständigen konnten, klärte Christian mich darüber auf, dass der Riesenjesus nicht etwa ein Riesenkinn hätte, sondern dass das einen Bart darstellen solle.

Den Hubschrauberflug fand ich super. Ich würde fast sagen: bislang das Highlight auf dieser Reise. Zurück in unserem Ferienhaus verflog meine gute Laune dann aber schnell wieder, als Steve anrief und mir erzählte, dass Celso mich zu sich nach Hause eingeladen habe, um das brasilianische Leben noch besser kennenzulernen. Meiner Meinung nach, antwortete ich, sei das pure Zeitverschwendung. Ich hatte in den letzten Tagen ja schon öfter das Vergnügen mit Celso gehabt, und so richtig viel hatte er mir nicht beigebracht. Und ich wusste immer noch nicht, ob er jetzt schwul war oder nicht. Steve meinte nur, ich solle aufhören zu meckern und hingehen.

Wir nahmen die U-Bahn. Es war ein Albtraum. Die Leute haben sich schlimmer in den Zug reingedrückt und gequetscht als in London. Wir brauchten ungefähr eine Stunde, bis wir in Celsos Viertel ankamen, und als wir ausstiegen, war ich überrascht, wie es dort aussah. Er hatte auf mich den Eindruck gemacht, als würde er einen extravaganten Lebensstil pflegen, aber in Wirklichkeit wohnte er in einem fünfstöckigen Wohnklotz. Davor saßen ein paar alte Leute und spielten Domino, Kinder spielten Fußball, und zwei zahnlose alte Weiber standen an einem Colastand und unterhielten sich. Trotzdem war es nicht gruselig oder so. Ehrlich gesagt erinnerte es mich ein bisschen an das Viertel, in dem ich aufgewachsen bin, nur dass sich hier die alten und die jungen Leute vermischten.

»Hiiiiiii!«, hörte ich eine gekünstelte Stimme. Es war Celso, der mit freiem Oberkörper an seinem Fenster stand und uns mit einem Taschentuch zwischen den Fenstergittern zuwinkte. Wir stiegen die Treppen hinauf und machten einen kleinen Bogen um einen ziemlich knurrigen Hund, dessen Besitzer uns durch ein verschlossenes Tor hindurch nachstarrte.

Ich klopfte an Celsos Tür. Sie war über und über bedeckt mit Postern von irgendwelchen Karnevalsveranstaltungen und einer Kondom-Werbung. Ich fragte mich, ob Celso sie hier aufgehängt hatte, damit seine Gäste in der Zwischenzeit etwas zu Lesen hatten, während sie darauf warteten, dass er zur Wohnungstür geschlurft kam. Endlich öffnete er die Tür, nur mit Seidenboxershorts und Flipflops bekleidet. Er war gerade dabei gewesen, seine Zimmerpflanzen zu besprühen, und beklagte sich über die Hitze. Irgendwie wirkte er heute ruhiger und ein bisschen weniger selbstsicher als an den vergangenen Tagen.

STEPHEN: Hey, Kumpel! Wie läuft's denn so in deinem Hostel?
KARL: Oh, dort bin ich ausgezogen. Es war unerträglich.
STEPHEN: Du bist dort ausgezogen?
KARL: Ja. Ernsthaft, es war richtig übel. Ich bin ja wirklich nicht pingelig, aber dieses Hostel war ein Albtraum. An meinem Bettpfosten baumelte eine Unterhose – und zwar nicht meine eigene.
STEPHEN: Und wie lang warst du dort?
KARL: Eine Nacht...
STEPHEN: Weichei!
KARL: Ich bin kein Weichei! Es war dort einfach nicht sicher. Ich hätte dort gar nicht erst einziehen dürfen. Ich meine, ich hab alle möglichen Impfungen gekriegt, bevor ich hierhergekommen bin, die mich sogar vor einem lausigen Affen schützen würden. Aber in diesem Hostel war ich mir nicht mehr so sicher, ob der Schutz wirklich ausreicht. Also bin ich nach einer Nacht wieder ausgezogen.
STEPHEN: Sei's drum. Ich muss dir was erzählen.
KARL: Schieß los!
STEPHEN: Pack deine Sachen. Ich weiß ja nicht, wo du gerade wohnst, aber ich bin mir ziemlich sicher, es ist kein Vergleich zu der Unterkunft, die dich jetzt erwartet. Du hast doch Celso schon getroffen, deinen Ansprechpartner vor Ort. Klasse Typ! Wie ich höre, habt ihr euch gut verstanden, was großartig ist, denn er hat dich ausdrücklich zu sich nach Hause eingeladen.
KARL: Aber... Warum? Wozu? Ich meine, mal ernsthaft, wozu soll das gut sein? Steve, kennst du ihn überhaupt? Hast du dich je mit ihm unterhalten?
STEPHEN: Hey, er ist dein Kumpel, nicht meiner. Und man

schlägt nicht einfach so eine nette Einladung aus, nicht in einem fremden Land.

KARL: Also, ich würde nicht so weit gehen...

STEPHEN: Wenn dir jemand ein Dach überm Kopf anbietet, Mann, dann nimmst du es an.

KARL: Hör mal, wenn er so ein guter Kumpel wäre, warum sagt er mir dann nicht, ob er schwul ist oder nicht?

STEPHEN: Was hat das denn damit zu tun? Das hat doch überhaupt nichts damit zu tun! Er hat dich nur eingeladen, bei ihm zu wohnen!

KARL: Und genau das macht mir Sorgen.

STEPHEN: Er hat dir ein Bett für eine Nacht angeboten, okay? Gerade noch hast du dich über das Hostel beschwert. Er hat dir ein Bett für heute Nacht angeboten, was ist daran so schlimm?

KARL: Jetzt mal ehrlich: Er ist eine totale Tucke! Das wäre, als müsste ich bei Tante Nora übernachten. Ich wette, seine ganze Wohnung ist mit Plüsch ausgekleidet. Überall Vorhänge und Quasten. Überall Rüschen. Für eine Stunde, okay...

STEPHEN: Wenn deine Tante Nora mich zu sich einladen würde, wäre ich ruckzuck dort.

KARL: Und was soll ich mit ihm anfangen? Soll das eine Pyjamaparty werden oder was? Oder spielen wir Skat, oder...

STEPHEN: Spielt Skat. Du musst ja nicht mit ihm ausgehen.

KARL: Wirklich nicht?

STEPHEN: Wirklich nicht.

KARL: Hat er WLAN?

STEPHEN: Keine Ahnung. Das fragst du ihn am besten selbst. Gleich als Allererstes, wenn du bei ihm vor der Tür stehst. »Hey, danke für die Einladung, Kumpel. Hast du eigentlich

> WLAN?« Karl, stell dir einfach vor, es wäre ein B&B. Stell dich nicht so an!
> KARL: Ist das nicht ein Schwulenausdruck? B&B? Ich hab mal gehört, das steht für Bumsen und Blasen. Ehrlich, Mann, das hab ich mal gehört, als ich im Zug unterwegs war. Da hat jemand erzählt, dass er an dem Abend ein bisschen B&B machen wollte – bumsen und blasen …
> STEPHEN: [lacht] Erzähl uns, wie's war …
> KARL: In Ordnung. Bis dann.
> STEPHEN: Viel Glück, Mann!
> KARL: Tschüss.

Seine Wohnung war winzig. Vergleichbar mit einer, in der ich mal gewohnt habe, nur dass diese hier total vollgestopft worden war, sodass sie noch kleiner wirkte. In dem Zimmer stand so viel Zeug herum, dass ich gar nicht wusste, wohin ich zuerst schauen sollte.

Celso bot mir ein Glas Nusssaft an. Von allen Dingen, aus denen man Saft pressen kann, kann ich mir nichts weniger Saftigeres vorstellen. Ich hatte gerade erst angefangen zu akzeptieren, dass Karottensaft existierte – und dann so etwas!

Ich sagte zu Celso, dass ich es bemerkenswert fände, dass wir uns gerade erst ein paar Tage kannten und er mich schon in seine Privatwohnung einlud. Er erwiderte, dass es unter Brasilianern einer Beleidigung gleichkäme, wenn man eine Einladung zu jemandem nach Hause ausschlagen würde. Ich sah ihm an, dass er es ernst meinte – auf jeden Fall ernster, als er ausgesehen hatte, als er in dem Bademodengeschäft seine Badehose anprobiert hatte. Er bestand außerdem darauf, dass ich in seinem Bett schlafen müsse. Und auch wenn ich normalerweise gut darin bin, derlei Situationen schon im Ansatz zu ersticken, sprach er so lange weiter von brasilianischen Traditionen und wie tief beleidigt er wäre, dass ich schließlich zustimmte.

Ich blieb mit Krish im Wohnzimmer, während Christian und Celso sich für ein Interview ins Schlafzimmer zurückzogen. Ich sah mir sein CD-Regal genauer an. Dinah Washington, Dionne Warwick, Bette Midler – ein krasser Gegensatz zu der Rapmusik, die aus den Autolautsprechern von der Straße heraufdröhnte.

Eine Dreiviertelstunde später kam Celso wieder ins Wohnzimmer. Er trug ein Kleid, eine Perücke und Make-up. Er erinnerte mich an meine Tante Nora, was ich ihm auch sagte. Abgesehen davon, dass er das Augen-Make-up ein bisschen zu dick aufgetragen hatte, sah er eigentlich ganz okay aus. Er meinte, in diesem Aufzug solle ich ihn Lorna Washington nennen. Er war also eine Dragqueen, und an diesem Abend hatte er Engagements bei einer Geburtstagsparty und bei einer Hochzeit. Ich fragte ihn, ob das denn nun hieße, dass er andersherum wäre, und er antwortete so was wie: »Was glaubst du denn, Schätzchen?« Schon wieder drum herumgeredet.

Celso forderte mich auf, es mir bei ihm zu Hause bequem zu machen, mir jederzeit mehr Nusssaft zu nehmen, schrieb mir seine Handynummer auf, zeigte mir, wie die Fernbedienung funktionierte, und legte mir einen Stapel DVDs heraus, unter anderem *My Fair Lady*. Irgendwie erinnerte es mich an früher, wenn meine Mum abends ausging und mir ein bisschen Geld in die Hand drückte, damit ich mir am Kiosk um die Ecke noch Süßigkeiten kaufen konnte, und sie mich davor warnte, irgendjemandem die Tür zu öffnen. Dann kam Celsos Taxi, und durch die Fenstergitter beobachtete ich, wie Lorna Washington unter den wachsamen Blicken ihrer Nachbarn zur Arbeit fuhr.

In seiner Wohnung war es wirklich sehr warm. Es gab zwar einen Deckenventilator, aber der bewirkte rein gar nichts. Ich saß da und fragte mich, ob es auch eine dieser brasilianischen Traditionen war, jemanden zu sich nach Hause einzuladen und dann selbst die Biege zu machen und auszugehen. Kam mir irgendwie eigenartig vor. Ich bekam die DVD nicht zum Laufen, also schaltete ich den Fernseher an. Dann ging ich zur Toilette, wo ich vier gigantische Kakerlaken in flagranti erwischte. Ich kann diese Viecher nicht ausstehen. Für meine Begriffe bewegen sie sich zu schnell. Außerdem lag dort so viel Gerümpel herum, dass sie in null Komma nichts in ein perfektes Versteck flüchten konnten. Mich juckte es. Und ich bemerkte einige Stiche an meinen Beinen. Ich glaube, ich habe an diesem Abend eine neue Spezies auf meinem Körper entdeckt.

Die ungeheure Menge an Gerümpel ist schwer zu beschreiben – es war so gut wie unmöglich, irgendwo auch nur eine klitzekleine freie Stelle zu entdecken, an der man noch etwas hätte abstellen können. Ich hatte keine Ahnung, warum Celso all dieses Zeug aufbewahrte. Bei einigen Gegenständen wusste ich noch nicht einmal, wozu sie überhaupt gut waren. Christian verlegte übrigens sein Handy und konnte es nicht mehr wiederfinden. Und irgendwann flippte ich dann aus. Ich konnte dort keine Sekunde länger bleiben. Ich mag keine kleinen Räume, und je länger ich mich dort umsah, desto unwohler fühlte ich mich. Die Kakerlaken gaben mir den Rest. In der Küche war ich nämlich auf ein totes Exemplar gestoßen. Angesichts der Tatsache, dass Kakerlaken angeblich die widerstandsfähigsten Kreaturen auf der ganzen Welt sind, einen Atomkrieg und sogar eine ganze Woche ohne ihren eigenen Kopf überleben können, und hier in Celsos Küche eine abgekratzt war, beschloss ich, dass mein Aufenthalt hier nicht gesund sein konnte.

Es war halb zwei Uhr in der Nacht. Ich fand, es wäre unhöflich von mir gewesen, einfach so ohne ein weiteres Wort zu verschwinden, also rief ich Celso an und erzählte ihm, dass es mir in seiner Wohnung zu heiß und zu laut wäre. Er schien nicht allzu enttäuscht zu sein.

Um Viertel vor drei lag ich wieder auf meiner eigenen Matratze.

SONNTAG, DEN 14. FEBRUAR

Als ich aufwachte, hatte ich ein schlechtes Gewissen wegen Celso. Doch dann fiel mir ein, dass er mich vielleicht nur deshalb zu sich nach Hause eingeladen hatte, damit ich auf seine Wohnung aufpasste, während er bei der Arbeit war. Krish und Christian fanden auch, dass es besser gewesen war, ins Ferienhaus zurückzukehren. Da fühlte ich mich nicht mehr ganz so schlecht.

An diesem Tag besuchten wir ein Straßenfest. Es war das schlimmste Fest, bei dem ich je zugegen war. Wir wanderten ziellos umher, während die anderen Leute Krach machten und ständig in irgendwelche Pfeifen und Tröten bliesen. Normalerweise würde ich solche Veranstaltungen meiden. Ich kann mich noch an eine Nachbarschaftsparty zum Krönungstag der Queen in meiner Kindheit erinnern, die ich auch ganz grässlich fand und bei der die Stinkige Sandra, die selbst rein gar nichts zu der Feier mitgebracht hatte, den ganzen Nachtisch verputzte, den meine Mum und ich zubereitet hatten. Aber dieses Straßenfest war noch viel schlimmer. Kein Nachtisch weit und breit. Dafür umso mehr Leute, die nur herumlungerten und dumm aus der Wäsche guckten. Irgendwie kam ich mir vor wie zwischen Hunderten Angestellten vor einem Bürogebäude, die nach einem Feueralarm draußen herumstanden und darauf warteten, wieder zurück ins Büro gehen zu dürfen. Aber zumindest war ein Feueralarm ein nützliches und sinnvolles Geräusch. Der Krach, den diese Meute verursachte, grenzte an Körperverletzung. Ich hab einen Typen gesehen, der als pinkfarbener Pudel verkleidet war und eine Hose trug, die seinen Hintern frei ließ. Vielleicht war es doch kein Straßenfest, sondern wirklich ein Feueralarm, und er hatte sich den Hosenboden abgefackelt. Er reagierte ein wenig gereizt darauf, dass ihm hin und wieder jemand in den Hintern kniff.

Ich traf Celsos schwulen Kumpel wieder. Er war in Begleitung eines anderen Mannes. Keine Ahnung, ob das sein Partner war, zumindest war er nicht schwarz.

Ich sagte zu Krish, dass ich genug gesehen hätte, und wir machten uns wieder auf den Rückweg.

Heute war kein guter Tag. Um mich selbst aufzumuntern, hab ich eine ganze Toblerone vernichtet.

Ich erwähnte den anderen gegenüber, dass ich es toll fände, wenn wir mal an einen ruhigen Strand fahren könnten, um all dem Lärm zu entkommen. Krish meinte, er wüsste da schon was, aber dafür müssten wir in aller Herrgottsfrühe aufstehen. Kein Problem, erwiderte ich.

Zum Abendessen gab es wieder Hühnchen mit Bohnen. Christian beschloss, mal ein Wort mit dem Vermieter zu wechseln und zu fragen, ob der Koch morgen zur Abwechslung was anderes kochen könnte.

MONTAG, DEN 15. FEBRUAR

Um 5.20 Uhr aufgestanden, um an den ruhigen Strand zu fahren. Sogar Ipanema und Copacabana wären um diese Uhrzeit ruhig. Krish sagte, wir würden ungefähr eine Stunde bis zu unserem Ziel brauchen.

Bin Laden war schlecht gelaunt. Ich glaube, er findet frühes Aufstehen auch nicht besonders prickelnd.

Ich war nicht überrascht, als wir ankamen und die Ersten an dem Strand waren – mal abgesehen von einem Mann, der unter einem Sonnenschutz Getränke zum Verkauf anbot. Wir suchten uns eine schöne Stelle, an der wir uns niederließen. Ich saß da und genoss die Aussicht, als ich plötzlich Krach hörte. Ich drehte mich um und stellte fest, dass der Typ unter seinem Sonnenschutz Eis zertrümmerte. Und ich stellte außerdem fest, dass er seinen Penis ausgepackt hatte.

Ich wies Krish darauf hin, aber es schien ihn nicht sonderlich zu überraschen. Immerhin seien wir hier an einem FKK-Strand. Ich habe noch nie verstanden, was Leute an FKK so toll finden – erst recht nicht um 7.30 Uhr morgens. Es war auch noch nicht richtig heiß, weil die Sonne noch gar nicht vollständig aufgegangen war. Er trug immer noch sein T-Shirt. Warum in aller Welt hatte er also seine Shorts ausziehen müssen? Während ich zu ihm hinübersah, bückte er sich immer wieder, um mehr Eis in seine Wanne zu schaufeln. Irgendwie kam es mir vor, als wollte er mich damit provozieren. Jedes Mal, wenn er sich bückte, schwangen sein Arsch und seine Eier in meine Richtung. Er sah aus wie das hintere Ende einer Bulldogge.

Immer mehr Männer trafen ein. Sie standen mit verschränkten Armen und baumelnden Glocken da und unterhielten sich. Ein paar Frauen waren auch dabei. Zwei Riesenweiber in den Vierzigern setzten sich genau hinter mich. Keine Ahnung, ob sie komplett nackt waren. Ihre Brüste hingen nämlich so weit runter, dass sie die entscheidenden Zonen verdeckten.

Irgendwann kam ein Typ zu uns rüber und überreichte mir einen Handzettel mit der Strandordnung. Darauf stand eine ganze Menge interessanter Sachen, unter anderem, wie Männer sich in einem spontanen Härtefall verhalten sollten. Die Strandordnung empfahl in einem solchen Fall, sich schnellstmöglich hinzusetzen oder ins Wasser zu gehen und zu warten, bis sich die Erektion gelegt hatte. Mit den Frauen vor meiner Nase musste ich mir darüber wohl keine Gedanken machen.

Eine halbe Stunde später kam der Mann, der mir die Strandordnung überreicht hatte, wieder zurück und forderte mich auf, mich entweder auszuziehen oder den Strand zu verlassen. »Bin schon weg, kein Problem«, sagte ich.

Aber ich kam nicht weit. Krish, Christian und Jan (unser Ka-

Associação Naturista de Abricó – ANA
Federação Brasileira de Naturismo – FBrN

Naturistenstrand Abricó
Willkommen an Rio de Janeiros
erstem FKK-Strand

Resolution 64/94 des Umweltamtes von Rio de Janeiro
Beschluss der Justizbehörde Rio de Janeiro vom 30. September 2003
Stadtverordnung Nr. 4059 vom 18. Mai 2005

ETHIKKODEX*
Naturismus ist eine Lebensart in Harmonie mit der Natur. Sie kommt zum Ausdruck in der gemeinschaftlichen Nacktheit, verbunden mit Selbstachtung sowie Respekt gegenüber Andersdenkenden und der Umwelt.
Internationale Naturisten Föderation – INF

Folgendes ist untersagt:
1. die Ausübung oder Andeutung sexueller Akte
2. respektloses oder gar aggressives Auftreten gegenüber anderen Besuchern, gleichgültig aus welchem Anlass
3. die mittelbare oder unmittelbare Missachtung der Privatsphäre anderer Besucher
4. die Ausübung jedweder Sportart außerhalb der gekennzeichneten Bereiche
5. die Verrichtung der Notdurft in der Öffentlichkeit
6. das Hinterlassen von Unrat
7. der Besitz und Konsum von illegalen Substanzen und Waren sowie der Handel damit
8. das Fotografieren und Filmen (aus jedweder Distanz) ohne die ausdrückliche Einverständniserklärung des aufgezeichneten Gastes

* Dieser Ethikkodex ist – mit Ausnahme von Punkt 8 – an allen städtischen Stränden Rio de Janeiros wirksam. Die Einhaltung dieser Regeln gilt für alle – nudistische ebenso wie nicht nudistische – Besucher dieses Strandes und wird durch Vertreter der städtischen Behörden und der ANA überwacht und durchgesetzt.

Hinweis: Nacktheit im Sinne der INF bedeutet das vollständige Entkleiden der Genitalien. Oberkörperfrei gilt nicht als nackt.

Der Naturistenstrand Abricó ist Naturisten vorbehalten. Ausnahmen gelten für Vertreter von Polizeibehörden, Sicherheits- und Rettungsdiensten, die sich im Einsatz befinden, für Angler mit entsprechender Ausrüstung, die auf den Felsen ihrer Tätigkeit nachgehen, und Taucher, die lediglich den Strand überqueren. Die Regeln gelten für alle Besucher, die 13 Jahre und älter sind.

Außerhalb der Strandöffnungszeiten ist das Tragen von Bekleidung bis auf Weiteres optional. Der Naturistenstrand Abricó heißt all seine Besucher willkommen. Bitte befolgen Sie die Strandordnung. Wenn Sie jemanden beobachten, der gegen eine oder mehrere dieser Regeln verstößt, verständigen Sie bitte ein Mitglied der ANA, das Sicherheits- oder Rettungspersonal.

Zum Naturistenstrand Abricó zählen der am Zugang gekennzeichnete Strandabschnitt, das Wasser sowie die Felsen, die unmittelbar an den gekennzeichneten Strandabschnitt grenzen.

Tipps

Unterlassen Sie unhöfliches oder aggressives Verhalten sowie entsprechende Äußerungen, lautstarke Unterhaltungen und das Musizieren bzw. Abspielen von Tonträgern. Besucher abgelegener Strände, so auch des Naturistenstrands Abricó, suchen in aller Regel die Abgeschiedenheit und die Verbundenheit mit der Natur.

Vermeiden Sie es, andere Besucher aus jedwedem Grund anzustarren, respektieren Sie die anderen und ihre Privatsphäre.

Im Fall eines unvermeidbaren Erregungszustands eines männlichen Besuchers bzw. einer Erektion verhalten Sie sich bitte diskret und **unterlassen Sie** exhibitionistische Verhaltensmuster. Setzen Sie sich oder gehen Sie ins Wasser, bis der Zustand sich wieder gelegt hat. Eine Erektion ist ein natürlicher Vorgang, sie selbst herbeizuführen oder sie zur Schau zu stellen, ist an diesem Strand jedoch unerwünscht.

Tragen Sie einen Sonnenschutz auf, v.a. an den üblicherweise bekleideten Stellen Ihres Körpers, auch auf die Genitalien. Verhalten Sie sich dabei diskret, aber seien Sie nicht beschämt. Vermeiden Sie dabei aber die übermäßige Berührung Ihrer Genitalien.

Seien Sie sich stets darüber im Klaren, dass Sie an einem Naturistenstrand Aufmerksamkeit erregen und Unwillen erzeugen, wenn Sie bekleidet bleiben. Legen Sie also Ihre Kleidung ab, sobald Sie sich am Strand niederlassen, und passen Sie sich an.

Zigarettenstummel und Strohhalme sind Abfall und gehören in die orangefarbenen Abfalleimer oder in Ihren Hausmüll.

Mitglieder der Associação Naturista de Abricó – ANA sind jeden Samstag, Sonntag und gesetzlichen Feiertag vor Ort und heißen Sie gerne persönlich willkommen.

Präsident: Pedro Ribeiro
Tel.: (21) 2542 9807 / (21) 9441-5652
E-Mail: anabrico@anabrico.com
Homepage: www.anabrico.com
Newsletter: www.jornalolkonu.com
Federação Brasileira de Naturismo: www.fbrn.com.br
Abricó Strandtel.: (21) 8639 0368

PREFEITURA
MEIO AMBIENTE

Nacktheit ist der natürliche menschliche Zustand.
Nackt sein heißt natürlich sein.

meramann) und Freddie (der Tontechniker) mussten erst noch mehr Aufnahmen für die Sendung machen.

Sie wurden darauf hingewiesen, dass auch sie sich bitte entkleiden mögen, wenn sie weitere Filmaufnahmen machen wollten. Also zogen sie sich aus. Ich empfand ein wenig Genugtuung nach all den Dingen, die sie mir angetan hatten.

Als wir wieder zurück in unserem Ferienhaus waren, verkündete Krish, dass wir morgen in eine Favela fahren würden. Normalerweise halten sie sich ja sehr bedeckt mit ihren Plänen, bis es so weit ist, aber Krish sagte, er müsse mich diesmal vorwarnen, weil die Favelas die finstersten Viertel der Stadt seien, Drogen und Waffen dort an der Tagesordnung seien, und wir alle eine Sicherheitseinweisung über uns ergehen lassen müssten. Äh, Moment mal. Ich bin doch nicht nach Brasilien geflogen, um mich in Gefahr zu begeben. Aber Krish machte auf einmal einen auf todernst, was nicht so richtig wirkungsvoll war, weil ich mich noch zu gut daran erinnern konnte, wie er am Morgen im Adamskostüm am Strand herumspaziert war.

Am Abend bekochte uns eine neue Köchin. Es gab Rind und Bohnen. Hurra.

DIENSTAG, DEN 16. FEBRUAR

Ich bin heute eine halbe Stunde früher als nötig aufgestanden, weil ich Lust hatte auf Toast mit Schinken und der Toaster fürs Aufwärmen zwanzig Minuten braucht. Ich dachte darüber nach, dass dies womöglich meine Henkersmahlzeit sein könnte, weil wir heute in die Favela fahren wollten. In diesem Zusammenhang sollte ich mich womöglich nicht über die lange Aufwärmphase des Toasters beschweren.

Beim Frühstück unterhielten sich die anderen über einen Film mit dem Titel *City of God.* Offenbar war die Favela, die heute auf unserem Programm stand, ähnlich zu der aus dem Film. Und offenbar hatte den Film jeder gesehen – außer mir. Ich meine, ich kann mich daran erinnern, wie damals alle darüber redeten, aber ich hatte ihn nicht sehen wollen, weil er untertitelt war, und ich mag keine Filme mit Untertiteln. Da kann ich ja gleich das Buch lesen.

Krish erklärte, dass wir Motorräder nehmen würden, weil die Straßen in den Favelas nicht für Kleinbusse gemacht wären. Zum ersten Mal, seit ich ihn kennengelernt habe, sah Bin Laden hocherfreut aus. Er hatte einen lockeren Tag vor sich. Mir wurde Johnny als Fahrer zugeteilt, ein Mann, der aus der Favela stammte, und ich setzte mich hinten auf seine Maschine. Zusammen schossen wir um Häuserecken und durch dunkle Gassen. Und während wir so herumfuhren, sah ich überall Waffen. Und zwar richtig große.

Die Crew fuhr hinter uns her. In bestimmten Gebieten wurde sie angewiesen, das Filmen bleiben zu lassen, weil die Bandenbosse nicht gern gefilmt werden wollten. Wir mussten also die Kameras auf den Boden richten, damit sie sehen konnten, dass wir nicht heimlich doch Aufnahmen machten.

Irgendwann fuhr die Motorradkolonne rechts ran, und ich wurde einem Mann namens Henrique vorgestellt. Er trug keine Waffen. Er war auch kein Bandenboss. Er würde mir einen brasilianischen Tanz beibringen, der Samba hieß.

Henrique führte mich in ein baufälliges Gebäude, in dem er mir zwei Stunden lang verschiedene Schrittfolgen und Bewegungsabläufe eintrichterte. Zwischendurch zeigte ich ihm, wie ich normalerweise tanze, was er aber nur mit »scheiße« kommentierte. Nicht besonders höflich, dachte ich. Die erste halbe Stunde war ganz witzig, und ich nahm das Ganze auf die leichte Schulter – bis Henrique mir eröffnete, dass ich beim Karneval in Rio tanzen würde. Auch wenn ich in meinem Leben nicht besonders viel herumgekommen bin – davon hatte selbst ich schon mal gehört, und ich begann, mir Sorgen zu machen. Und mir mehr Mühe zu geben. Henrique erzählte mir, dass mir viertausend Menschen zusehen würden, und für die Truppe, mit der ich auftreten sollte, sei das Ereignis eine Riesensache. Sie hatten das komplette letzte Jahr trainiert und hofften jetzt darauf, die Juroren ausreichend beeindrucken zu können, auf dass sie im Hauptwettbewerb in die nächste Runde kämen. Aber je mehr Mühe ich mir gab, desto frustrierter wurde ich. Es war einfach zu viel, als dass ich mir alles hätte merken können. Am Ende schlug Henrique vor, was essen zu gehen. Wir gingen in ein Café um die Ecke. Das Essen war richtig gut, aber wenn man bedenkt, dass die meisten Besucher hier mit Granaten, Maschinengewehren und Raketenwerfern hereinspazieren, würde wohl kaum jemand wagen, irgendeine Pampe zu servieren.

Nach dem Essen trainierten wir noch ein bisschen weiter. Dann überreichte mir Henrique das Kostüm, das ich anziehen sollte. Es war lächerlich: so eine Art blau-weißer Ganzkörper-Overall mit blauen Federn. Ich sah darin einfach nur total bescheuert aus, aber Henrique meinte nur, dass das Outfit meine geringste Sorge sei. Und ich solle unbedingt daran denken, immer zu lächeln. Ich lächele normalerweise nicht allzu viel. Das heißt, ich kann schon lächeln, aber eben nicht so viel wie andere Leute. Sogar wenn ich innendrin überglücklich bin, kann man es nicht immer an meinem Gesicht ablesen.

Wir trainierten noch ein Stündchen, dann ließen wir es gut sein. Henrique war müde, immerhin hatte er schon drei Tage karnevalesken Tanz hinter sich. Ich war schon nach drei Stunden im Eimer. Aber in Sachen Fitness konnte ich nun mal nichts mehr ändern, dafür war keine Zeit mehr. Also werde ich einfach zusehen, dass ich ordentlich esse und früh zu Bett gehe.

Zum Abendessen gab es schon wieder Rind mit Bohnen. Ich hab nur Rind gegessen, ich kann keine Bohnen mehr sehen.

KARLS ERKENNTNISSE

DER RIESENJESUS WURDE 1931 ERRICHTET. SEIN BAU HATTE SCHON 1922 BEGONNEN, ES DAUERTE ALSO NEUN JAHRE, IHN FERTIGZUSTELLEN.

ER BESTEHT AUS STAHLBETON UND SPECKSTEIN. UM IHM GANZ NAHE ZU KOMMEN, MUSS MAN ERST 220 STUFEN HINAUFSTEIGEN. DIE 30 METER HOHE STATUE STEHT AUF EINEM 8 METER HOHEN SOCKEL UND WIEGT 635 TONNEN.

PAUL LANDOWSKI, DER BILDHAUER DES CRISTO REDENTOR, GEWANN 1928 OLYMPISCHES GOLD IN DER DISZIPLIN »RUNDPLASTIKEN«.

FAVELA

Bevor ich mich schlafen legte, habe ich in meinem Zimmer noch mal meine Tanzschritte geübt und dann im Bad noch ein bisschen in den Spiegel gelächelt. Es sah nicht besonders natürlich aus, andererseits konnte ich mich auch nicht allzu gut sehen, weil mein Bad ja kein Licht hat.

MITTWOCH, DEN 17. FEBRUAR

Tag des Karnevals. Ich hatte mehr Schiss, heute vor einer großen Menschenmenge vorzutanzen, als gestern, als wir durch die drogen- und waffenverminte Favela fuhren.

Um 13 Uhr trafen wir am Veranstaltungsort ein. Dort wurde mir mitgeteilt, dass ich erst um 20.45 Uhr drankommen würde. Ich hatte bereits mein riesiges, befedertes Teletubby-Kostüm an und auch keine andere Kleidung im Gepäck, sodass ich im Bus bei Bin Laden sitzen blieb, während die anderen die Kameraausrüstung aufbauten. Es wurde ein verdammt langer Nachmittag. Bin Laden und ich konnten uns aufgrund unserer Sprachbarriere nicht unterhalten. Obwohl es mich bei dem mürrischen Eindruck, den er immer macht, nicht wundern würde, wenn er hervorragend Englisch spräche, aber einfach nur nicht mit mir reden wollte.

Irgendwann nickte ich für ein Stündchen ein, und Krish und Christian weckten mich, um mir mitzuteilen, dass Henrique gerade in der vorüberziehenden Parade tanzen würde. Wir entdeckten ihn in der Masse, und er zeigte mir auf die Schnelle noch ein paar Tanzschritte, die leichter zu merken waren als diejenigen, die er mir gestern beigebracht hatte. Am Ende sagte er noch, dass ich, sollte ich die Schritte vergessen haben, einfach ganz viel Energie versprühen solle und unter keinen Umständen vergessen dürfe zu lächeln.

Wir aßen bei Bob's Burger, das brasilianische Pendant zu McDonald's, und danach kann ich mich nicht mehr wirklich an viel erinnern. Zwischen dem Burger und dem Beginn meiner Parade habe ich quasi einen Filmriss. Ich weiß erst wieder, dass Henrique mich an die richtige Position bugsierte und die Sache mit der Energie wiederholte. Und mich daran erinnerte, die ganze Zeit zu lächeln. Dann explodierten Feuerwerkskörper – und mein Magen. Keine Ahnung, ob das die Nerven waren oder der Burger von Bob, jedenfalls raste ich in einem Affenzahn zur nächsten Toilette, weil ich nicht auf halber Strecke des Karnevalsumzugs vor viertausend Zuschauern und noch mal halb so vielen Juroren in mein Federkostüm kacken wollte.

Die Toilette kostete zwei Real (ungefähr sechzig Pence) und war ein Albtraum. Ich ließ mich auf die Klobrille plumpsen und betrachtete mich im Spiegel, der auf der Rückseite der Tür hing. Da saß ich also wie ein blau-weißer Teletubby mit bekloppten Federkopfschmuck. Wie hatte es nur so weit kommen können?

Mir blieb keine Zeit, darüber nachzudenken. Die Toilettenfrau trommelte an die Tür. Ich hasse es, wenn ich mich auf dem Klo beeilen muss. Sie trommelte wieder. Ich stand also auf, öffnete die Tür und sah, wie die Frau auf die Tür zeigte und immer wieder sagte: »Zwei Momente. Zwei Momente.« Reichten sechzig Pence nur für zwei Minuten? Vielleicht hätte ich gestern Abend doch die Bohnen essen sollen. So wie die einen durchputzen, hätte ich sicherlich dreißig Pence gespart.

Ich kämpfte mich durch die Zuschauermassen zurück an den Kopf der Parade. Es ging inzwischen hoch her. Henrique steckte mich in die Gruppe der Oldies. Eine Frau mit Brille erinnerte mich ein bisschen an Alfred Biolek. In der Seniorengruppe gelandet zu sein, machte die Sache nicht besser für mich. Der Druck war dadurch nur noch größer, und mir schoss durch den Kopf, dass mein Selbstbewusstsein endgültig am Boden sein würde, wenn ich es nicht schaffte, mit dieser Truppe mitzuhalten.

Dann ertönten die Trommeln, und wir zogen los. Ich tanzte, was das Zeug hielt, und gab alles.

Fünfundfünfzig Minuten später überschritt ich die Ziellinie. Ich kann mich nicht erinnern, wann ich zuletzt derart erschöpft war. Ich hatte mir an einem Fuß eine Monsterblase geholt, mir war schwindlig, und ich war vollkommen entkräftet, aber glücklich, dass es vorbei war.

Henrique schien einigermaßen zufrieden mit mir zu sein, was mich freute. Ich fragte ihn, ob wir in die nächste Runde kommen würden, aber er meinte nur, dass er das erst in ein paar Tagen erfahren würde.

DONNERSTAG, DEN 18. FEBRUAR

Heute war Rückreisetag. Ich bin um 13.30 Uhr zum Flughafen aufgebrochen und mit Zwischenstopp in Lissabon heimgeflogen, weil es keinen Direktflug gab. Ich hab aus dem Flugzeugfenster gestarrt, weil ich die Statue sehen wollte, von der das englische Pärchen gesagt hatte, sie sehe besser aus als Cristo Redentor, aber es war zu bewölkt. Um 12 Uhr war ich wieder daheim in London.

Mir hat Cristo Redentor besser gefallen als die Pyramiden. Eins zu null für Brasilien. Christian hat mir gerade erzählt, dass Henriques Tanztruppe die Qualifikation um 0,2 Punkte verpasst hat.

KAPITEL 3
DAS TADSCH MAHAL

»DURCH DIESES TOR GEHEN ALLE TRÄUME.«

RUDYARD KIPLING

»SCHON KOMISCH, DASS ES ALS EINS DER SIEBEN WELTWUNDER GILT. BEI DIESER UMGEBUNG WÜRDE MAN DAS NICHT GERADE VERMUTEN. WENN ES EIN KAUFOBJEKT BEI *MIETEN, KAUFEN, WOHNEN* WÄRE, WÜRDEN DIE POTENZIELLEN KÄUFER BESTIMMT SAGEN: ALSO, WENN SIE ES ABTRAGEN UND IRGENDWO WIEDER AUFBAUEN KÖNNTEN, WO ES SCHÖNER IST, DANN WÜRDEN WIR ES NEHMEN! HIER HÄTTE ES WIRKLICH NICHT GEBAUT WERDEN DÜRFEN.«

KARL PILKINGTON

DONNERSTAG, DEN 25. FEBRUAR

Vor meiner Reise nach Indien überreichte mir Luke, unser Producer, ein Päckchen mit achtundzwanzig Erwachsenenwindeln. Nicht gerade das übliche Abschiedsgeschenk, nicht wahr? Ich hatte nicht vorgehabt, in meinem Leben je Erwachsenenwindeln zu benutzen – zumindest nicht, bis ich deutlich über achtzig wäre –, aber ich packte trotzdem sicherheitshalber zwei davon ein.

Egal, mit wem ich mich im Vorfeld über Indien unterhalten hatte, immer war der »Delhi-Belly« erwähnt worden. Angeblich bekommt jeder, der dorthin fährt, die Scheißerei. Meines Wissens ist Indien das einzige Land dieser Erde, das genau dafür bekannt ist. Tolle Voraussetzungen, wenn man ein Restaurant eröffnen will. Wenn ein Gast bei dir vom Essen Durchfall kriegt, hat das keinerlei Konsequenzen. Dann heißt es einfach nur: »Willkommen in Indien!« Als stünde es auf der Speisekarte: Vorspeise, Hauptgang, Nachtisch, Kaffee, und dann ab aufs Klo.

Luke meinte, es könnte sein, dass wir ein paar Tage lang ziemlich weit weg von der nächsten Toilette wären, wenn ich mich also unwohl fühlen sollte, wäre die Windel vielleicht ganz praktisch. Die Vorstellung behagt mir nicht. Ich habe Angst, dass ich mich daran gewöhnen könnte, meine Eingeweide einfach irgendwo zu entleeren, wo es mir gerade passt, und dass sich das in meinen Verdauungsrhythmus einschleicht und ich auch dann noch unkontrolliert draufloskacke, wenn ich schon wieder daheim bin und keine Windeln mehr trage.

Ich hab auch solche probiotischen Beutelchen mitbekommen, die angeblich meinen Magen stärken sollen, aber ehrlich gesagt glaube ich, dass die in null Komma nichts vor den bösen Bakterien in Indien kapitulieren werden. Am Ende hatte ich mehr Medikamente für die Verdauung im Gepäck als Klamotten.

FREITAG, DEN 26. FEBRUAR

Ich sollte Erster Klasse nach Neu-Delhi fliegen. Ich glaube, sie nennen es *Neu*-Delhi, damit der Eindruck entsteht, es hätte sich in der Zwischenzeit irgendwas zum Positiven geändert – ungefähr so, wie auf manchen Waschmitteln draufsteht: »Mit neuer und verbesserter Formel!«

Der Flug startete mit fünf Stunden Verspätung. Ich durfte in der Erste-Klasse-Lounge warten, daher war es das erste Mal überhaupt, dass ich mich über eine Verspätung freute. Aber verspätet ist eben auch nur verschoben und nicht aufgehoben. So könnte es sich anfühlen, wenn man auf den elektrischen Stuhl muss, aber der Strom vorübergehend ausfällt.

SAMSTAG, DEN 27. FEBRUAR

Wir haben sieben Stunden bis zum Gandhi International Airport gebraucht. Ich bin mir nicht sicher, was Gandhi davon gehalten hätte, dass ein Flughafen nach ihm benannt worden ist. Immerhin ist ein Flughafen ja nichts so wahnsinnig Besonderes, oder? Ich weiß nicht allzu viel über Gandhi, nur dass er den Armen geholfen hat, ungefähr so wie in den 80ern Bob Geldof und Lenny Henry. Ich frage mich, ob Gandhi immer noch so beliebt wäre, wenn er heute leben würde, oder ob nicht längst irgendeine Klatschzeitschrift einen dunklen Fleck in seiner Vergangenheit gefunden hätte. Luke erzählte mir, dass er sich um eine Gruppe armer Menschen gekümmert habe, die die »Unberührbaren« genannt wurden – oder »Dalits«. Diese Menschen wurden hierarchisch niedriger als die Allerniedrigsten eingestuft, die Scheißefresser sozusagen. Ich frage mich allerdings, ob dieser Ort früher mit den Scheißefressern nicht vielleicht besser dran gewesen sein könnte, denn heutzutage strotzt er nur so vor Dreck. Ich nehme mal an, damals, als die Menschen nur Grünzeug und Fleisch gegessen haben, ist alles entweder von Tieren aufgefressen worden oder eben verrottet, aber inzwischen gibt es Plastikflaschen und Chipstüten und Styroporverpackungen, und die liegen überall haufenweise herum. Einen Mülleimer hab ich noch nirgends entdeckt.

In einem Kleinbus mit einem einheimischen Fahrer fuhren wir also in die Innenstadt von Delhi. Die Geräuschkulisse war ungefähr die gleiche wie in Ägypten und die Verkehrssicherheit ebenfalls. Permanent hupte es. Ich habe keine Ahnung, wozu die Hupen noch gut sein sollen, wenn sie von jedem gleichzeitig benutzt werden. Man kann ja überhaupt nicht erkennen, wer genau mit der Hupe gemeint ist. Riesenfamilien quetschten sich in winzige Autos. Vier Leute ohne Motorradhelme stapelten sich auf einem einzigen Moped. Die Busse waren auch komplett überfüllt. Wie hoch wohl die Wahrscheinlichkeit ist, in einem Land mit einer Bevölkerung von über einer Milliarde Menschen in der Hauptverkehrszeit einen Sitzplatz im Bus zu ergattern? Als wir einen Bus überholten, war ich mir ziemlich sicher, dass sogar der Fahrer hinter seinem Lenkrad stehen musste.

Nichts hier scheint fertig zu sein. Die Straßen sind aufgerissen, die Bürgersteige nur halb verlegt. Ich habe eine Mauer gesehen, die bereits angemalt wurde, obwohl sie noch nicht einmal fertig gemauert war.

Wir fuhren an einem Markt vorbei, wo gerupfte Hühner auf einer Art Tapeziertisch unter einer dicken Schicht Schmeißfliegen auslagen. Statt Hähnchenfilet bekommt man hier also Fliegenschiss an Hühnerbein. Ich weiß genau, dass ich mir hier den Magen verderben werde – die Frage ist nur, wie schnell.

Jedes Mal, wenn wir an einer Kreuzung angehalten haben, hat jemand ans Fenster geklopft und gebettelt. Ich hatte allerdings kein Geld bei mir. Einem Mann mit zwei völlig verdrehten Beinen habe ich meine Colaflasche geschenkt. Unser Fahrer ist total ausgerastet und hat mir verboten, irgendjemandem etwas zu geben.

Durchs Fenster des Kleinbusses sah dieses ganze Durcheinander halbwegs spannend aus, aber mir war klar, dass der Bus früher oder später anhalten und ich aussteigen und in diese Hölle dort draußen würde eintauchen müssen.

Irgendwann hielt der Bus also an, und Luke sagte mir, ich solle mich direkt an die Straßenkreuzung stellen und auf einen Einheimischen namens Ashek warten, der mich mit einer Riksha abholen würde. Es war wie am Piccadilly Circus in London – der reine Wahnsinn. An dieser Kreuzung liefen drei Straßen zusammen, und es gab unzählige unterschiedliche Fortbewegungsmittel. Ich hab einen Mann auf einem Elefanten gesehen. Ich verstehe einfach nicht, warum man sich freiwillig so fortbewegen möchte. Nur ein einziger Mann saß auf dem Elefantenrücken. Ich habe mich gefragt, ob die Leute hier nicht irgendwann die Geduld mit den Elefantenreitern verlieren. So wie die Londoner, die sich über die Besitzer dieser benzinschluckenden Allradfahrzeuge ärgern, die die ganze Stadt verstopfen. Wie diese Geländefahrzeuge hat auch ein Elefant wahrscheinlich einen horrenden Verbrauch, und trotzdem bewegt sich nur ein einziger Mensch damit fort.

Es gab außerdem Esel, Pferde, Ziegen und Schweine. Ein Zebrastreifen in Indien ist einfach ein Zebra, das die Straße überquert. Ein Mann auf einem Fahrrad transportierte Gepäck, wie ich es noch nie auf einem Fahrrad gesehen habe. Im Grunde war das Fahrrad gar nicht mehr zu erkennen, und inmitten dieser Riesenladung trat der Fahrer verzweifelt in die Pedale. Und um dem Ganzen die Krone aufzusetzen, hockte ganz oben auf der Ladung noch ein zweiter Mann. Es war einfach unfassbar! Wenn dieser Typ einen Flug buchen würde – weiß der Himmel, was er als Handgepäck dabeihätte! Und er war nicht der Einzige von der Sorte. Ein zweites Fahrrad kam an uns vorbei und beförderte knapp fünf Meter hoch gestapelte Pappkartons. Diese Leute waren wie menschliche Ameisen – unglaublich stark. Ich musste daran denken, wie ich mich früher über das Gewicht der Zeitungen mit all den Werbebeilagen beklagt hatte, die ich als Kind im Viertel hatte verteilen müssen, und bekam ein schlechtes Gewissen.

Es waren Hunderte von Rikschafahrern unterwegs, und jeder einzelne hielt vor mir an und fragte, ob ich irgendwohin wollte, was es nicht einfacher machte, weil ich ja nicht wusste, ob einer von denen Ashek war. Nach vierzig Minuten tauchte er schließlich auf. Er entschuldigte sich für die Verspätung. Ihm sei unwohl gewesen, sagte er. Für einen so jungen Kerl sah er verdammt müde aus. Sein Englisch war nicht gerade berauschend, aber immerhin besser als mein Indisch.

Ashek fuhr mich herum, und ich bekam immer mehr schlimme Dinge zu Gesicht. An jeder Straßenecke schienen Menschen mit nur einem Arm oder Bein oder Fuß zu hocken. Dann nahm Ashek mich mit zu seinem Boss, dem all die Rikschas gehörten. Er wollte mir beibringen, selbst eine zu fahren. Ich kann gut Fahrradfahren, insofern war ich gerne bereit, es zu versuchen. Er sagte, wir sollten die Fahrstunde lieber auf einem Platz namens »Staubkessel« machen, eine weite freie Fläche mit vereinzelten Grasbüscheln zwischen überwiegend Staub und Schutt. Das Verhältnis Gras zu trockener Erde war ungefähr so wie das von Haar zu Haut auf meinem Schädel. Kinder spielten Kricket und Fußball, Familien saßen zusammen und unterhielten sich, und ein paar ärmere Leute lagen herum und schnüffelten Kleber.

Ich versuchte es mit der Riksha und war eigentlich der Ansicht, dass ich mich ganz gut schlagen würde, aber der Boss meinte, er würde mich durch die Prüfung fallen lassen, weil ich zu schnell gewesen sei und zu wenig gelächelt habe. Lächeln ist mir noch nie leichtgefallen, und außerdem ist Indien nun nicht gerade das Land, in dem man viel Grund zum Lächeln hätte. Außerdem lässt man lieber seinen Mund zu, sonst fliegen einem Fliegen hinein.

Anschließend lud Ashek mich zu sich nach Hause ein, wo er abends Hühnchenspieße verkauft. Wir schlängelten uns durch schmale, enge Gassen, die mit verrottendem Fleisch, Innereien, Blut und Hühnerkadavern gesäumt waren. Je tiefer wir in das Viertel vordrangen, umso dichter wurde die Fliegenpopulation. Als ich noch Kind war, lungerte mal eine Fliege so oft bei uns herum, dass wir sie quasi in die Familie aufnahmen. Meine Mum taufte sie Harry, die Hausfliege. Sie unterschrieb sogar in Harrys Namen auf einer Unterschriftenliste, mit der ich damals unterwegs war. Ich dachte damals, Harry würde sich bei uns bestimmt tierisch wohlfühlen, aber inzwischen weiß ich, dass der ultimative Aufenthaltsort für eine Fliege Indien ist. Diese dreckigen Sträßchen waren wie ein All-You-Can-Eat-Drive-in für Schmeißfliegen.

Wo immer wir unterwegs waren, erregten wir wegen der Kamera und der Tonleute eine Menge Aufmerksamkeit. Die Einheimischen lieben es, gefilmt zu werden. Ich lief die Straßen entlang und fühlte mich wie der Rattenfänger von Hameln, und zu einem bestimmten Zeitpunkt hatte ich wohl so etwa dreißig, vierzig Menschen im Schlepptau. Ich habe Bilder von Gandhi in so einer Menschenmenge gesehen und dachte eigentlich, das hätte an seiner Beliebtheit gelegen, aber inzwischen habe ich da meine Zweifel. Vielleicht lag es auch nur an dem Kamerateam, das er dabeihatte.

Endlich erreichten wir Asheks Haus. Es war winzig. Ich habe auch mal in einer wirklich winzigen Wohnung gelebt, in der alles zum Greifen nah war. Ich konnte gleichzeitig in der Badewanne liegen, Geschirr spülen und fernsehen, aber dieses Haus übertraf das sogar noch. Es war mehr oder weniger ein einziger fensterloser Raum mit einem Gitter statt einer Tür. Eigentlich eher eine kleine Garage. Geschätzt sechs auf anderthalb Meter, und die Hälfte davon nahm Asheks Hühnchenspießgrill ein. Knapp anderthalb mal anderthalb Meter am hinteren Ende stellten den Wohnbereich dar. Kleiner wäre es wirklich nicht mehr gegangen. Keine

Deko, kein Fernseher, kein Stuhl. Nur ein Teppich, auf den man sich setzen konnte.

Wie kann jemand, der tagsüber als Rikschafahrer arbeitet und abends zusätzlich Hühnchenspieße verkauft, in einer solchen Behausung leben? Ich vermutete, dass Ashek deshalb rund um die Uhr arbeitete, weil er mit seiner Freizeit nichts anzufangen wusste. Zumindest konnte er zu Hause nirgends die Füße hochlegen.

Er eröffnete mir, dass ich heute Nacht bei ihm übernachten würde. Ich sah mich um und fragte ihn, wo ich mich denn am besten hinlegen solle. Ich war müde. Aber dann wurde es erst richtig verwirrend.

»Wir schlafen nicht hier«, sagte Ashek.
»Du schläfst nicht hier?«
»Yeah.«
»Also schläfst du doch hier?«
»Nein, nein.«
»Ich verstehe dich nicht. Was meinst du? Schläfst du jetzt hier oder nicht?«
»Ja, ich schlafe hier, aber heute bist du da … Okay?«
»Nein.«
»Also. Ich sage es anders. Wir schlafen hier nicht.«
»Schläfst du hier, oder schläfst du hier nicht?«
»Ja, ich schlafe hier.«
»Aha. In Ordnung.«
»Aber heute Nacht schlafen wir nicht hier.«
»Wer schläft denn dann hier?«
»Yeah.«
»Wer?!«
»Du und ich, weil das zu heiß für dich ist.«
»Weil es zu heiß für mich ist?«
»Yeah, yeah.«
»Also schlafen wir heute Nacht nicht hier?«
»Nein, nein, nein, nein! Es ist eine Beleidigung für dich!«

»Ich wäre doch nicht beleidigt, wenn wir hier schlafen würden. Es macht mir nichts aus, hier zu übernachten. Also, wo werden wir hingehen?«

»Zu einem Freund.«

»Und wo wohnt dein Freund?«

»In der Nähe.«

»Aber es sieht dort bestimmt genauso aus wie hier, oder? Diese Häuser sehen doch sicher alle gleich aus?«

»Nein, nein!«

»Aber dann muss dein Freund ja woanders schlafen. Ich kenne deinen Freund noch nicht mal, und es käme mir vor, als würde ich die Situation ausnutzen...«

»Nein, das ist nicht ausnutzen.«

»Es macht mir wirklich nichts aus hierzubleiben.«

»Es macht ihnen nichts aus. Du und ich, okay?«

»Ich mach dir einen Vorschlag: Du schläfst dich aus. Du hast den ganzen Tag hart gearbeitet. Du schläfst bei deinem Freund, und ich bleibe hier.«

»Nein, nein.«

»Warum nicht? Schlaf doch mal in aller Ruhe aus. Du warst schon früher am Tag völlig gerädert. Ich hab schon gedacht, du würdest vor meinen Augen zusammenklappen. Du bist zu spät gekommen, und ich war ehrlich gesagt genervt. Ich hab mir gedacht: Was in aller Welt ist das denn für ein Typ? Er lässt mich dort stehen. Ich bin gerade erst in Indien angekommen, und wo steckt der nur? Dann bist du am Ende doch noch gekommen, und du bist ein netter Kerl. Und es ging dir schlecht, deshalb konnte ich dich auch nicht anschnauzen. Du zeigst mir, wie man Riksha fährt, du zeigst mir deine Arbeit, du lädst mich zu dir nach Hause ein. Und jetzt will ich, dass es zur Abwechslung mal dir gut geht. Du hast den ganzen Abend gearbeitet, du hattest Schweißausbrüche, als du dein Hühnchenzeug verkauft hast, und das, nachdem du den ganzen Tag auf dem Rad unterwegs warst. Ich will, dass du jetzt eine Nacht gut schläfst. Geh also rüber zu deinem Freund, schlaf dort gut. Lass mich einfach hier, ganz ehrlich. Ich hab damit kein Problem.«

»Nein.«

»Wie ist denn sein Haus? Erzähl doch mal. Ist es schön?«

»Das Haus?«

»Das Haus deines Freundes. Erzählst du mir davon, oder soll es eine Überraschung werden?«

»Nein, nein, nein.«

»Hat er ein Bett?«

»Ja.«

»Ein richtiges Bett?«

»Ja, ja. Yeah.«

»Kennst du das Märchen vom Goldlöckchen? Und den drei Bären? Diese Bären sind nie mit irgendetwas zufrieden. Das Bett ist ihnen entweder zu groß oder es ist ihnen zu klein. Und ich frag mich gerade, ob ich nicht besser dran bin, wenn ich hierbleibe, statt zu deinem Freund zu ziehen, wo ich nicht weiß, wie es dort aussieht.«

»Aber da ist es schöner.«

»Schöner als hier?«

»Ja, auf jeden Fall.«

»Und wie kommst du darauf? Warum glaubst du, dass es mir dort besser gefallen könnte als hier? Hat er einen Fernseher?«

»Yeah.«

»Eine Toilette?«

»Yeah.«

»Gehen wir!«

Also zogen wir zu seinem Freund, einem älteren Mann um die sechzig, würde ich sagen. Er freute sich sichtlich, uns beherbergen zu dürfen. Das Haus war in Ordnung. Simpel, aber sauber. Ashek hatte nicht gelogen. Er hatte sogar eine Toilette, allerdings nicht wie ich sie erwartet hätte. Es war eine wie in Ägypten, und er zeigte mir, wie ich sie zu benutzen hätte. Ich weiß, es klingt nicht so, als hätte ich eine Supernacht, aber nach diesem Tag fühlte es sich fast normal an. Abgesehen davon, dass ich kein einziges englischsprachiges Fernsehprogramm finden konnte.

Ich versuchte ein bisschen von dem probiotischen Pulver zu essen, bevor ich mich schlafen legte, aber sobald ich es runtergeschluckt hatte, kam es mir auch schon wieder hoch. Offenbar hatten die indischen Bakterien schon von meiner Kehle Besitz ergriffen und ließen von dem Probiotikzeug nichts mehr durch.

Ich werde definitiv krank.

SONNTAG, DEN 28. FEBRUAR

Ich bin früh aufgestanden und habe zum Frühstück Tee und Kekse bekommen. Das klingt einigermaßen zivilisiert, aber Asheks Freund saß mir dabei gegenüber und rülpste am laufenden Band. Ich glaube, Rülpsen wird hierzulande nicht als unhöflich angesehen, und ich hätte gern mitgemacht, aber ich kann nicht rülpsen. Wenn er ausnahmsweise mal nicht gerülpst hat, hat er Schleim hochgehustet. Und als er damit erst mal angefangen hatte, hat seine Frau auch gleich mit eingestimmt. Vielleicht ist das ähnlich wie beim Gähnen. Wenn einer damit anfängt, muss einfach jeder mitmachen. Seit ich in Indien angekommen bin, habe ich mehr Rülpser gehört als Handyklingeltöne. Ich nehme mal an, dass sie sich allesamt einreden: »Besser raus- als drinlassen.«

Als wir gerade aufbrechen wollten, überreichte Ashek mir einen Umhang und erklärte ein wenig kryptisch, dass man dort, wo wir heute hinwollten, so etwas tragen müsse.

Und schon wieder hatte ich keinen blassen Schimmer, was auf

mich zukommen würde. Es ist dieses Nicht-wissen, was mich erwartet, das mich bei diesen Reisen so fertigmacht.

Ich schaltete mein Handy ein und erhielt eine Nachricht von Steve.

> Hi, Karl! Armut und Verkehrschaos sind in Indien nicht alles, Alter. Beweg deinen Arsch nach Norden, raus aus Delhi, ab nach Haridwar! Dort erwartet dich das spirituelle Indien. Kumbh Mela ist das größte religiöse Fest auf der Welt. Es werden läppische zwanzig Millionen Besucher erwartet. Die Sache hat bloß einen Haken: Man kommt nur mit dem Nachtbus hin, und das dauert acht Stunden.

Ich war genervt. Ich mag keine Menschenmassen, und mit Religion habe ich auch nichts am Hut.

Ich fragte Luke, wie ich dorthin gelangen würde. Er meinte, ich solle mir eine Rikscha ranwinken und mich zum Busbahnhof bringen lassen. Und genau das tat ich dann auch. Ich erwischte eine Motorrikscha. Wir fuhren an diversen Kühen vorbei – nicht etwa auf Weiden, wie man erwarten sollte, sondern sie laufen einfach die Straßen entlang, stellen sich mitten in den Weg und verursachen Verkehrsstaus. Mitten auf einer zweispurigen Fahrbahn lagen zum Beispiel gleich vier Kühe nebeneinander. Ich fragte den Rikschafahrer, ob vier Kühe auf einer zweispurigen Straße bedeuteten, dass es Regen geben würde. Er hat mich nicht verstanden.

In der Nähe des zentralen Busbahnhofs ließ er mich aussteigen. Aber sobald ich von der Rikscha geklettert war, befand ich mich in einer neuen völlig abgefahrenen Situation. Ein junger Mann, der über und über mit Blut besprizt war, hackte gerade Hühnern den Kopf ab und warf die Körper in einen Eimer, der hin und her wackelte, weil die toten Hühner immer noch um sich traten. Und auch andere Leute waren über und über mit Blut befleckt, zumindest sah es auf den ersten Blick so aus – bis ich von einem Einheimischen in seinen Hof gezerrt wurde, in dem eine Menschenmenge, die von Kopf bis Fuß mit roter, grüner und gelber Farbe bemalt war, zu den Klängen einer Trommel einen Tanz aufführte. Und noch bevor ich die Möglichkeit hatte nachzufragen, was das alles zu bedeuten hätte, kippte mir jemand einen Eimer Wasser über und bewarf mich mit einer Art buntem Pulver. Ich sah aus wie eine Dulux-Farbpalette.

Scheinbar war ich mitten in einen Feiertag namens Holi Day hineingeraten. Keine Ahnung, was das für ein Pulver war, aber es brannte in meinem Hals und in meiner Nase. Und meine Sportschuhe waren auch im Eimer. Ich wünschte, Luke hätte mich vorgewarnt. Die Schuhe habe ich erst seit Weihnachten, und normalerweise halten Sportschuhe bei mir ungefähr ein Jahr. Um mich herum tanzten Leute im Takt der Trommel, während andere mit diesem bunten Pulver um sich warfen. Ich glaube ja, ich habe mehr davon abbekommen als andere, weil ich ein Kamerateam im Schlepptau hatte. Wie schon mal erwähnt, sind die Leute hier total versessen darauf, gefilmt zu werden. Ich würde mich nicht wundern, wenn der Typ, der die Hühner geschlachtet hat, nicht mal Schlachter gewesen wäre. Vielleicht wollte er einfach nur meine Aufmerksamkeit erregen und ins Fernsehen kommen.

Irgendwann schaffte ich es schließlich doch zum Busbahnhof. Ein ziemlich düsterer Ort – oder vielmehr stockfinster, denn die Betonwände ließen nicht das geringste bisschen Sonnenlicht herein. Und die Busse waren auch nicht viel besser. Ich habe schon Stockcars gesehen, die in besserem Zustand waren als diese alten Schrottteile, die hier überall auf einem Parkplatz herumstanden, ohne dass irgendwo erkennbar gewesen wäre, wo sie jeweils hinfuhren. Ich sprach einen Mann an, der dort arbeitete, und erklärte ihm, wo ich hinwollte. Na ja, um ehrlich zu sein, wollte ich nichts lieber als nach Hause. Aber ich sagte ihm, ich wäre unterwegs nach Haridwar. Er führte mich zu einer langen Schlange, hielt aber nicht etwa an ihrem Ende an, sondern brachte mich ganz nach vorne. Keine Ahnung, was er sich dabei gedacht hat. Es ist ja schließlich nicht so, als würde ich hier nicht auch so schon genug auffallen mit einem Kamerateam im Schlepptau und von Kopf bis Fuß in buntes Holi-Pulver getaucht. Und sogar ein Blinder hätte dank meiner quietschenden Sportschuhe mitbekommen, dass ich an der Schlange vorbei nach vorne ging.

Dann brach die Hölle los. Eine Gruppe Männer stürzte sich auf mich und beschwerte sich, dass ich mich vorgedrängelt hätte. Ich konnte ihnen keinen Vorwurf machen. Ich wäre an ihrer Stelle genauso verärgert gewesen. Ich versuchte, ihnen verständlich zu machen, dass ich kein Problem damit hätte, mich hinten anzustellen. Ich hatte es ohnehin nicht eilig, zu einem religiösen Fest zu kommen, bei dem zwanzig Millionen Menschen erwartet wurden. Eine äußerst unangenehme Situation, und außerdem hatte der Bus jetzt schon Verspätung, aber ehrlich gesagt wunderte mich das nicht. Delhi ist wahrscheinlich nach »delay« benannt worden, dem englischen Wort für »Verspätung«.

Dies war ein weiterer Tiefpunkt auf meiner Indienreise. Während ich in der Schlange wartete, huschte ein Mann die ganze Zeit um meine Füße herum. Ich dachte erst, er wäre ein Schuhputzer. Aber in Wirklichkeit hatte er keine Beine und schleppte sich über den Boden und bettelte. Dieses Land ist einfach deprimierend. Luke erklärte mir, dass die Inder angesichts all dieser Behinderungen glauben, dass diese Leute in ihrem vorigen Leben irgendetwas Schlechtes getan haben und dass Gott sie dafür bestrafe, indem er sie mit ein, zwei Gliedmaßen weniger zurück auf die Erde schickte.

Nach einer gefühlten Ewigkeit hielt ich endlich meinen Fahrschein in der Hand und kletterte in den überfüllten Bus. Der Gang war vollgestopft mit Gepäck. Ich stolperte mit meinem Rucksack voran. Und natürlich war das Glück wie üblich ganz auf meiner Seite. Der Mann, der sich draußen in der Schlange am meisten aufgeregt hatte, war ebenfalls mit von der Partie. Er war immer noch ganz rot im Gesicht vor Wut. Und ich war immer noch ganz rot im Gesicht vom Holi-Fest.

MONTAG, DEN 1. MÄRZ

Kaum zu glauben, dass es schon wieder März ist. Ich vergesse immer wieder, dass der Februar ein kurzer Monat ist. Ich wünschte mir, während meiner Indienreise wären die Reisetage kürzer und nicht die Monate.

Ich bin heil in Haridwar angekommen, was fast schon ein Wunder ist, denn die indischen Straßen sind eine einzige Katastrophe. Zuerst dachte ich, es wären Bremsschwellen, bis ich gesehen habe, dass es einfach nur Schlaglöcher und Unebenheiten in der Straße waren.

Sowie wir uns dem Festivalgelände näherten, erstreckten sich draußen Zelte, so weit das Auge reichte. Auf den ersten Blick sah es ein bisschen aus wie in Glastonbury, nur dass hier keine Jugendlichen in Hüftjeans und Parkas zwischen den Zelten herumliefen, sondern alte Männer mit Bärten, Kutten und Perlenketten.

Luke erklärte mir, dass ich im Hotel Lahore untergebracht sei. Ich machte mir keine allzu großen Hoffnungen, insofern war ich angenehm überrascht, als ich feststellte, dass es dort gar nicht so fürchterlich aussah. Mir wurde eine Art Zelthütte mit Blick über den Ganges zugewiesen. Es gab Strom und ein Bad mit einer Dusche und einer normalen Toilette. Und das Timing hätte kaum besser sein können, weil ich total am Ende war und Bauchkrämpfe bekommen hatte.

KARLS ERKENNTNISSE

DAS TADSCH MAHAL WURDE IN 22 JAHREN VON 22 000 ARBEITERN ERBAUT.

BEIM TRANSPORT DES BAUMATERIALS HALFEN MEHR ALS 1000 ELEFANTEN.

DAS TADSCH MAHAL SIEHT MORGENS HELLROSA, ABENDS MILCHIG WEISS AUS UND SCHIMMERT NACHTS WIE GOLD. DIE EINHEIMISCHEN GLAUBEN, DASS DIESER FARBWECHSEL DIE LAUNENHAFTIGKEIT DER FRAUEN WIDERSPIEGELT.

Ich stellte mich unter die Dusche und wusch mir das Pulver vom Holi-Fest ab. Als die rote Farbe in den Ausguss lief, kam ich mir vor wie in einer Szene aus *Psycho*. Um die Farbe aus meinen Ohren zu entfernen, brauchte ich ganze sechs Wattestäbchen.

Als ich wieder sauber war, ging ich zum Ganges hinunter. Es war das erste Mal, seit ich in Indien angekommen war, dass ich so etwas wie einen Hauch von Ruhe verspürte. Luke erzählte mir, dass der Ganges der heiligste Fluss auf der ganzen Welt sei. »Heilige Scheiße«, erwiderte ich, »und die Straßen hierzulande dürften die löchrigsten auf der ganzen Welt sein.«

Zum Abendessen gab es ein Curry, und dann legten wir uns schlafen.

DIENSTAG, DEN 2. MÄRZ

Abwechslung tut Wunder, heißt es so schön in einem englischen Sprichwort, das mir an diesem Morgen durch den Kopf schoss. Indien bietet in der Tat Abwechslung und ist wunderlich obendrein. Dass mein Magen verrücktspielte, verwunderte mich allerdings überhaupt nicht. Ich steckte mir sicherheitshalber eine der Windeln in die Tasche, erwähnte dies allerdings Luke gegenüber mit keiner Silbe, da er sonst bestimmt wieder Aufnahmen davon für die Fernsehserie hätte machen wollen.

Ich habe das Gefühl, dass ich angesichts all der Wunder, die hier um mich herum passieren, weniger blinzele als normalerweise, weil es so viel zu entdecken gibt, das ich unter keinen Umständen verpassen will. Vielleicht sind meine Augen auch deshalb so müde. Außerdem habe ich in der vergangenen Nacht nicht besonders gut geschlafen, weil es draußen so laut war. Um 2 Uhr wachte ich auf, weil irgendein Typ irgendwas in ein Mikrofon plärrte. Und nach jedem Satz durchs Mikrofon folgte ein gigantisches Gejohle. Es klang so, als würden Tausende von Menschen seiner Rede lauschen und ihm zujubeln. Es war einfach unmöglich zu schlafen. Ich wünschte, ich hätte mir nicht die ganze Farbe vom Holi-Fest aus den Ohren gewaschen. Sie hätte das Getöse draußen vielleicht ein wenig gedämpft.

Jeden Tag zwischen 7 und 8 Uhr und dann noch mal von 18 bis 19 Uhr werden Mantras über Lautsprecher übertragen, die draußen an den Laternenmasten hängen. Erst singt ein Mann das Mantra vor, dann singt es eine Frau nach. Man kann dem Ganzen nicht entkommen. Es ist wie damals, als Bryan Adams die Charts mit »(Everything I Do) I Do It For You« anführte. Welchen Sender auch immer man einschaltete – es lief nur dieses eine Lied. Am Ende der Woche werde ich dieses Mantra aus tiefster Seele hassen. Das heißt, sofern ich nicht jämmerlich an einer Magen-Darm-Erkrankung krepiert bin.

Luke hat erwähnt, dass viele Menschen das Kumbh-Mela-Fest besuchen, weil sie »sich selbst finden« wollen. Diesen Ausdruck habe ich noch nie verstanden. Wenn ich mich selbst finden wollte, würde ich doch nicht ausgerechnet an einem Festival mit zwanzig Millionen Besuchern teilnehmen. Ich hasse Menschenmengen. Und was ist, wenn ich mich wirklich finde und ein neuer Mensch werde und wieder nach Hause fliege und Suzanne mich fragt: »Was bist du denn auf einmal für einer?« Vielleicht mag sie das neue Ich, das ich gefunden habe, überhaupt nicht. Somit hätte ich lediglich ein neues Problem entwickelt. Und dann würde ich anfangen, mich selbst zu verabscheuen, weil ich nicht mehr der Mensch bin, der ich die ganze Zeit über dachte zu sein. Was wäre das denn für ein Mist? Ich weiß doch genau, wer ich bin. Ich kriege jede Menge Rechnungen auf den Namen Karl Pilkington. Und ich hoffe sehr, dass ich das auch wirklich bin. Wenn nicht, habe ich nicht den blassesten Schimmer, für wen ich all die Jahre Rechnungen beglichen habe.

Ich habe außerdem grundsätzlich Bedenken, ein religiöses Fest zu besuchen. In meinem ganzen Leben habe ich noch nie einen Sinn für Religion gehabt. Religion interessiert mich nicht. Es macht mir nichts aus, wenn andere sich dafür interessieren, das ist einzig und allein ihr Bier. Aber mir ist sie nun mal schnuppe. Was genau habe ich also hier zu suchen? Selbst wenn ich das Ganze einigermaßen spannend fände, würde ich ja doch nicht bei der Sache bleiben. Ich bleibe so gut wie nie bei einer Sache. Dafür bin ich einfach zu schnell von allem gelangweilt. Das ist auch der Grund, warum mein Vater damals nicht zuließ, dass ich die Schildkröte behielt, die ich gefunden hatte. Er meinte, Schildkröten würden zu alt, und ich würde zu schnell das Interesse daran verlieren. Aus dem gleichen Grund hab ich als Kind auch nie einen Dauerlutscher geschenkt bekommen.

Während wir zu Mittag aßen, schob Luke mir eine Zeitschrift rüber, in der Cheryl Coles Beziehungsdrama geschildert wurde. Es ist schon komisch, dass Cheryl Coles Liebesleben hier ein Zeitschriftenthema ist, wo in Indien andere Probleme doch viel eklatanter sind. Es gab aber auch einen Artikel darüber, dass die Inder Kuhfladen aufsammeln und sie als Außenisolierung ihrer Häuser oder getrocknet als Kaminanzünder verwenden. Die Fassaden dieser Häuser will man sich lieber gar nicht genauer ansehen. Außerdem habe ich eine Anzeige gesehen für den sogenannten Elefantenmann, der hier auf dem Festival auftreten soll. Er hat eine Gesichtsdeformation, wird aber zutiefst verehrt, weil er ein bisschen aussieht wie die indische Gottheit Ganesha, die den Kopf eines Elefanten und den Körper einer Frau hat. Auf meiner Reise habe ich schon ein paar Ganesha-Abbildungen gesehen. Es gibt noch einen anderen Gott mit ungefähr fünf Köpfen. Wenn ich so einen als Miniatur finden würde, würde ich ihn für meine Mum kaufen, weil mein Dad immer so tollpatschig ist und ihren Nippes zerdeppert, und der Kopf ist nun mal das Erste, was bei so einer Figur abbricht. Zumindest diese Götterfigur könnte er gleich ein paarmal fallen lassen, bevor meine Mum sie wegwerfen müsste.

Ein anderer Zeitschriftenartikel handelte von einem Mann hier auf dem Festival, der seinen Arm seit zwölf Jahren in die Luft hält. Inzwischen ist seine Armmuskulatur verkümmert, und die Fingernägel sind unfassbar lang. Irgendwie kommt mir das verschwenderisch vor, wo doch so viele Leute in Indien eine Extremität weniger haben als andere.

Dann rief Steve an, vermutlich um mich aufzumuntern.

STEPHEN: Wie läuft's, mein Freund?

KARL: Hmm, also, ich hatte schon mal schönere Ferien…

STEPHEN: Du machst doch keine *Ferien*! Du bist nicht im *Urlaub*, mein Lieber, denk dran! Du bist auf einer *Reise*. Wir haben dich für ein TV-Reiseformat um die ganze Welt geschickt und nicht für einen lächerlichen Urlaub.

KARL: Ich weiß, ich weiß. Aber ein bisschen Entspannung wäre schon nett gewesen. Schau dir doch nur andere Reisende an. Irgendwie sehen die alle glücklicher aus, als ich es bin. Mehr will ich dazu auch gar nicht sagen. Ich hab schon eine ganze Reihe Tiefpunkte gehabt, mehr denn je in meinem Leben.

STEPHEN: Was waren denn bisher in Indien deine Tiefpunkte?

KARL: Wo soll ich anfangen? Ich bin in Farbe ersoffen. Überall sind Behinderte. Ich hab die Scheißerei. Noch Fragen?

STEPHEN: Weshalb bist du in Farbe ersoffen? Ist irgendwo ein Farbeimer runtergefallen? Was meinst du damit? Bist du unter einer Leiter durchgegangen, und der Maler hat dich mit Farbe übergossen?

KARL: Das machen die hier wohl so. Keine Ahnung, vielleicht hatten die einen Restposten mit buntem Pulver übrig oder so, und auf diese Weise werden sie es am leichtesten wieder los. Man hat ja manchmal Sachen rumstehen, die man loswerden will. Zum Beispiel diese blöde »Fünf Portionen Obst am Tag«-Regel. Diese Regel existiert doch nur, weil es viel zu viel Obst auf der Welt gibt.

STEPHEN: Verstehe. Aber eigentlich klingt das alles doch ganz nett. Die Leute haben dich in ihr Leben eingelassen. Das ist doch interessant.

KARL: Interessant im Sinne von merkwürdig. Ich hab diesen Mann kennengelernt, Ashek. Ein netter Kerl, ehrlich, und er arbeitet wirklich hart, aber dann lädt er mich zu sich nach Hause ein, und das war wirklich deprimierend... Kannst du dich noch an diese Wohnung erinnern, die ich mal hatte? Im Zentrum?

STEPHEN: Dieses Wohnklo?

KARL: Genau das. Asheks Haus war kleiner.

STEPHEN: Donnerwetter! Warum hast du ihm keinen Spiegel geschenkt? Spiegel lassen doch kleine Räume größer wirken...

KARL: Aber dann hätte er ständig das Spiegelbild seines Hühnchengrills vor Augen. Das wäre ja, als würde er niemals die Arbeit hinter sich lassen können.

STEPHEN: Ja, aber, Karl, ich hab's dir ja schon mal gesagt: Menschen reisen, weil Reisen bildet. Weil man seinen Horizont dabei erweitert. Dein Problem ist, dass du überhaupt kein Gefühl dafür hast. Du kannst mit den Leuten vor Ort nicht mitfühlen. Dabei wäre das echt wichtig. Es sollte dir die Augen öffnen. Du solltest neue Erfahrungen sammeln. Du erlebst diese Länder, wie sie wirklich sind. Nicht jeder hat es kuschelig, nicht jeder hat es leicht. Wenn du wieder zurück in London bist, wirst du an diesen Ashek denken und erkennen, dass dein Leben nicht annähernd so hart ist.

ÄGYPTEN

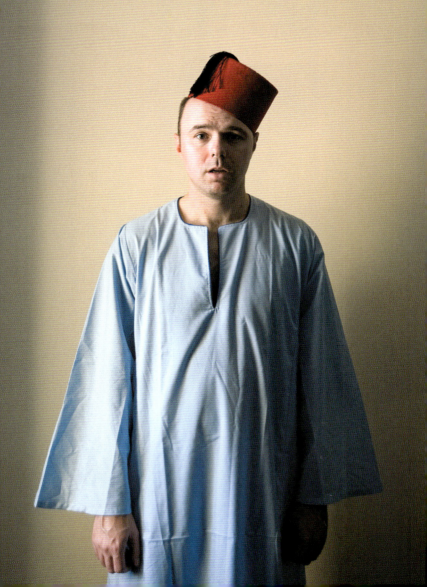

ÄGYPTEN

BRASILIEN

ICH UND CELSO

FOTO SIEHT KOPFÜBER GENAU GLEICH AUS

BEIM VERSUCH, DIE NUDISTEN ZU IGNORIEREN

GANZ SCHÖN KOMISCH, ODER?

BRASILIEN

BRASILIEN

INDIEN

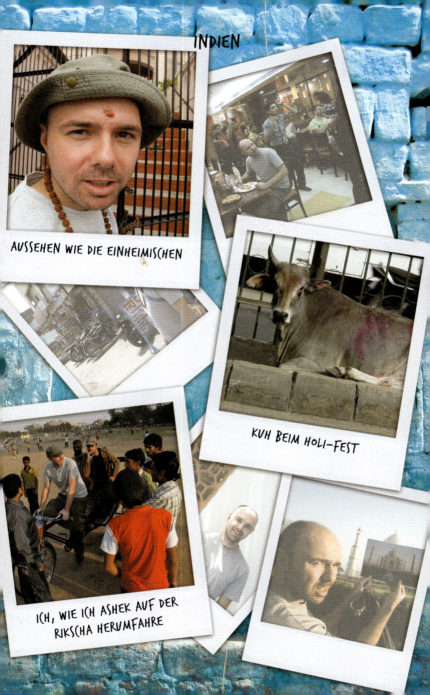

INDIEN

INDIEN

MEXIKO

MEXIKO

DER PROFI HEISST SCHOCKER. ICH BIN SCHOCKIERT.

KÄMPFEN BIS ZUM UMFALLEN

NICHT GERADE DAS ÜBLICHE FITNESSSTUDIO

HIER SPIELEN WIR GERADE TWISTER, UND ICH GEWINNE.

KARL: Also gut, pass auf. Du kannst mir noch so hochtrabende Vorträge halten, aber du bist nicht hier. Du hast keine Ahnung, wo ich mich befinde. Du hast keine Ahnung, was ich durchmachen muss. Du hast mir eine SMS geschrieben und gesagt, ich soll zu diesem Fest fahren. Weißt du eigentlich, worum es hier geht?

STEPHEN: Ganz ehrlich, ich beneide dich! Das Kumbh Mela ist das größte spirituelle Fest auf der ganzen Welt! Es findet nur alle zwölf Jahre statt und nur an dem Ort, wo du dich gerade aufhältst. Millionen Menschen wandern quer durch Indien, um daran teilzunehmen.

KARL: Und das auch nur, weil die Busse komplett hoffnungslos sind!

STEPHEN: Karl, Leute faszinieren dich, Unterschiede faszinieren dich, das hast du doch selbst immer behauptet. Auf diesem Fest sind Menschen, die unglaubliche Ausdauer- und Willensleistungen vollbringen. Typen, die jahrelang ihre Hand ausstrecken. Leute, die auf Nagelbetten liegen. Die sind doch faszinierend! Du willst doch wissen, was diese Leute dazu antreibt? Du willst doch verstehen, wie sie ticken? Wir wollen dich nicht zu irgendeinem Glauben bekehren. Wir wollen, dass du hinausgehst und dich umsiehst und Menschen triffst. Es ist eine wirklich außergewöhnliche Gelegenheit.

KARL: Aber was sagst du hierzu? Dieser Typ, ja? Der mit der ausgestreckten Hand? Ich hab heute Bilder von ihm in einer Zeitschrift gesehen. Auf einem Bild hält er die linke Hand in die Luft und auf einem anderen Bild die rechte. Wie ist das denn möglich? Jetzt erklär du mir mal bitte, was dahintersteckt.

STEPHEN: Geh und such ihn! Frag ihn selbst! Du kennst doch die Regeln nicht. Vielleicht ist es ja erlaubt, alle zehn Minu-

ten die Hand zu wechseln. Was weiß denn ich? Oder vielleicht hat er sich auf dem einen Bild auch nur bei irgendeiner Gemeindeversammlung zu Wort gemeldet? Und auf dem anderen Bild ist er bei dieser spirituellen Sache fotografiert worden. Keine Ahnung. Aber das sind doch genau die Fragen, die du ihm ... [Verbindung unterbrochen]
KARL: Hallo?
STEPHEN: Hallo?
KARL: Siehst du? Das ist für dich Indien. Einfach nur ein kleines Kommunikationsproblem. Aber das ist eine weitere Sache, die mir hier auf die Nerven geht: Nichts funktioniert. Du redest und redest, von wegen Selbstfindung und Entdeckungen und Horizonte. Dabei sollten die sich mal auf das Wesentliche konzentrieren und ordentliche Dränagerohre verlegen und die Straßen ausbessern. Da ist noch eine ganze Menge zu tun. Diese ganze spirituelle Sache interessiert mich nicht die Bohne. Klar, so eine Geistergeschichte hier und da – dagegen ist nichts einzuwenden. Auch nichts gegen Leute, die irgendwie komisch aussehen. Mein Blick bleibt ein paar Sekunden an ihnen hängen, aber das heißt doch noch lange nicht, dass ich mich mit zwanzig Millionen Menschen ins Getümmel stürzen will, um so was zu sehen!
STEPHEN: Du musst auch mal aus deiner Komfortzone herauskommen.
KARL: Ich habe meine Komfortzone in dem Moment verlassen, als ich hier aus dem Flieger gestiegen bin!
STEPHEN: Das Leben hat nun mal mehr zu bieten, als du es dir in deiner kleinen Welt vorstellen kannst. Die Welt da draußen ist riesig und voller Überraschungen. Du solltest hinausgehen und dir ein Bild davon machen. Du musst doch nicht gleich mitten hinein in die Menge. Schau dir das Ganze vom

Rand aus an, und lern ein paar interessante Leute kennen. Sie werden dich schon nicht gleich zerquetschen. Du bist doch kein kleines Tierchen, auf das man Acht geben muss. Du bist ein erwachsener Mann, der auf sich selbst aufpassen kann. Das wird schon werden!

KARL: Weißt du, wenn du mir vorgeschlagen hättest: Karl, ab ins Weltall, wirf einen Blick von oben hinunter – das wäre für mich in Ordnung gewesen. Sicherlich sogar ein grandioser Ausblick. Ich wäre allein gewesen, und ich hätte mich nicht in dieses Durcheinander stürzen müssen. Und ich hätte trotzdem sagen können: Jetzt hab ich's gesehen. Ich würde das alles von dort oben aus mitmachen. Lass uns die ganzen Weltwunder in einem Rutsch erledigen, statt mich an beschissenen Orten festzuhalten, an denen ich nicht sein will, mit Dünnpfiff, mit Curry hier und Curry da. Es gibt einfach Grenzen. Ich will mich wirklich nicht beklagen…

STEPHEN: Du willst dich nicht beklagen? Du willst dich nicht beklagen???

KARL: Ich verstehe einfach nicht, warum du glaubst, dass ich mich unbedingt selbst finden muss! Wie kommst du denn darauf? In all der Zeit, die wir uns jetzt kennen, war nicht ein einziges Mal die Rede davon!

STEPHEN: Das sag ich doch auch gar nicht. Ich sag doch gar nicht, dass du dich selbst finden musst. Versuch's einfach, und schau dich um, oder schau dich wenigstens für mich um, wenn du schon mal da bist. Ich überlass es dir, wie du willst. Ich sag doch nur, geh raus, und lass es auf dich wirken! Du brauchst doch keine Erleuchtung zu haben, oder was weiß ich, du brauchst nicht deine Spiritualität zu finden oder irgendeinen Gott. Du brauchst kein Hindu zu werden. Geh einfach nur raus!

KARL: Aber das ist, als würde ich in einen Puff gehen und sagen: Beachtet mich nicht, ich will nur ein bisschen daneben stehen und zugucken. Entweder machst du bei der Sache mit, oder aber du hast dort nichts zu suchen. So sehe ich das. Und ich habe hier nichts zu suchen. Ich habe nicht vor, mich selbst zu finden oder ... oder diese Spiritualitätssache, von der du immer wieder anfängst. Das bin ich einfach nicht. Und was passiert eigentlich, wenn es mich verändert, wenn mich das extrem verändert, und danach kommen wir nicht mehr miteinander klar? Was passiert dann? Dann hast du einen Freund verloren, Mann.

STEPHEN: Wir verstehen uns doch in diesem Moment auch nicht gerade toll, oder? Was also ist dein Problem? Vielleicht macht dich diese Erfahrung ja zu einem ruhigeren, freundlicheren Zeitgenossen. Vielleicht macht es dich ja zu jemandem, der nicht rund um die Uhr meckert und mosert. Verdammt noch mal, Junge, du warst in Ägypten, du warst in Rio ... Ich dachte, du würdest langsam mal begreifen, dass es Unterschiede gibt auf dieser Welt.

KARL: Ja, ja.

STEPHEN: Indien ist wirklich ein wunderschönes, eigenartiges und außergewöhnliches Land.

MITTWOCH, DEN 3. MÄRZ

Es wurde mir gesagt, dass ich auf dem Kumbh-Mela-Fest nichts aus Leder tragen dürfte, weil ich sonst keinen Zutritt hätte. Es hat mal wieder mit Kühen zu tun. Ich weiß immer noch nicht, wer mit dieser Kuhregel angefangen hat.

Auf dem Festival waren eine Menge Babas unterwegs. Babas sind Leute, die kaum etwas anhaben und deren Körper über und über mit Asche beschmiert sind. Ein paar von ihnen haben mich gesegnet. Der Dolmetscher meinte, ich sollte jedem von ihnen hundert Rupien (rund ein Pfund) geben.

Mit einem Baba hab ich sogar ein bisschen Yoga gemacht. Er hat mich ausgelacht, weil ich nicht annähernd so beweglich war wie er. Wenig überraschend, wenn man bedenkt, dass er splitterfasernackt war – mal abgesehen von der Sonnenbrille –, während ich eine Cargohose trug, mit den Taschen voller Bonbons, die ich aus der Erste-Klasse-Lounge am Flughafen mitgenommen hatte. Mein Dolmetscher sagte, der Baba würde mir noch mehr zeigen, wenn ich ihm mehr Geld gäbe. Ich konnte mir nicht so recht vorstellen, was dieser Typ mir noch zeigen wollte, was ich nicht schon hätte sehen können. So wie er sich direkt vor meinem Gesicht kopfüber verbog und verrenkte, hätte ich seine Prostata untersuchen können. Stattdessen fragte ich ihn, ob er den einarmigen Baba oder den Elefantenmann kennen würde. Er wies in die entsprechende Richtung, und ich machte mich auf den Weg.

Unterwegs sprach mich ein weiterer Baba an, der aussah wie Bill Oddie und mich dazu überreden wollte, mit ihm irgendwas Halluzinogenes zu rauchen, aber ich lehnte ab. Der Dolmetscher meinte, ich hätte ihn mit meinem Nein beleidigt. Ich fragte Bill Oddie, ob er den einarmigen Baba kennen würde, und er nickte. Irgendwie kam ich mir vor wie in einer riesigen Sozialsiedlung, wo jeder jeden kennt – aber eben auch nur per Spitznamen. In der Siedlung, in der ich aufgewachsen bin, gab es die Stinkige Sandra, Jimmy the Hat, Schrauber-John, Fred das Gemüse, den Shortsmann, Miss Piggy und Tattoo-Stan (meinen Onkel).

Am Ende haben wir den Elefantenmann tatsächlich gefunden. Um ehrlich zu sein konnte ich nicht erkennen, ob er gut drauf war oder nicht, weil sein Gesicht völlig ausdruckslos war. Außerdem hatte er so etwas wie eine Million kleiner Tumoren auf seinem ganzen Körper. Es klingt vielleicht komisch, aber irgendwie machte er überhaupt keinen merkwürdigen Eindruck auf mich. Womöglich lag es daran, dass ich hier in Indien schon ziemlich viele merkwürdige Dinge gesehen habe. Mal davon abgesehen, hatte der Elefantenmann nicht sonderlich viel an. Vielleicht hätte er deutlich seltsamer gewirkt, wenn er Jeans, Hemd und Krawatte getragen hätte. Klingt das logisch? In meinen Ohren ja.

Ich fragte ihn nach seinem Alter, weil man das unmöglich schätzen konnte. Das hab ich auch damals schon immer gedacht, wenn ich den Film *Der Elefantenmensch* gesehen habe. Er hätte ebenso gut den Rentnersitz im Bus einfordern können wie Kippen kaufen, obwohl er noch nicht volljährig ist. Der Baba meinte, er sei ungefähr fünfundvierzig, sechsundvierzig Jahre alt. Und er behauptete, er sei ganz glücklich mit seinem Schicksal. Er werde verehrt wie ein Gott und sei stolz, ein Teil von dessen Clan zu sein. Nie im Leben, sagte er, würde er sich umoperieren lassen.

Ich glaube, irgendwann fühlte sich der Mann neben ihm außen vor und verlangte seinerseits nach Aufmerksamkeit, indem er ganz urplötzlich aufsprang und seinen Schniedel und Sack um einen Gehstock wickelte und dann damit auf und ab hüpfte. Es sah unfassbar schmerzhaft aus. Ich fragte ihn, was er damit beabsichtige. Unser Dolmetscher erzählte irgendetwas in die Richtung, dass Sex nicht wichtig für ihn sei und er dies den Menschen mitteilen wolle, indem er seine Genitalien kaputt machte. Ich wollte von ihm wissen, ob er womöglich am Stock laufe, weil er dieses Spektakel tagaus, tagein vorführte, aber der Dolmetscher weigerte sich, die Frage zu übersetzen.

Es war definitiv einer der merkwürdigsten Momente in meinem Leben: in Indien neben einem Mann mit Elefantenkopf zu sitzen, während sein Kumpel sein Gemächt um einen Stock geschlungen hatte. Was sagst du dazu, Steve? Wenn das mal nicht meinen Horizont erweitert hat.

Am Ende habe ich auch noch den einarmigen Mann aus der

Zeitschrift gefunden. Er hatte ein stattliches Publikum um sich geschart, und es sah aus, als wäre er der Ober-Baba, mit dem man am ehesten abhängen sollte. Ich setzte mich zu ihm und gab ihm zweihundert Rupien, und er segnete mich und gab mir Asche zu essen. Ich weiß, es klingt abartig, aber nach drei Currys am Tag war die Portion Asche eine willkommene Abwechslung. Ich fragte ihn, wie er auf diese Willensleistungssache mit dem Arm gekommen sei. Der Dolmetscher übersetzte mir, dass es nicht seine ureigene Idee gewesen sei – es gebe eine Menge Babas, die das Gleiche auf einem Bein, mit beiden Armen in der Luft oder sogar mit beiden Beinen in der Luft machten. Sie stünden nie auf den eigenen Füßen. Angeblich sei dies eine Art, seinem Gott näherzukommen und sich darauf zu konzentrieren, was im Leben wirklich wichtig ist.

Dann stellte ich ein paar Fragen, die der Dolmetscher aber wieder nicht übersetzen wollte, zum Beispiel ob der Baba Rechtshänder gewesen sei, bevor er diese Sache angefangen habe. Und wie viel er für seine Überzeugung aufgegeben habe. Oder ob er sich noch daran erinnern könne, was er zuletzt mit seinem Arm getan hatte, bevor er ihn sozusagen abgeschrieben hat. Aber auch das wollte der Dolmetscher ihn nicht fragen. Ich sagte ihm, dass dies meiner Meinung nach eine durchaus berechtigte Frage sei, weil dieser Moment doch ein ziemlich einschneidendes Erlebnis in seinem Leben gewesen sein müsse. Irgendwann ließ sich der Dolmetscher erweichen, meinte dann allerdings, dass der Baba die Frage nicht beantworten wolle. Genauer gesagt meinte er, wir sollten jetzt besser verschwinden. Ich hoffe wirklich, dass ich ihn nicht verärgert habe.

Auf dem Weg zurück zu meinem Zelt habe ich noch eine Weile über den einarmigen Baba nachgedacht. Wir alle haben irgendeine Leidenschaft im Leben. Ich bin beispielsweise seit siebzehn Jahren mit Suzanne zusammen. Das ist wahre Hingabe. Keine Ahnung, ob der einarmige Mann verheiratet ist – das hätte ich ihn mal fragen sollen! Aber wie sollte er bitte schön im Haushalt mit anpacken? Abgesehen von Bügeln wären die meisten Haushaltstätigkeiten ja unmöglich für ihn. Suzanne wäre jedenfalls alles andere als glücklich, wenn ich eines Tages verkündete: Du wirst ab sofort die Betten alleine frisch beziehen müssen, weil ich ab heute bis an mein Lebensende einen Arm in die Luft strecken werde. Eigentlich ist das doch nur eine faule Ausrede, um nicht mithelfen zu müssen. Auf jedem einzelnen Foto, das ich von dem Baba gesehen habe, saß er auf seinen vier Buchstaben. Er rennt also auch nicht den ganzen Tag herum und wiegt mit dem anderen Arm alles auf, was der hochgehaltene nicht macht. Er sitzt einfach nur dumm rum und tut gar nichts.

Ziemlich beknackt.

DIENSTAG, DEN 4. MÄRZ

Heute habe ich einen Guru in einem Ashram kennengelernt, einen freundlichen alten Mann namens Swami Ji. Wir unterhielten uns über unseren jeweiligen Glauben. Er war der Überzeugung, dass unsere Herzen unsere Handlungen bestimmen sollten, dass sich aber leider allzu viele Menschen von ihrem Gehirn leiten ließen. Ich habe ihm gesagt, dass ich zu der zweiten Gruppe gehöre. Die einzigen Augenblicke im Leben, in denen mein Herz sich zu Wort meldet, sind die, wenn ich zu schnell eine Treppe hinaufgerannt bin. Dann ist es wieder an der Zeit, mir einzugestehen, dass meine Wampe größer ist als meine Kondition.

Ich glaube, der Guru mochte mich. Wir konnten miteinander lachen, und obwohl wir vollkommen unterschiedliche Leben führen, waren wir doch in vielen Lebensfragen ein und derselben Meinung. Wir meditierten zusammen, und dann sollte ich in sein kleines Gummiboot steigen, und von diesem aus sprang ich in den Ganges und schwamm eine Runde. Ich hatte nicht vorgehabt hineinzuspringen, aber es war schön gewesen, dass er mir zugehört hatte, nachdem ich ihm auch zugehört hatte, also war mir danach, ihm einen Gefallen zu tun. Vielleicht hat da ja mein Herz gesprochen.

Allmählich fühlt sich Indien nicht mehr ganz so unnormal an.

Heute Nacht bleibe ich bei ihm in dem Ashram, und morgen muss ich ganz früh aufstehen, weil wir von hier aus nach Agra fahren, um endlich das Tadsch Mahal zu sehen. Immerhin ist das der eigentliche Grund für diese Reise. Ich weiß allerdings nicht, ob ich mich nach dieser Reise wirklich am ehesten an ein Gebäude erinnern werde. Am meisten haben mich nämlich die merkwürdigen Menschen beeindruckt.

Bevor ich ins Bett ging, sah ich noch mal auf mein Handy. Ricky hatte mir eine Nachricht hinterlassen.

> RICKY: Hey, Kumpel, wie läuft's denn so? Ich sitz hier gerade und trink einen Tee und guck mir Sky Plus an. Ich bin gerade aus New York zurück – Nachtflug, Erste Klasse, alles 1a. Besser geht's überhaupt nicht. Hab erst ein paar Gläser Schampus getrunken und dann den ganzen Flug verpennt. Diese Sitze in der Ersten Klasse sind genial, oder? Na ja, wir hören uns. Ciao, bis die Tage!

Ich will gar nicht darüber nachdenken, was es gekostet hat, diese Nachricht abzuhören.

FREITAG, DEN 5. MÄRZ

Ich wurde ziemlich früh geweckt und frühstückte mit dem Guru. Es gab gewürzte Rice Krispies und gewürzte Kekse und einen knallsüßen Tee mit Milch. Normalerweise trinke ich meinen Tee nicht so. Ich hab allerdings nichts gesagt, weil ich ihn nicht kränken wollte. Ich nehme mal an, das ist wieder mein Herz, das für mich handelt, statt mein Hirn. Höchstwahrscheinlich meldet sich nachher auch noch mein Magen zu Wort.

Dann fuhren wir los in Richtung Tadsch Mahal. Eigentlich hatte ich eine Tagesreise erwartet, aber irgendwann fuhr der Kleinbus auf einmal links ran, und Luke forderte mich auf auszusteigen, um einem Hare Krishna Hallo zu sagen. Dieser führte mich über sein Kuhasyl. Diese Kühe waren wirklich unsagbar verwöhnt, was alles mit dem Gott der Hare Krishna zu tun hat, der offenbar auf Kühe steht. Ich half ihnen dabei, eine zu waschen, und dann sangen alle für die Kuh und segneten sie. Die Kuh sah nicht sonderlich begeistert aus. Eher peinlich berührt, wenn überhaupt.

Außerdem wurde mir beigebracht, aus Kuhfladen eine Art Baumaterial zu stampfen – diese Isolierkuhfladen, mit denen die Leute in der Zeitschrift die Mauerritzen ihrer Häuser ausgestopft haben und die dann außen abgeklopft werden, damit man mit den Resten im Haus Feuer machen kann. Sie forderten mich auf, mit beiden Händen in den Riesenbottich voll frischem Kuhdung zu greifen und dann einen Pfannkuchen daraus zu formen, indem ich ihn mit Karacho auf die Erde pfefferte und dann mit den Händen flach klopfte. Es war merkwürdig, dass sie betonten, wie »frisch« der Kuhdung sei – als würde es das angenehmer machen, darin rumzuwühlen. Es war übrigens das erste Mal in Indien, dass ich in irgendeinem Zusammenhang das Wort »frisch« hörte.

Ich machte zwei Isolierkuhfladen, in die ich dann meinen Namen hineinritzen sollte.

Bevor wir weiterfuhren, führten sie mich noch in eine Art Museumsshop. Ich war der einzige Besucher, was nicht weiter verwunderlich war, wenn man bedenkt, dass sämtliche Produkte dort aus Kuhmist und Kuhpisse hergestellt werden. Nicht gerade Bodyshop, sag ich mal. Heutzutage, wo doch auf jedem käuflich erwerbbaren Produkt eine Liste mit Inhaltsstoffen abgedruckt werden muss, hat so ein Geschäft einfach keine allzu rosige Zukunft. Die Sachen waren zwar alle ordentlich verpackt und eingeschweißt, aber wie sagt man so schön? Aus Scheiße kann man kein Gold machen. Aber sie haben es immerhin probiert.

Das Sortiment umfasste Gesichtscremes, Seifen, Pulver gegen Kahlköpfigkeit und Fettleibigkeit, Spüli und sogar ein »antiseptisches Aftershave für Männer«, das auf Pipi basierte. Einer der Männer rieb meine Glatze mit der Kahlkopfsalbe ein. Definitiv ein erstes Mal in puncto Haarpflege für mich. Wenn ich wieder daheim bin, frage ich meinen Friseur, ob er mir eine Nummer zwei angedeihen lässt. Die Zwei steht bei ihm für eine bestimmte Einstellung des Langhaarschneiders – nicht für das zweite Mal Kuhfladen auf dem Kopf.

Während ich diese Zeilen schreibe, sitze ich schon wieder im Kleinbus und bin unterwegs nach Agra. Angeblich ist Agra noch schlimmer als Delhi. Vielleicht werden die Ortschaften ja wirklich nach bestimmten Wortassoziationen benannt. Bei »Delhi« musste ich ja, wie bereits gesagt, sofort an das englische Wort »delay« denken. Wenn ich es mir recht überlege, klingt »Indien« ein bisschen nach »in die Binsen«, und »Agra« klingt definitiv nach »aggro«. Das kann einfach kein Zufall sein.

Ich muss jetzt aufhören zu schreiben, weil die Straßen in katastrophalem Zustand sind und mir übel ist. Ich kann mich nicht entscheiden, ob das an der Fahrerei auf diesen löchrigen Straßen liegt oder an dem Geruch nach Kuhdung auf meinem Kopf.

SAMSTAG, DEN 6. MÄRZ

Ich habe letzte Nacht überhaupt nicht gut geschlafen. Mir ging es richtig schlecht. Ich bin davon aufgewacht, dass mir übel war und mein Magen rumorte. Toilette und Waschbecken sind in Indien oftmals ziemlich weit voneinander entfernt, was wirklich bescheuert ist, weil man gerade hier mitunter beides auf einmal braucht, wenn es mal aus beiden Enden heraus will. Ich habe in diesem Hotel mehr Zeit auf dem Klo verbacht als irgendwo anders. Eigentlich hatte ich also kein Zimmer mit Bad, sondern eher ein Bad mit Schlafzimmer.

Ehrlich gesagt war ich angesichts meiner Magenschmerzen nicht in Stimmung für das Tadsch Mahal. Wir mussten trotzdem hin, weil unsere Drehgenehmigung nur heute gültig war.

Luke erzählte mir, dass das Tadsch Mahal ein Mausoleum sei und der Bau zweiundzwanzig Jahre gedauert habe. Der Großmogul Shah Jahan hatte es für seine Lieblingsfrau errichten lassen, die bei der Geburt ihres vierzehnten Kindes gestorben war. Es sollte das perfekte Symbol ihrer Liebe darstellen.

Mir scheint, es könnte auch eines jener Gebäude sein, das dieser Mann immer schon hatte bauen wollen, dem seine Frau aber widersprochen hatte. Und als sie dann gestorben war, hat er sich einen Vorwand ausgedacht, um es endlich doch noch bauen zu können. Mein Onkel wollte beispielsweise immer einen Plasmafernseher haben, aber seine Frau hielt das für reine Geldverschwendung. Sobald sie unter der Erde war, schaffte er sich einen an.

Wir gingen immer näher auf das Gebäude zu. Schon komisch, dass es als eins der sieben Weltwunder gilt. Bei dieser Umgebung würde man das nicht gerade vermuten. Wenn es ein Kaufobjekt bei *mieten, kaufen, wohnen* wäre, würden die potenziellen Käufer bestimmt sagen: »Also, wenn Sie es abtragen und irgendwo wieder aufbauen könnten, wo es schöner ist, dann würden wir es nehmen!« Hier hätte es wirklich nicht gebaut werden dürfen.

Vor dem Eingang tummelten sich Hunderte von Menschen. Die eine Hälfte verkaufte Postkarten, Bildtafeln, Schlüsselringe und Schneekugeln. Die andere Hälfte waren Touristen.

Nachdem wir diese Menschenmenge hinter uns gelassen hatten, trafen wir prompt auf die nächste. Diesmal standen die Leute Schlange vor der Prinzessin-Diana-Gedächtnis-Bank. Hier hatte sich Diana fotografieren lassen, als sie ihre Probleme mit Charlie hatte. Es heißt immer, dass sie auf dem Foto deswegen so traurig aussah, aber ich glaube ja, dass ihre Probleme damit überhaupt nichts zu tun hatten. Ich glaube, sie war Indien einfach leid. Das passiert einem früher oder später. Wenn es dir gerade nicht besonders gut geht, solltest du nicht ausgerechnet nach Indien reisen, um darüber hinwegzukommen. Wenn sie mich gefragt hätte, ich hätte ihr stattdessen die Center Parcs empfohlen.

Auf der Bank saß eine Frau, die versuchte, das berühmte Diana-Foto nachzustellen. Ein Mann mit Kamera gab ihr Anweisungen. »Du siehst zu fröhlich aus. Du musst trauriger gucken!«

Ein Reiseleiter namens Remish nahm sich meiner an. Er war besser als die meisten anderen. Wir liefen herum und unterhielten uns miteinander, anstatt dass er mir stundenlang einen Vortrag hielt. Das ist echt ein Riesenunterschied. Er erzählte mir, dass dieses Gebäude absolut symmetrisch sei. Wieder hatte ich das Gefühl, dass in dieser Hinsicht diese Geschichte von der großen Liebe und der Symbolik nicht ganz stimmen konnte. Vielleicht hatte der Mogul einfach nur eine Zwangsneurose.

Remish wies mich auf ein paar optische Täuschungen hin. Wenn ich von einem bestimmten Tor aus das Tadsch betrachtete und mich dabei vor- und zurückbewegte, hatte es den Anschein, als würde sich das Gebäude mitbewegen. Außerdem war der Marmor an manchen Stellen so gemustert, dass er aussah, als hätte er Ecken und Kanten, dabei war er dort vollkommen glatt. Alles schön und gut, aber warum in aller Welt kam der Mogul auf die Idee, optische Täuschungen in das Grabmal seiner Frau einbauen zu lassen? Es schnitzt doch auch niemand ein Sudoku in einen Familiengrabstein.

Je mehr ich zu Gesicht bekam, umso beeindruckter war ich allerdings von der Handwerkskunst. Vielleicht ist Qualitätsarbeit der falsche Grund, ein Weltwunder toll zu finden, aber diese hier hat es mir wirklich angetan.

Wir beschlossen, die Menschenmassen hinter uns zu lassen und vom Yamuna, einem Nebenfluss des Ganges, von einem Boot aus einen Blick auf das Tadsch Mahal zu werfen. Auf dieser Seite des Gebäudes war es viel, viel ruhiger. Vermutlich war es der entspannteste Moment, den ich hatte, seit ich in Indien angekommen war. Kein Hupen, kein Betteln, kein Schreien, keine Mantras. Es war beinahe perfekt. Aber eben nur beinahe. Vom Ufer hinter dem Tadsch Mahal stieg nämlich gerade eine Rauchwolke auf, und als ich Remish danach fragte, erklärte er, dass sie dort Leichen verbrannten.

Wie gesagt: In Indien ist der Wahnsinn nie weit.

KAPITEL 4
CHICHÉN ITZÁ

»DIE BERÜHMTESTE, SPEKTAKULÄRSTE UND DEMZUFOLGE AUCH AM HÄUFIGSTEN BESUCHTE MAYA-STÄTTE.«

1000 PLACES TO SEE BEFORE YOU DIE

»DIESES CHICHÉN ITZÁ IST SCHON KOMISCH. DER ORT WURDE VON DEN ALTEN MAYA ERRICHTET UND DIENTE IHNEN ALS OPFERSTÄTTE. SIE RISSEN IHREN MENSCHENOPFERN DIE HERZEN AUS DEM LEIB UND SCHNITTEN IHNEN DIE KÖPFE AB. NICHT GERADE EIN VERGNÜGUNGSPARK ...«

KARL PILKINGTON

DONNERSTAG, DEN 1. APRIL

Ich kann mich wohl glücklich schätzen. Gerade ist mir aufgegangen, dass nicht viele Leute die Reisen machen können, die ich gerade mache, und ich werde dafür auch noch bezahlt. Gestern war ich in einer Buchhandlung und habe mir auf einer Weltkarte angesehen, wo ich schon überall gewesen bin. Es ist noch gar nicht lange her, dass ich einmal zu Ricky gesagt habe, wie völlig bescheuert ich es finde, dass bei ihm daheim an der Wand eine Weltkarte hängt. Ich weiß noch genau, wie ich ihn fragte: »Wozu braucht man denn eine Weltkarte? Das ist ja nicht gerade die Art von Karte, die man ins Handschuhfach packt, wenn man einfach mal drauflosfahren will.« Dabei gibt es inzwischen sogar Karten vom Universum. Bei welcher Gelegenheit nimmt man denn bitte schön eine solche Karte zur Hand? Nicht mal Astronauten kaufen sich eine Karte vom Universum. Ich habe mal gehört, dass sich das Universum ohnehin ständig vergrößert und verändert, da ist doch jede Karte schon veraltet, ehe die Druckfarbe überhaupt getrocknet ist.

Heute habe ich also mal wieder meine Siebensachen zusammengesucht. Jamie, mein Producer, kam vorbei, und wir unterhielten uns, während ich meinen Koffer packte. Ich sagte ihm, dass ich rein gar nichts über Mexiko wisse. Das Einzige, was mir beim Stichwort Mexiko einfalle, sei diese Restaurantkette, Chiquito, die man manchmal in den großen Shoppingcentern entlang der Autobahn findet. Dort gibt es Wraps und stark gewürzte Soßen, die eigentlich ganz gut schmecken. Aber nur weil irgendwas gut schmeckt, heißt das noch lange nicht, dass man das Herkunftsland auch gut findet. Ich mag zum Beispiel Curry-Gerichte, aber Indien war definitiv der schlimmste Ort, an dem ich je gewesen bin.

Jamie erzählte mir, dass Mexiko mehr oder weniger gesetzlos sei. Keine Ahnung, ob das gut ist oder schlecht. Wenn ich in einem Land wohnte, in dem es keine Gesetze gäbe, wüsste ich spontan nicht, ob ich mich in irgendeiner Weise anders verhalten würde als jetzt. Ich glaube ja, dass die meisten Leute, die gegen ein Gesetz verstoßen, ganz genau wissen, dass das verkehrt ist. Und dass sie es trotzdem tun, weil es aufregend ist. Als kleiner Junge habe ich hin und wieder mal etwas geklaut, aber das waren immer nur Sachen, die ich überhaupt nicht brauchte. Im Zeitungsladen zum Beispiel waren es mal ein Lineal, Stifte und ein Geodreieck. Ich wusste zwar nicht, was ich damit anfangen sollte – was ich aber sehr wohl wusste, war, dass ich sie nicht einfach hätte mitnehmen dürfen. Wären diese Sachen umsonst gewesen, hätte ich nicht das geringste Interesse daran gehabt.

Jamie erzählte also von dieser Gesetzlosigkeit, und ich bekam so eine Ahnung, dass Mexiko sein könnte wie auf der PlayStation »Grand Theft Auto« spielen: Man fährt drauflos und überfährt irgendwelche Leute oder erschießt sie oder jagt Dinge in die Luft. Aber irgendwann wird das langweilig. Womöglich braucht der Mensch ja wirklich ein höheres Ziel im Leben.

Das Einzige, was ich außerdem noch mit Mexiko assoziiere, sind Kakteen. Komische Dinger, diese Kakteen. Ich würde mir niemals einen Kaktus zulegen. Kakteen sind für Leute, die keinen grünen Daumen haben. Sie sehen nicht schön aus. Eigentlich kenne ich sie auch nur aus den Wartezimmern meines Hausarztes und meines Zahnarztes. Meine Tante hat auch ein paar Kakteen, aber die stehen aus Sicherheitsgründen draußen auf den Fensterbänken. Als eine Art natürlicher Stacheldraht.

FREITAG, DEN 2. APRIL

Heute ist Karfreitag. Wir sind mit einer mexikanischen Airline geflogen. Ich bin kein großer Freund ausländischer Fluggesellschaften. Die Ansagen waren natürlich zuerst auf Mexikanisch und dann erst auf Englisch. So was macht mich immer nervös. Wenn es einen Notfall gibt, sind die anderen längst raus aus dem Flieger, bevor ich erfahre, was überhaupt passiert ist. Ein guter Grund, eine Fremdsprache zu lernen, denke ich.

Der Flug dauerte ewig. Zwölf Stunden, um genau zu sein. Ich bin nicht besonders gut darin, längere Zeit still zu sitzen. Deswegen könnte ich auch nie an einer Quizshow teilnehmen. Irgendwann fangen meine Beine an zu zappeln. Meine Beine sind nur dann glücklich, wenn sie herumlaufen oder sich sonst irgendwie bewegen können. Leute, die das nicht kennen, können das einfach nicht verstehen. Manchmal lege ich mich aufs Bett, lasse meine Beine über die Bettkante hängen und stelle meine Füße dabei auf den Boden. Das macht es ein bisschen besser. Ich bin der Einzige, den ich kenne, der ins Bett geht, bevor seine Beine das ebenfalls tun.

Dass vorne im Flugzeug ein großer Bildschirm angebracht war, auf dem man sehen konnte, wie lange es noch bis zur Landung dauerte, war auch keine besonders große Hilfe. Solche Informationen kann ich gar nicht leiden. Als ich mein letztes Buch geschrieben habe, musste ich beispielsweise die Wörterzählfunktion an meinem Computer ausschalten. Es hat mich fast verrückt gemacht zu sehen, dass noch mehr als vierzigtausend Wörter fehlten. Es gibt da diesen Ausdruck: Fasse dich kurz. Nur was, wenn man seinem Verlag eine bestimmte Anzahl Seiten abliefern muss?

Ein Mann namens Edgar holte mich vom Flughafen ab. Er konnte nicht direkt bis vor den Ausgang fahren, weil er nicht für ein offizielles Taxiunternehmen arbeitete. Also rief er mich auf dem Handy an, um mir zu sagen, dass er auf der gegenüberliegenden Seite der zweispurigen Straße auf mich warte. Als er mich und meinen Rollkoffer über die dicht befahrene Straße zu sich hinüberdirigierte, kam ich mir vor wie in einem Frogger-Spiel im echten Leben. Er hielt ein Schild hoch, auf dem Karlos Piklington stand. Ich machte mir nicht die Mühe, ihn zu korrigieren. Ich habe sogar auch schon zu Hause in England diverse Variationen meines Namens gelesen: Pillington, Pilockton, Pillickington und Dilkington – warum sollte ich also ausgerechnet ihm einen Vorwurf deswegen machen?

Edgars Wagen war in einem erbärmlichen Zustand. Und er hatte einen Hund dabei – allerdings keinen von einer Rasse, die ich bei einem Mann wie Edgar erwartet hätte. Es war ein Chihuahua, der Jack hieß. Und Jack war definitiv hyperaktiv. Wenn er gerade mal nicht über mich drübersprang und nach meinem Arm schnappte, würgte er Fellbüschel hervor. Das Problem mit Chihuahuas ist ja, dass sie diese hervorstehenden Augen haben. Es sah also immer gleich so aus, als würde er jeden Moment ersticken, auch wenn das gar nicht der Fall war. Edgar erzählte mir, dass der Hund ursprünglich ein Geschenk für seine Mutter gewesen sei, die ihn jedoch Edgar zur Pflege überlassen habe. Als die Mutter meiner Mum starb, mussten wir uns um ihren Hund kümmern, irgendwas Pudelartiges, der derart verwöhnt worden war, dass er sich bei uns nie richtig wohlfühlte, weil wir einfach nicht die Zeit hatten, uns ordentlich um ihn zu kümmern. Am Ende sah er auch nicht mehr allzu gut aus, nachdem er unter unser Auto gekrochen war und sich von oben bis unten mit Öl bekleckert hatte. Dann wurde er auch noch angefahren und lief von diesem Zeitpunkt an seitwärts wie ein Krebs. Außerdem begann er immer, erbärmlich zu jaulen, wenn die Titelmusik von *Coronation Street* aus dem Fernseher ertönte. Vielleicht erinnerte ihn die Musik an die Mum meiner Mum, die ein großer *Coronation-Street*-Fan gewesen war. Irgendwann ließ mein Dad ihn einschläfern. Über die Weihnachtsfeiertage war beinahe rund um die Uhr *Coronation Street* im Fernsehen gelaufen, und das Gejaule hatte ihn fast wahnsinnig gemacht.

Edgar plauderte in einem fort, wie so viele Fahrer, nur dass seine Aufwärmfragen sich nicht um Fußball oder Politik drehten, sondern um die Beschaffenheit des Hinterns meiner Freundin. Als ich ihm sagte, dass der Hintern meiner Freundin eine Menge hergebe, musste er lachen. Suzannes Popo brach also sozusagen das Eis zwischen uns. Gute Idee eigentlich. Ich sollte das auch mal an anderen Leuten ausprobieren, zum Beispiel wenn es zu peinlichen Gesprächspausen kommt.

Irgendwann stellte Edgar das Autoradio an und meinte, er wolle mir jetzt traditionelle mexikanische Musik vorspielen. Sie klang fröhlich und erinnerte mich ein bisschen an die Musik, die meine Mum früher in voller Lautstärke von einer dieser alten Acht-Spur-Kassetten abgespielt hatte, wenn wir mit dem Wohnmobil in Wales unterwegs waren. Ich fragte Edgar, wovon der Song handelte, und er antwortete: von mexikanischen Drogendealern. Und dann übersetzte er mir den Text. Es ging irgendwie um ein Auto, das mit sperrangelweit geöffneten Türen mitten auf einer Straße stand und dessen Passagieren die Köpfe abgetrennt worden waren und aus dem das Blut nur so herausströmte. Keine Ahnung, wie die Geschichte ausging. Ich konnte das Ende nicht verstehen, weil Edgars Hund wieder Haarballen hochwürgte.

Nach ein paar Meilen hielt Edgar am Straßenrand an. Er wollte mir Santa Muerte zeigen, was übersetzt »Heiliger Tod« heißt und sich als ein Glaskasten ungefähr in der Größe eines dieser winzigen Bahnhofskiosks entpuppte, an denen man Schokoriegel, Chips und Kippen kaufen kann. Nur dass es in diesem Glaskasten keine Chipstüten gab, dafür aber umso mehr Kippen, ein Skelett mit mehreren Lagen Kutten – und jede Menge Alkohol. Die ärmeren und kriminelleren Mexikaner, die nicht besonders religiös sind, aber auch nicht komplett ungläubig, beten diesen heiligen

Sensenmann an. Ich habe noch nie darüber nachgedacht, aber ich nehme mal an, dass auch schlechte Menschen mitunter irgendwen brauchen, zu dem sie beten können. Während wir uns das Skelett ansahen, hielt ein Wagen mit getönten Scheiben neben uns an und blieb ein paar Sekunden stehen, die Männer darin neigten ehrfürchtig die Köpfe, dann fuhren sie weiter.

Und auch wir setzten unsere Fahrt fort. Edgar meinte, es gebe da ein Osterfest, das ich mir unbedingt ansehen sollte. Ostern scheint hier in Mexiko ein Riesending zu sein. Auf einer Bühne vor Hunderten von Zuschauern spielten Leute Szenen aus der Bibel nach.

Ich hörte ein Würgen, doch diesmal war es nicht Edgars Hund, sondern ein Mann, der gerade gehenkt wurde. Die Sache ist die... Offenbar lieben Mexikaner Gewalt so sehr, dass diese Szene wohl eine Art Pausenfüller darstellte, um die Leute zu unterhalten, bevor endlich die Jesusgeschichte losging. Kinder von zwei, drei Jahren saßen auf den Schultern ihrer Väter und sahen dabei zu, wie die Henkersszene nachgestellt wurde.

Ich spazierte ein Stück weiter über den Rummel und traf auf eine Frau, die tote Grillen verkaufte. Ricky hat früher auch immer Grillen gekauft, um sie an seine Eidechse zu verfüttern, aber hier waren es die Einheimischen, die sich eine nach der anderen in den Mund schoben. Ich weiß nicht genau, wie lange so eine Tüte Grillen haltbar ist, und ich weiß ebenso wenig, wie groß die empfohlene Tagesportion ist. Aber jedenfalls war da ein alter Mann, der eigentlich eher aussah, als müsste er Werther's Original lutschen, der aber offenbar gar nicht genug von den Viechern kriegen konnte. Außerdem waren sie verhältnismäßig preiswert. Vielleicht fallen die Leute deswegen so darüber her. Wie die Heuschrecken. Okay, der war schlecht.

Jedenfalls waren die Grillen auf Blechtabletts aufgeschichtet, und links und rechts neben dem Grillenhaufen lag je eine halbierte Limette als Dekoration. Und es wimmelte von Fliegen.

Vielleicht würden die als Nachtisch herhalten, wenn jemand nach den Grillen noch Hunger haben sollte.

Ich bin einer dieser Bauern, die nichts fressen, was sie nicht kennen. Da kann dieser Fernsehkoch Heston Blumenthal mit noch so vielen Sternen dekoriert sein: Sachen wie Eier-mit-Speck-Eis esse ich nicht. Essen soll doch keine Herausforderung sein. Essen soll meinen Hunger vertreiben.

Unser Producer, Jamie, lag mir in den Ohren, ich solle doch unbedingt eine Grille probieren. Ich würde hier nicht eher wegkommen, bis ich eine gegessen hätte. Also gab ich klein bei. Sie schmeckte nicht scheußlich oder so, aber eben auch nicht besonders gut. Ich hatte schon gehört, dass Street Food hier in Mexiko sehr beliebt sein soll. Aber ich hatte niemals vermutet, dass damit Kreaturen gemeint sein könnten, die auf der Straße herumkriechen.

Ich ging wieder zurück und sah mir weiter die Ostervorstellung an. Ostern ist nicht gerade mein Lieblingsfest, aber ausgerechnet kurz vor meiner Abreise hatte ich noch ein Osterei verputzt, das Suzannes Mutter mir geschenkt hatte. Sie weiß einfach, dass mir Schokolade wesentlich lieber ist als Religion. Und denken nicht die meisten an Schokolade, wenn sie Ostern hören? Ostern scheint ein religiöser Feiertag zu sein, der erfunden wurde, um fette, fresssüchtige Leute an die Kirche zu binden. Warum wir Ostern ausgerechnet mit Eiern feiern, weiß ich allerdings nicht. Das ist schon komisch: Da wird Jesus gekreuzigt und verliert sein Leben, und Jahre später zollen wir ihm dafür Respekt, indem wir ihm zu Ehren ein Schokoei essen. Ein Ei mit Smarties drin. Werden eigentlich Überraschungseier das ganze Jahr über verkauft, damit so richtig religiöse Menschen ganzjährig an Jesus denken können?

Ich stellte mich an eine belebte Straßenecke und wartete darauf, dass irgendwas Spannendes passierte. Zwanzig Minuten später näherte sich eine größere Gruppe, in deren Mitte ein Mann lief, der aussah wie Jesus und ein Kreuz auf dem Rücken trug und immer mal wieder sanft ausgepeitscht wurde. Jamie zufolge gibt es Jahr für Jahr eine lange Warteliste für die Rolle des Jesus. Ihn spielen zu dürfen, ist angeblich ein großes Privileg. Ich selbst wollte schon damals in der Schule beim Krippenspiel unter keinen Umständen die Jesusrolle haben. Ich bekam sie allerdings auch gar nicht erst angeboten. Am Ende spielte ich einen Schäfer und musste genau einen Satz sagen: »Wir kommen von weither.« Und dann trommelte ich noch zu »Was hat wohl der *Esel* gedacht?«, auch wenn eigentlich nur bei »Die Heil'gen Drei Könige« hätte getrommelt werden sollen, aber ich konnte mich einfach nicht bremsen. Außerdem war das mehr, als mein Kumpel Carl Grimshaw tun durfte: Sein Part war, in dem Moment, als der Stern aufging, ein einziges Mal die Triangel zu schlagen. Hier sieht man mal, was das Problem mit diesen überfüllten Innenstadtschulen ist: Es gibt beim Krippenspiel nicht genügend Rollen für alle. Ich frage mich bis heute, warum Mrs. Mathews das Weihnachtslied nicht einfach umgedichtet hat in »Die Heil'gen Sechs Könige«. Dann hätten mehr Kinder mitmachen können.

Ich lief ein Stück neben Jesus her, als er auf dem steilen Weg den Hügel hinauf mit dem schweren Eichenkreuz auf dem Rücken plötzlich Probleme bekam. Ich konnte mir lebhaft vorstellen, dass es damals vor vielen Jahren wirklich so gewesen sein könnte – von den Taco- und Zuckerwatteständen mal abgesehen. Dann ließ Jesus auf einmal das Kreuz fallen. Ich dachte zuerst, das gehöre zur Show, bis ich einen Sanitäter mit einer Tube Bepanthen auf ihn zustürzen und sein Bein einreiben sah, was die ganze Wirkung natürlich ein wenig trübte. Zu all dem spielte ein Mann im Kostüm eines Gefängniswächters eine Melodie auf der Blockflöte – einem Instrument, das in meiner Vorstellung bislang immer nur von Vierjährigen gespielt wurde. Und allmählich ging mir das alles gewaltig auf die Nerven.

Irgendwann erreichte die Prozession ein Feld, auf dem die

Kreuze aufgestellt und Jesus und zwei weitere Typen gekreuzigt wurden. Natürlich nicht wirklich – obwohl Jamie behauptete, dass sie den Darstellern bis in die späten 80er echte Nägel in Hände und Füße gehämmert hätten. Wahrscheinlich kam dann aber irgendein Superkleber auf den Markt.

Kurz bevor wir weiterfuhren, wurde einer der beiden anderen Männer (keine Ahnung, wen er darstellen sollte; dazu kenne ich die Geschichte nicht gut genug) vom Kreuz geholt und in einen Krankenwagen verfrachtet. Nicht gerade ein friedlich-fröhliches Familienfest, das Ganze. Vielleicht wäre das eine oder andere Schokoladenei der Stimmung zuträglich gewesen.

Ziemlich spät am Abend kamen wir bei unserem Hotel an und gingen direkt ins Bett.

Mitten in der Nacht wachte ich auf, weil ich aufs Klo musste. (Grille bekommt mir wohl nicht.) Nur um dann festzustellen, dass die Spülung nicht funktionierte. Der Schwimmer war so verrutscht, dass der Spülkasten nicht mehr volllief. Hab's repariert. Auch damit musste Michael Palin sich ganz sicher nicht rumschlagen. Dann entdeckte ich einen Zettel, auf dem stand, dass man Klopapier in den Mülleimer und NICHT IN DIE TOILETTE werfen solle. Vielleicht sollten wir das zu Hause auch einführen. Es würde bestimmt deutlich weniger Betrugsfälle mit geklauten Identitäten geben, wenn die Betrüger sich nicht nur durch Mülltonnen voller Alt-, sondern auch voller Klopapier wühlen müssten.

SAMSTAG, DEN 3. APRIL

Als ich aufwachte, hatte ich eine SMS von Ricky auf dem Handy.

> Ruf mich an! Muss mit dir Regeln des mexikanischen Wrestlings besprechen.

Ich rief ihn an.

> **RICKY**: Hast du meine SMS bekommen?
> **KARL**: Ja, irgendwas mit Wrestling.
> **RICKY**: Genau. Hast du Shorts oder eine Badehose dabei? Oder eine Gymnastikhose?
> **KARL**: Nein, so was hab ich nicht eingepackt, natürlich nicht.
> **RICKY**: Na ja, hätte ja sein können. Aber hör zu, das macht nichts. Ich hab dir jedenfalls ein kleines Wrestlingtraining organisiert.
> **KARL**: Wrestling?
> **RICKY**: Ganz genau.
> **KARL**: Was hat das denn mit den sieben Weltwundern zu tun? Ich bin hier, um ein Wunder zu besichtigen.
> **RICKY**: Das Publikum wird es als ein Wunder ansehen, wenn du in einem Boston Crab herumgeschleudert wirst. Es ist eine Ehre! Wrestling ist in Mexiko sehr beliebt! Die Wrestler sind dort Superstars. Sie sind Helden, und sie tragen Kostüme und haben Kampfnamen. Und ich würde vorschlagen, du ziehst dir einen fleischfarbenen Ganzkörperanzug an und setzt eine Spiderman-Maske oder so auf – eine

orangefarbene. Vielleicht findest du ja eine mit Stretch, dann passt sie sogar dir über die Rübe. Oder vielleicht setzt du dir einfach einen ausgehöhlten Kürbis auf oder irgendwas in dieser Art, und dann bist du das Satsuma-Monster oder der Mandarinen-Mann, oder wir fragen einfach, ob dich der Moderator mit »Hiiiiier ist Karl Piiiiilkington mit dem Oraaaaangenschädel!« ankündigen kann. Klingt doch cool, oder nicht?

KARL: Und wie läuft das ab? Wie normales Wrestling, wo nicht viel passiert und man einfach versucht, den Gegner aus dem Ring zu schubsen?

RICKY: Ja. Ich denke, wenn sie dir erst mal ein paar Griffe beigebracht haben und wie du am besten landest, ohne dass du dir was Wichtiges dabei brichst, solltest du keine Schwierigkeiten haben. Oh, und sag ihnen einfach, dass es das Sicherste für dich ist, auf dem Kopf zu landen. Erzähl ihnen, dass du nicht bist wie andere Männer, und sie, solange sie sich auf dieses kleine, runde, harte, hohle Ding auf deinen Schultern beschränken, keinen größeren Schaden anrichten. Stell dir doch mal vor, ein Typ würde dich hochheben und einmal quer durch den Ring werfen, und du würdest aufstehen und Oscar Wilde zitieren. Wie krass wäre das denn bitte schön! Wenn die dir im wahrsten Sinne des Wortes ein bisschen Verstand einprügeln würden! Also los, geh hin, und genieß es.

KARL: Ganz ehrlich? Ich hatte in dieser Hinsicht schon genug Training. All die Male, die du mich im Schwitzkasten hattest …

RICKY: Und deine Gegner werden vermutlich nicht annähernd so schwer sein wie ich.

KARL: Aber es sind Wrestler! Hast du noch mehr Überra-

> schungen für mich auf Lager? Es handelt sich auch wirklich nicht um Nackt-Sumo oder so?
> RICKY: Nein, keine Sorge, das machen wir, wenn du nach Japan reist.
> KARL: Alles klar.
> RICKY: Viel Spaß!

Ich hab seit den 80ern kein Wrestling mehr gesehen. Damals saß ich manchmal noch an Samstagnachmittagen mit meinem Dad vor dem Fernseher und sah mir die Kämpfe von Big Daddy und Giant Haystacks und den anderen an. Als Kind war das eine gute Sache, weil es bei diesen Kämpfen nie wirklich gewalttätig zuging. Es ging immer nur um zwei verschwitzte, alte, übergewichtige Männer, die einander hin und her schubsten, bis einer von ihnen der Sache ein Ende machte, weil er lieber etwas essen gehen wollte. Mir scheint, dass es für fette Leute keine Sportart mehr gibt, seit diese Wrestler aufgehört haben.

Ab ungefähr 1983 war es den Leuten nämlich zunehmend peinlich zu verraten, dass sie sich das anguckten. Vielleicht fingen auch deshalb einige der Wrestler an, Masken zu tragen. Ihnen war es ebenfalls peinlich, damit irgendwas zu tun zu haben.

Mexikanisches Wrestling war allerdings etwas vollkommen anderes. Ricky hatte so was von recht. Die sahen wirklich alle aus wie Superhelden.

Ich lernte Sandy kennen, die Chefin der Sportarena. Sie zeigte mir Fotos von ein paar Wrestlern, für die sie verantwortlich war. Da waren wirklich alle Formen und Größen dabei. Für jeden etwas, sozusagen. El Porky beispielsweise, ein kleiner, untersetzter Typ, der aussah wie Russell Grant. Zwerge. Riesenweibsbilder. Und sexy Frauen.

Ich schrieb Suzanne eine SMS und erzählte ihr, dass ich gleich wrestlen gehen würde. Ich solle auf mich aufpassen, antwortete sie – und wie sie den DVD-Spieler wieder an den Fernseher verkabelt bekäme. Nicht gerade die enthusiastischste Unterstützung, würd ich mal sagen. Nicht die Art von Nachricht, die Rocky vor dem großen Kampf von Adrian bekommen hatte. Ich machte mir nicht die Mühe zurückzuschreiben.

Sandy stellte mich dem Wrestler vor, mit dem ich trainieren sollte. Sein Name war Schocker. Er war gebaut wie ein Schrank. Und er sah umso kräftiger aus, weil er getan hatte, was alle Muskeltypen tun: sein T-Shirt in seine Jeans gestopft. Ich fragte Sandy, ob ich vielleicht einen der Zwerge als Sparringspartner bekommen könnte, aber sie sagte, von denen sei heute keiner da.

Ich bat Schocker, er solle bitte vorsichtig mit mir sein, weil ich mir mal den Rücken verletzt habe, als ich als kleiner Junge einen Tritt über Kopfhöhe hatte machen wollen und dabei auf dem Hintern gelandet bin. Und mein Handgelenk ist seit einem Unfall ein bisschen instabil. Außerdem habe ich einen eingeklemmten Nerv im Bein. Er schien mir nicht zuhören zu wollen, was mir ein bisschen Sorgen bereitete. Dann warf er mir einen Trainingsanzug zu. Einen echt schlimmen Fetzen. Und ich beschloss, mich Schockiert zu nennen.

Ich absolvierte ein kleines Hanteltraining und dann eine Dreiviertelstunde im Ring mit Schocker und zwei anderen Wrestlern. Danach ging es mir hundeelend. Ich hatte vorher ein paar Marshmallows gegessen – nicht gerade die optimale Sportlerernährung und nicht die allerbeste Idee, wenn man obendrein im Ring herumgeworfen wird.

Schocker war ein Jahr älter als ich, aber ich fühlte mich wesentlich älter. Ich musste irgendwann abbrechen, weil ich völlig erschöpft war und mir schwindlig wurde. Ich wollte gerade aus dem Ring steigen, als einer der Wrestler mich packte und sich auf mich draufsetzte und meine Beine um meinen Hals wickelte. Ich war total hilflos – wie ein Hirsch, der ganz langsam von einer

Anakonda verschlungen wird. Ich kann mich nur noch daran erinnern, dass der Wrestler mir seine Eier ins Gesicht drückte und diese einen salzigen Geschmack auf meinen Lippen hinterließen. Erst dachte ich noch, der Geschmack käme von den Tacos – bis mir wieder einfiel, dass ich heute gar keine Tacos gegessen hatte.

Ich blieb noch ein bisschen und sah am Abend Schocker bei einem Kampf zu. Er war mit zwei anderen Wrestlern in einer Mannschaft: mit Blue Panther und El Porky. Seine Mannschaft war die bessere. Das Publikum schien El Porky zu Füßen zu liegen. Für Schocker muss das echt frustrierend sein: so hart zu trainieren und immer auf seine Ernährung zu achten und dann gegen jemanden zu kämpfen, dessen Training hauptsächlich darin besteht, zum Kühlschrank und zurück zu laufen.

Gehe jetzt schlafen, bin echt fertig. Die mexikanische Höhenluft macht mir wirklich zu schaffen. Zu Hause in England hätte ich Schocker bestimmt besiegen können.

SONNTAG, DEN 4. APRIL

Ich hatte ungefähr vier Stunden geschlafen, als ich von Polizeisirenen geweckt wurde. Die haben hier eine ganze Palette an Sirenen zur Auswahl. Eine macht »Waaa, waaa«, eine andere »Wooo, wooo«, dann gibt's noch »Woooooooooo« und »Daaa, daaa«. Der Cop glaubte wohl, um 4 Uhr nachts direkt vor meinem Fenster jede einzelne ausprobieren zu müssen – wie diese Leute in der Londoner U-Bahn, die auf dem Weg zur Arbeit unbedingt checken müssen, was ihr Handy sonst noch für Klingeltöne in petto hat.

Beim Frühstück unten im Speisesaal musste ich mit anhören, wie eine Amerikanerin immer wieder lautstark die Frage stellte, warum der Franzose, der das Hotel führte, so französisch klang und gar nicht mexikanisch. Ich konnte ihm deutlich ansehen, dass er genervt war, aber er lächelte nur, während sie mir wiederum ganz gewaltig auf den Senkel ging. Wo bleibt eigentlich die schrille Polizeisirene, wenn man sie gerade braucht?

Dann rief Steve an.

> KARL: Hi, Kumpel, wie läuft's?
> STEPHEN: Gut, und selbst?
> KARL: Ach, weißt du, eigentlich ganz ordentlich. Es ist gar nicht soooo schlecht hier. Ja, irgendwie gefällt es mir sogar ganz gut. Was merkwürdig ist, immerhin musste ich gestern zum Wrestling …
> STEPHEN: Und, wie war's?
> KARL: Kommt drauf an … Je nachdem, wie das Filmmaterial geschnitten wird, sehe ich womöglich aus, als wäre ich der totale Loser. Aber es waren auch ein paar gute Moves dabei. Außerdem waren es drei gegen einen, insofern hatte ich auch einen schweren Stand.
> STEPHEN: Hör mal, ich weiß doch, wie sehr du Menschenmengen magst. Heute ist da eine große, authentische mexikanische Feier zum Ostersonntag. Die Regierung will die Feier eigentlich verbieten. Du weißt ja, wie diese Bürokraten sind – total ballaballa. Aber da gibt es diesen Typ, Carlos, der daran teilnimmt und will, dass du mitmachst.
> KARL: Was meinst du mit mitmachen? Und warum will die Regierung das Fest verbieten?
> STEPHEN: Die Details kenne ich nicht. Frag Carlos. Ich weiß nur, dass sie es abschaffen wollen. Vielleicht kannst du ja deinen Status als Fernsehpromi nutzen und das Fest vor dem Untergang retten. Vielleicht gibt es da irgendetwas an dem

Event, das ihnen Angst macht. Keine Ahnung. Das wirst du wohl selbst rausfinden müssen, Kumpel.

KARL: Ich bin jetzt schon ein paar Tage hier, und ich habe bereits festgestellt, dass körperliche Unversehrtheit und Sicherheit hierzulande nicht gerade großgeschrieben werden. Wenn sich die Regierung also Sorgen macht um die Unversehrtheit und Sicherheit von irgendwas, muss es echt übel sein.

STEPHEN: Ach was! Du sollst Carlos jedenfalls an einem Ort treffen, der Rambo Chicken heißt. Vielleicht hat es ja damit zu tun.

KARL: Rambo Chicken? Es gibt ein Huhn namens Rambo?

STEPHEN: Ich hab keinen Schimmer, was das sein soll. Ich bin ja nicht dort. Aber ich bin wirklich neidisch auf dich, wie immer.

KARL: Ich treffe ihn bei einem Huhn namens... Ist das nicht... Heißt dieses Weltwunder nicht irgendwas mit Chicken? Ist es vielleicht nach diesem Rambo Chicken benannt? Geht's darum? Um ein Monsterhähnchen?

STEPHEN: Vielleicht ist es einfach nur ein besonders aggressives Huhn. Keine Ahnung, mein Lieber, ich hab nur ausgerichtet, was Carlos gesagt hat.

KARL: Alles klar, in Ordnung. Ich geh hin und treffe ihn.

STEPHEN: Klasse, Kumpel. Und es ist echt toll, dass du langsam Gefallen an dieser Reise findest.

KARL: Ja, so ist es wirklich! Dieses Mal habe ich mich nicht annähernd so oft beklagt. Du wirst stolz sein auf mich.

STEPHEN: Sehr gut. Ich bin jetzt schon stolz auf dich!

Carlos machte auf mich einen ganz anständigen Eindruck. Erst zeigte er mir den Lebensmittelmarkt, den Rambo Chicken. Dort lagen jede Menge Hühnerköpfe auf Tabletts herum. Es sah ein bisschen aus wie dieses »Wer ist es?«-Brettspiel. Ich mag Hühnchen. Ich esse wirklich gerne Hühnchen. Eigentlich müsste ich mich darüber freuen, all diese geschlachteten Hühner zu sehen. Aber diese hier sahen alles andere als glücklich aus. Ich habe noch nie einen toten Fisch gesehen, der einen grimmigen Gesichtsausdruck gehabt hätte. Aber diese Hühner hier sahen wirklich toter als tot aus mit ihren verdrehten Augen und den weit aufgerissenen Schnäbeln. Carlos erklärte, die Mexikaner würden sie einfach in kochendes Wasser werfen, und schon wären sie genießbar. Ich frage mich, ob da nicht jemand den Hühnerkopf mit dem -ei verwechselt hat.

Bevor wir den Markt verließen, probierte ich noch Eselsfleisch – das schlimmste Fleisch, das ich je gegessen habe: Es ist dunkel, zäh, fett und riecht muffig. Ich habe mal irgendwo gehört, dass der Dodo ausgestorben ist, weil er nicht gut schmeckte. Da ist der Esel wohl als Nächster dran.

Vom Markt aus spazierten wir in Carlos' Wohnviertel. Überall waren Leute auf der Straße und bemalten kleine Pappmaschee-Bullen. Carlos erzählte mir, dass die Mexikaner Böller an diese Bullenfigürchen kleben, sie sich dann auf den Kopf setzen und damit mitten in eine Menschenmenge rennen. Mexiko ist irgendwie wie *Jackass*, diese MTV-Sendung. Als wir die Straße entlangliefen, sah ich den Mann, der die Böller baute. Ich bin mir nicht ganz sicher, ob er mich auch sehen konnte. Er hatte nur noch ein Auge. In England wäre er nach so einem Arbeitsunfall frühpensioniert worden. Hier in Mexiko heißt es stattdessen einfach nur: »Weitermachen. Du hast schließlich noch ein zweites Auge.« Sein Arbeitsmaterial befand sich in den zwei Plastiktüten neben ihm. In der einen Tüte steckte das Papier, aus dem er die Röllchen formte. Die andere Tüte war gefüllt mit Schießpulver.

Wir gingen weiter zu Carlos nach Hause, wo ich seine Eltern kennenlernte. Während wir einen Willkommensdrink zu uns nahmen, war draußen eine massive Explosion zu hören. Mir schoss sofort durch den Kopf, was Steve gesagt hatte: dass dieses Fest abgeschafft werden sollte. Carlos erzählte, in vielen Regionen Mexikos sei es längst verboten, weil es so viele Todesfälle gegeben habe. Dann kam Jamie, der Producer, von draußen herein. Er sah verstört aus. Ich wollte von ihm wissen, was denn los sei, aber er gab keine Antwort. Dann fragte er mich, ob ich mitmachen und mit einem Pappbullen auf dem Kopf die Straße runterrennen wolle, während die Böller in die Luft gingen. Ich winkte ab. Nachdem ich den einäugigen Böllerbastler gesehen hatte, war mir die Lust auf dieses Fest vergangen. Ich fragte Carlos, ob er denn teilnehmen werde. Es stellte sich heraus, dass Carlos sich normalerweise an diesem Tag daheim einschloss, weil es draußen auf der Straße durchaus gefährlich werden konnte, und seine Eltern meinten nur, dass sie üblicherweise über das Festwochenende verreisten und nur hiergeblieben seien, weil sie mich hatten kennenlernen wollen.

Draußen auf der Straße tummelten sich inzwischen um die dreihundert Menschen und eine Riesenpappmascheekuh, die über und über mit Böllern beklebt war. Die Leute kippten sich eimerweise Flüssigkeit über. Zuerst dachte ich, vielleicht wäre es Benzin, und die Leute wollten es wirklich drauf anlegen – aber Carlos erklärte mir, dass es Wasser sei und die Menschen damit verhindern wollten, selbst Feuer zu fangen. Lunten wurden angezündet, und die Leute nahmen die Beine in die Hand. Ich versteckte mich hinter einem Mauervorsprung, bis das Feuerwerk vorüber war. Dann teilte ich Jamie mit, dass es Zeit sei zu gehen. Aber noch während ich die Straße entlangging, hörte ich Menschen schreien, drehte mich um und sah, dass sozusagen das komplette Viertel hinter mir her war. Ich rannte los. Carlos schloss zu mir auf, und wir flüchteten in ein Haus, das seinem Cousin gehörte. Er schlug vor, am besten aufs Dach zu steigen, dort seien wir sicher.

Was in aller Welt hatte das alles mit Ostern zu tun?

Wir blieben gute zwei Stunden auf dem Dach und wichen den Feuerwerkskörpern aus. Irgendwann ließ die Böllerei nach; wahrscheinlich hatte der einäugige Feuerwerkmacher nicht mehr Bastelmaterial dabeigehabt. Endlich konnten wir uns wieder auf den Weg machen.

In einem Lokal in der Nähe gingen wir essen. Das Ambiente war ganz nach meinem Geschmack: überwiegend alte Leute. Es gab sogar eine Liveband, die nette, fröhliche Musik spielte, zwar alles auf Mexikanisch, aber es klang trotzdem gut. Aber wer weiß, vielleicht sangen sie ja auch von einem, dem der Kopf abgeschlagen wurde, wie in dem Lied, das Edgar mir übersetzt hatte. Ich saß da und sah den alten Leuten zu, wie sie tanzten, und aß Kekse, die auf dem Tisch gestanden hatten, bis eine alte Frau zu mir rüberkam und mich zum Tanzen aufforderte. Ich dachte, vielleicht wäre sie vielleicht seit Kurzem Witwe, und tat ihr den Gefallen, aber schon fünf Minuten später sah ich, wie sie mit einem anderen glatzköpfigen Mann tanzte. Womöglich konnte sie in ihrem Alter einfach nicht mehr allzu gut sehen und hatte mich mit ihm verwechselt. Ich kann mir gar nicht vorstellen, wie man in dieser verrückten Stadt überhaupt so alt werden kann.

MONTAG, DEN 5. APRIL

Heute früh habe ich einen Blick auf ein paar Lokalzeitungen geworfen. Sie alle hatten echt gruselige Bilder auf der Titelseite. Ein großes Foto zeigte einen Autounfall mit Leichen, ein anderes einen alten Mann, der sich in den Kopf geschossen hatte. Wenn bei uns daheim auf der Titelseite einer Zeitschrift steht: »Achtung, schockierende Fotos!«, dann handelt es sich in aller Regel um ein

Bild von Charlotte Church, die mit einem Pickel am Arsch an irgendeinem Strand liegt. Aber ich nehme mal an, dass solche Bilder irgendwann keinen allzu großen Schockeffekt mehr haben, wenn man täglich mit derlei Grausamkeiten konfrontiert wird, und man wird gegen die Gewalt immun.

Auf den Titelseiten der Zeitungen war auch ein Bild von Chichén Itzá abgedruckt – und zwar mit einem Foto von Elton John daneben. Er hatte dort ein Konzert gegeben.

Und dorthin waren auch wir unterwegs.

Wir waren zuvor nach Cancún geflogen, was näher an Chichén Itzá liegt. Auf dem Weg zum Hotel machten wir Halt bei einem Friedhof. Wenn Suzanne und ich einen Wochenendausflug machen, gehen wir oft auf Friedhöfe und sehen uns an, wie alt die Leute geworden sind. Dieser Friedhof sah allerdings ganz anders aus als diejenigen, die ich bislang besichtigt hatte. Bunt war gar kein Ausdruck. Die Gräber waren in Blau-, Pink-, Gelb- und Rottönen bemalt. Sie sahen eher aus wie die Strandhütten in Kent. Und man schien dort ganze Großfamilien beerdigt zu haben. Ein paar der Grabstätten waren größer als die Wohnung, in der ich früher mal gewohnt habe. Ich fand es schön. Warum muss ein Friedhof immer grau und gruselig aussehen? Andreas, der uns bei den Filmaufnahmen begleitete, erzählte, dass es in Mexiko einen »Tag der Toten« gebe, eine Art große Totenfeier, zu der man sogar freibekommt, um toter Freunde und Familienmitglieder zu gedenken. Angesichts all der Gewalt hier in Mexiko haben sie wahrscheinlich ziemlich viel zu gedenken. Ich mag diese Totentagsidee. In England haben wir einen Pfannkuchentag, an dem jeder Pfannkuchen isst. Warum eigentlich nicht einen Tag für die Toten? Ich kann mir nicht erklären, warum wir Engländer so ein großes Problem damit haben, über den Tod zu sprechen. Ich wollte mal eine Fernsehreportage über den Tod machen, aber mit wem auch immer ich darüber geredet habe: Jeder Einzelne winkte ab. Die Leute wollten so etwas nicht sehen. Es ist an der Zeit, dass wir etwas unternehmen, damit die Menschen sich weniger trübe Gedanken darüber machen.

Ich nehme an, das Bild vom Sensenmann, mit dem wir den Tod darstellen, ist in dieser Hinsicht nicht gerade hilfreich. Ich meine, das ist wirklich ein ziemlich düsterer Zeitgenosse. Warum muss dieser Überbringer einer schlechten Nachricht eigentlich selbst so schlecht gelaunt aussehen? Mein Postbote bringt doch auch nichts als schlechte Nachrichten in Form von Rechnungen, aber der ist beispielsweise kaum zu bremsen und redet ohne Punkt und Komma. Vielleicht macht Gevatter Tod seinen Job aber einfach auch nur schon zu lange. Diese Kapuzenkutte abzulegen wäre doch mal ein guter Anfang.

Das Hotel gefällt mir, es ist sogar ziemlich nobel. Die Handtücher im Bad sind zu einer Schwanenfamilie gefaltet. Ich frage mich, ob sie an unterschiedlichen Tagen unterschiedliche Tiere falten. Ich werde ein Auge darauf haben.

DIENSTAG, DEN 6. APRIL

Heute habe ich Eugene kennengelernt, der kam, um mich abzuholen und mit mir ein paar Charros zu besuchen. Charros sind mexikanische Cowboys, die Pferdeshows veranstalten. Ich kann nicht behaupten, dass ich mich darauf gefreut hätte. Nicht einmal als kleiner Junge habe ich gern Cowboy gespielt. Mit ungefähr fünf hatte ich mal ein Cowboy-Kostüm, aber auch nur, weil die Batman-Kostüme in dem Faschingsladen ausverkauft waren. Ich habe nicht mal Jeans getragen, bis ich siebzehn Jahre alt war, weil ich Jeans unbequem fand. Und ein Pferd ist erst recht zu viel des Guten. Sie fressen einem die Haare vom Kopf und kosten ein Vermögen. Ein Mädchen, das früher in unserer Nachbarschaft zwei

Türen weiter wohnte, hatte ein Pferd, konnte sich aber nicht ausreichend darum kümmern. Sie konnte sich auch keinen Stall leisten, also hielt sie es bei sich zu Hause. Ich habe es einmal in ihrem Flur gesehen, als ich von Haustür zu Haustür tingelte, um Setzlinge zu verkaufen und mir so ein bisschen Taschengeld dazuzuverdienen.

Ein weiterer Grund dafür, dass ich mich nie für Pferde erwärmen konnte, war, dass mein Dad der Ansicht war, John Wayne sei kein guter Schauspieler gewesen, sodass bei uns zu Hause höchst selten Western im Fernsehen liefen. Oh, und dann war da ja auch noch diese Kirmes, bei der ich vom Pferd gefallen bin – das mir dann zu allem Überfluss auch noch gegen den Kopf getreten hat. Das ist wahrscheinlich der ausschlaggebende Grund für meine Abneigung gegen Pferde.

Eugene und ich besuchten zuerst einen Markt, bevor wir die Charros-Ranch besichtigten. Er spendierte mir ein Mittagessen: Hase in scharfer Soße. Er selbst aß den Hasenkopf. Der Kopf sei das Beste, sagte er, weil man so das Hirn bekommen würde. Ich ließ ihm den Vortritt nur zu gern.

Als wir die Ranch erreichten, lernte ich zwei Männer kennen, zwei Brüder in kompletter Cowboy-Montur, die mir ein paar Tricks vorführten: von Lassowerfen bis Aufspringen auf den Pferderücken. Sie waren wirklich gut. Der erste Schreck des Tages kam deshalb auch nicht vonseiten der Pferde, sondern von einem Bienenschwarm, der über uns hinwegflog. Er sah aus wie eine schwarze Wolke. Mir blieb fast die Luft weg. Gegen eine einzelne Biene habe ich nichts einzuwenden, aber in Schwärmen machen sie mir Angst. Eugene meinte, hoffentlich wären es keine afrikanischen Bienen, weil die einen Menschen töten könnten, und dann erklärte er mir, dass die afrikanische Biene, wenn sie zustach, einen Geruch absonderte, der noch mehr Bienen anlockte und zum Stechen reizte. Selbst wenn man sich in ein Wasserloch retten würde, warteten sie laut Eugene nur darauf, bis man wieder auftauchte,

KARLS ERKENNTNISSE

CHICHÉN ITZÁ HEISST, WÖRTLICH ÜBERSETZT, »AM RAND DES BRUNNENS DER ITZÁ«.

DIE EINZELNEN BAUTEN VON CHICHÉN ITZÁ SIND MIT EINEM NETZ GEPFLASTERTER STRASSEN MITEINANDER VERBUNDEN, DIE SACBEOB GENANNT WERDEN. ARCHÄOLOGEN HABEN AUF DEM GESAMTEN GELÄNDE ETWA EINHUNDERT SACBEOB FREIGELEGT.

DIE MAYA BRACHTEN IHREN GÖTTERN MENSCHENOPFER DAR. BEI EINIGEN RITUALEN WURDEN MENSCHEN GETÖTET, INDEM IHRE ARME UND BEINE FESTGEHALTEN WURDEN, WÄHREND DER PRIESTER IHNEN DEN BRUSTKORB ÖFFNETE UND DAS HERZ ALS OPFERGABE HERAUSSCHNITT.

um dann zuzustechen. Davon hatte ich wirklich noch nie gehört. Wenn ich wieder daheim bin, muss ich das mal googeln.

Als die Bienen sich verzogen hatten, bekam ich mein Pferd zugeteilt: Espanner. Es war so gut zugeritten, dass es beinahe vorausahnen konnte, was ich von ihm wollte. Eugene reichte mir eine kleine Gerte, mit der ich das Pferd antreiben sollte. Aber wann immer es die Gerte auch nur aus dem Augenwinkel sah, ging es mit mir durch. Genau das kann ich an Pferden nicht leiden. Sie sind einfach zu groß und haben einen eigenen Kopf.

Nach ungefähr einer Stunde im Sattel und nachdem ich die ersten Tricks gelernt hatte, verkündete Eugene, dass die Charros meine Fortschritte gern mit Tequila begießen wollten. Ich bin kein großer Tequila-Fan, aber ich wollte auch nicht unhöflich sein, also nahm ich die Einladung an. Die Charros kamen mit einer Riesenflasche zurück und gossen mir ein großes Glas ein – mit einem Wurm darin! Ich hatte schon öfter mal Alkohol mit Insekten oder anderen Viechern darin gesehen, aber immer einen großen Bogen darum gemacht. Ich hab auch schon Skorpione und Schlangen gesehen, die in Flaschen gestopft worden waren, aber ich dachte immer, das wäre eine besonders gewitzte Art des Betrugs, weil natürlich viel weniger Alkohol in der Flasche ist, wenn darin noch eine riesige Eidechse schwimmt. Das machen sie zum Beispiel in einigen Thai-Restaurants in London. Man bestellt sich einen Drink, und sie bringen einem ein Glas voll Seetang und Kiesel, das aussieht wie ein Stück Kulisse aus *Findet Nemo*.

Den Wurm zu bekommen sei eine große Ehre, erklärte mir Eugene, und dass ich ihn unbedingt probieren müsse, weil er überaus schmackhaft sei. Ich sagte, ich würde die Hälfte davon essen, wenn er die andere Hälfte nähme. Erst im Nachhinein wurde mir klar, dass ein halber Wurm fast noch schlimmer ist als ein ganzer. Als ich ihn mir in den Mund schieben wollte, musste ich würgen, und meine Hand zitterte so stark, dass ich ihn fallen ließ.

»Kein Problem«, sagte ich. »Macht doch nichts, dass er auf dem

Boden lag. Das ist doch nur ein bisschen Erde. Ich kann ihn ja trotzdem essen.«

»Wir waschen ihn einfach ab«, schlug Eugene vor.

Na super. »Muss man darauf rumkauen, oder schluckt man ihn einfach so runter?«, fragte ich dann.

»Natürlich zerkaust du ihn«, antwortete Eugene. »Versuch, die Aromen herauszuschmecken.«

»Ich hab doch überhaupt keine Ahnung, wonach so ein Wurm schmecken soll«, wandte ich ein. »Ich weiß noch nicht mal, ob er nicht inzwischen schon schlecht geworden ist. Verstehst du, was ich meine? Ich habe keinen Vergleich. Außerdem schwöre ich, dass er noch lebt. Er hat sich gerade bewegt. Er ist einfach nur besoffen. Und schau mal, wie meine Hand zittert. Ich kann sie überhaupt nicht stillhalten.«

»Du hast ja keine Ahnung, wie teuer hundert Gramm davon in einem Restaurant sind!«, schalt mich Eugene. »In der teuersten Ecke von Mexiko-Stadt kostet so ein Wurm ... ich sag mal ... keine Ahnung, mindestens sechzig Euro.«

»Ein Wurm?«

»Na klar! Sie schmecken aber auch gut!«

»Und den bestellt man, wenn man mit seiner Süßen einen romantischen Abend verbringen will oder was?«

»Zum Beispiel. Angeblich haben sie auch eine erotisierende Wirkung.«

Ich riss mich zusammen. »In Ordnung. Pass auf. Rein mit ihm. Ich hab das Gefühl, meine Kehle weiß genau, was da auf sie zukommt, und sagt: Keine Chance, das kommt hier nicht durch. Hast du das gerade gesehen? Ich musste fast kotzen. Irgendwas kommt mir hoch. Vielleicht ein paar von den Grillen, die ich gestern essen musste. Die dem Wurm Hallo sagen wollen. Warum krieg ich so was nicht runter? Aaaah! Ich kann das nicht! Ich kann nicht ... Muss ich wirklich kauen? Uäh, ich hab ihn immer noch ...« Und dann schluckte ich.

»Na also, geht doch.«

Dann versuchte Eugene, mich zum Bullenreiten zu überreden.

Ich lehnte ab.

Er versuchte es erneut.

Ich sagte, zuerst wolle ich den Bullen sehen.

Ich bekam den Bullen zu sehen.

Und lehnte wieder ab.

Ich weiß auch nicht, warum man auf einem Bullen reiten will, wo hier doch so viele Pferde herumlaufen. Einer der Brüder fing an, wild zu gestikulieren. Eugene meinte, er habe mir angesehen, dass ich die Hosen voll hätte. Ich sagte ihm, das wisse ich selbst. Das sei ja auch nicht allzu schwer zu erkennen gewesen.

Genau genommen hatte er mir signalisiert, wie ein Anus auf- und wieder zuging.

Meinetwegen könne er sämtliche obszönen Gesten machen, die er nur kannte, entgegnete ich.

Dann ging der Charro weg und kam mit seinem Sohn wieder, der vielleicht zwei oder drei Jahre alt war. Und den setzte der Charro auf den Rücken des Bullen. Ich bezweifle, dass der Junge überhaupt schon Fahrrad fahren konnte, aber sie setzten ihn einfach auf einen Bullen, ganz ohne Helm oder Knieschützer, nur um mich wie einen riesengroßen Schisser dastehen zu lassen. Ich rief ihnen zu, meinetwegen sollten sie doch das Baby auf den Bullen setzen, ich würde ihn jedenfalls nicht besteigen, und ging zurück zu unserem Wagen. Ich wollte mich nicht weiter unter Druck setzen lassen. Sie riefen mir nach, aber ich drehte mich noch nicht mal mehr zu ihnen um. Dann hörte ich jedoch ein lautes Brummen. Ich warf einen Blick über die Schulter und sah ungefähr dreihundert Bienen, die auf mich zuflogen. Und da nahm ich verdammt noch mal die Beine in die Hand.

Hier in Mexiko ist man einfach nirgends sicher.

MITTWOCH, DEN 7. APRIL

Bin mit wundem Hintern aufgewacht. Kein Wunder nach der Reitstunde und dem scharfen Hasen, den ich gestern essen musste.

Das Zimmermädchen hat wieder einen Schwan aus meinem Handtuch gefaltet. Vermutlich war sie diesmal ein bisschen in Eile, denn das Schwanenküken sieht aus wie ein stinknormaler Waschlappen. Ich hab meine Seife und das Shampoo im letzten Hotel liegen lassen, was echt ärgerlich ist, weil ich beides extra für die Reise angeschafft hatte. Ich musste also das Gratiszeug aus dem Hotel verwenden, was meiner empfindlichen Haut gar nicht guttut.

Heute stand nicht sonderlich viel auf dem Programm. Wir saßen nur auf dem Balkon und machten einen Spaziergang zu den Geschäften hier vor Ort. Gekauft habe ich allerdings nichts. Suzanne hatte ein Mitbringsel von mir erwartet, als ich nach Ägypten, Brasilien und Indien gereist war, aber ich hatte nie irgendwas gefunden, von dem ich dachte, dass es ihr gefallen könnte, und jetzt muss ich ihr auch nichts mehr mitbringen. Ich vermute mal, sie erwartet es auch nicht mehr von mir.

Während ich dies alles aufschreibe, habe ich einen Korb mit Schokolade in meinem Hotelzimmer gefunden. Ich wollte unbedingt das mexikanische Milky Way probieren, und jetzt wünschte ich mir, ich hätte es gar nicht erst aufgerissen. Irgendwie schmeckt die Schokolade komisch. Als wäre sie in der Hitze geschmolzen und jemand hätte sie daraufhin eingefroren. Keinen Penny bezahle ich für so etwas. Also hab ich den Rest wieder in das Papier gewickelt und unter einer Tüte M&Ms versteckt.

DONNERSTAG, DEN 8. APRIL

Heute habe ich ein paar Maya kennengelernt. Die Maya haben vor etlichen Jahren das Weltwunder gebaut. Sie lebten mitten im Nirgendwo in Hütten aus Stroh und Bambusstangen.

Einer dieser Maya hieß Luis, der zwar nicht mehr selbst in diesem Dorf wohnte, dessen Familie aber immer noch dort lebte. Als ich ankam, war Luis' Onkel gerade dabei aufzubrechen, um Honig zu holen, und schlug vor, dass ich und Luis ihn begleiten. Ich dachte, wir würden einfach zu dem Tante-Emma-Laden um die Ecke gehen, bis ich den langen Stab mit einer Klinge am Ende sah. Wir würden den Honig also direkt aus einem Wespennest holen.

Was immer diese Leute essen wollen, müssen sie eigenhändig fangen und töten, weil es hier nämlich gar keinen Tante-Emma-Laden gibt. Luis zeigte mir ein paar Pflanzen, die sie ernten, und einen Baum, der eine Art Gummimasse produziert, mit der man sich die Zähne putzen kann.

Als ich mit Luis und seinem Onkel loszog, kamen wir an einem Mann vorbei, der an einer Mauer neben seiner Hütte lehnte und uns nachsah. Er hatte das fröhlichste Gesicht, das ich seit Jahren gesehen hatte. Ein jüngerer Kerl war bei ihm und spielte mit einem Stück Gummi. Er sah aus, als wüsste er nicht einmal, was für ein Tag heute war. Andererseits ist der Wochentag an einem Ort wie diesem wahrscheinlich auch nicht wirklich relevant.

Ich sprach Jamie darauf an. »Diese Art der Abgeschiedenheit hat doch auch ihr Gutes, meinst du nicht auch? Er war noch nie in seinem Leben in Mexiko-Stadt. Verrückt, oder?«

»Was würdest du denn tun, wenn du hier leben würdest?«, fragte Jamie zurück.

»Keine Ahnung. Jedenfalls nicht einfach nur rumhängen. Ich glaube, ich würde die ganze Zeit auf den Beinen sein. Bis im Alter von ungefähr sechs ist man ja ständig auf Rutschen und Schaukeln unterwegs – aber danach hängt man echt nur noch rum. Das ist wie auf einen Bus zu warten, der niemals kommt. Und ich bin mir nicht sicher, wie ich damit zurechtkommen würde. Den ganzen Tag nur abzuhängen und zu warten. Oder mir die Zähne mit diesem Zeug zu putzen.«

»Und wenn du das Oberhaupt dieses Dorfes wärst, was würdest du am ehesten ändern?«

»Einen Laden eröffnen«, antwortete ich.

»Was für einen Laden?«

»Ach, so einen Gemischtwarenladen, der einem das Leben erleichtert. Dort gibt es dann zum Beispiel Zahnpasta. Das wäre doch schon mal ein Anfang, oder nicht? Keine Ahnung. Vielleicht würde ich auch ein paar neue Leute hier ansiedeln. Ich glaube, das wäre gut.«

»Und wie würdest du die hierherlocken?«

»Vielleicht mit einer Art Tag der offenen Tür? Hier müssen einfach Leute her, sie müssen sich unterhalten. Aber das ist ja auch das Problem: Wenn du den ganzen Tag rein gar nichts machst, worüber willst du dich denn dann unterhalten? Du kennst doch diese alten Leute, die sich abends im Restaurant gegenübersitzen, nachdem sie schon den ganzen Tag miteinander verbracht haben. Die haben sich auch nichts mehr zu erzählen – außer vielleicht, auf welche Sorte Eis zum Nachtisch sie heute Lust haben. Man muss doch sein Hirn beschäftigen, oder nicht? Aber wie das hier möglich sein soll? Frag mich nicht. Klar, man kann irgendwas anpflanzen. Aber dann dauert es eine Ewigkeit, bis was passiert.«

Jamie fragte weiter, was für Dinge ich hier noch einführen würde.

»Na ja, ich würde ihnen vielleicht irgendeinen Film zeigen, damit sie sehen, was sonst noch so passiert auf der Welt.«

»Was denn für einen Film?«

»Irgendeinen. *Stirb langsam* vielleicht? Du weißt schon, dieser Actionfilm mit Bruce Willis.«

»Und welchen der *Stirb-langsam*-Filme?«

»Am liebsten den zweiten. Das war doch der mit dem Flugzeug, oder?«

Jamie nickte.

Der lächelnde Mann sah immer noch zu uns herüber, und Jamie fragte mich, ob ich nicht zu ihm gehen und mit ihm reden wolle.

»Ich weiß nicht... Was könnte er mir denn schon erzählen? Aber er sieht faszinierend aus, findest du nicht auch? Sieh ihn dir doch nur an. Findest du nicht, dass er einen tollen Gesichtsausdruck hat? Luis, worüber unterhalten die Leute sich hier? Wenn ich hier leben würde, wäre doch ein Teil meines Lebens, mit den Nachbarn zusammenzustehen und ein bisschen Klatsch und Tratsch auszutauschen.«

»Ach, sie reden nur über die Dinge, die eben den Tag über passieren«, antwortete Luis. »Was sie auf dem Feld oder im Regenwald gefunden haben.«

»Wiederholt sich das denn nicht irgendwann? ›Hey, hör mal, ich hab heut schon wieder ein Huhn eingefangen.‹ ›Ja, klar. Wie gestern und vorgestern auch.‹ Weißt du, was ich meine? Gibt es hier je irgendwelche Überraschungen?«

»Klar doch«, sagte Luis. »Manchmal finden sie Gold. Das Dorf steht auf dem Gelände der antiken Stadt, und wenn du losziehst, kannst du hier schon mal über eine alte Schale mit ein paar kleinen Münzen stolpern. Goldmünzen.«

»Gold?«

»Ja, sicher. Früher haben die Menschen ihr Geld verbuddelt, um es zu verstecken. Außerdem bringt es Glück. Wenn du ein Überbleibsel aus dieser Zeit findest, ist das gut für dich. Alte Kunstgegenstände zum Beispiel. Kleine Dinge, die mitten in der Wildnis herumliegen. Diese Dinge sind dann überraschend und neu für sie, und das macht sie glücklich.«

»Und er da? Macht er gerade Mittagspause oder was? Zumindest in den letzten zehn Minuten sah er ziemlich unterbeschäftigt aus.«

Luis stellte dem Mann eine Frage auf Maya. Er entgegnete irgendwas.

»Er sieht uns nur zu«, übersetzte Luis. »Uns zuzusehen ist auch neu für ihn.«

»Was ist neu? Wir?«

»Selbstverständlich. Fremde Leute aus anderen Ländern sind neu für ihn.«

Wir wanderten weiter in Richtung Wespennest. Ich konnte es hören, noch bevor ich es sah. Es klang, als befänden sich Tausende Wespen darin, aber Luis versicherte mir, es wären nur ein paar Hundert. Trotzdem machte ich mir Sorgen. Aber nichtsdestotrotz wollte ich das Wespennest für Luis' Onkel herunterholen. Ich stellte mich also auf ein altes Steinmäuerchen und streckte mich, so weit ich konnte, um den Ast abzuschlagen, an dem das Nest befestigt war. Es hatte ungefähr die Größe eines Basketballs. Gerade als ich kurz davor war, es zu erwischen, gab die Mauer unter mir nach, und ich stürzte mit dem sechs Meter langen Stab mit Klinge kopfüber auf den Boden. Luis' Onkel übernahm das Kommando. Er kletterte den Baum hinauf, richtig nah an das Nest heran, bevor er es einfach mit der Klinge abtrennte. Er versuchte, mich zu beschwichtigen, indem er behauptete, dass Wespen immer himmelwärts flögen. Er klang eigentlich ganz überzeugend, aber ich verlasse mich nicht gern auf solche Aussagen. Immerhin würden auch nur zehn, zwanzig wild gewordene Wespen ausreichen, die es satthatten, ihr Nest ständig zu verlieren, und ich wäre erledigt. Ich erzählte ihm von dem Film *My Girl* mit Macaulay Culkin, der an einem Bienenstich stirbt, nachdem er das Bienennest beschädigt hat. Keiner von ihnen hatte den Film je gesehen. Vielleicht sollte man lieber mit diesem Film anfangen, und nicht dem zweiten Teil von *Stirb langsam*.

Luis' Onkel schnappte sich das Nest, und wie sie es vorausgesagt hatten, war es mittlerweile leer. Dann sollte ich ein bisschen Wespenhonig probieren. Der Honig schmeckte wirklich gut. Das Nest nahmen wir mit zurück in die Hütte, wo die Familie es komplett auseinandernahm: Luis' Onkel, zwei dicke Frauen, eine Oma und ungefähr fünf Kinder – alle in ein und derselben Hütte. Außerdem musste ich einen Tortillawrap mit Wespenlarven probieren. Was in aller Welt tue ich hier eigentlich? Bevor ich nach Mexiko kam, hatte ich nie das Bedürfnis, Insekten zu essen, und jetzt futtere ich sie schon, noch ehe sie überhaupt das Licht der Welt erblicken.

Im Gegenzug bot ich ihnen mein Knabberzeug und ein KitKat an. Es schien ihnen zu schmecken. Irgendwie glaube ich, dass sie den besseren Deal gemacht haben.

Später meinte Luis, wir sollten in einem Cenote schwimmen gehen. Ein Cenote ist ein riesiges Loch, bis zu fünfzig Meter tief, das entsteht, wenn eine Höhle einstürzt und mit Wasser vollgelaufen ist. Ich bin eigentlich kein großer Schwimmer, aber ich dachte mir, wenn ich mitginge, würde ich wenigstens nicht Gefahr laufen, ein Kakerlakensorbet – oder was auch immer sie unter irgendeinem Stein finden würden – zum Nachtisch essen zu müssen.

Heute war ein guter Tag.

FREITAG, DEN 9. APRIL

Wir sind heute früh aufgestanden, um das Wunder zu besichtigen. Jamie wollte vor all den anderen Touristen dort sein. Das Problem war nur, dass wir rein gar nichts sehen konnten, weil es noch stockfinster war.

Wir wanderten ungefähr eine halbe Stunde in der Dunkelheit umher und suchten also dieses Chichén Itzá und fanden es schließlich auch, als die Sonne endlich aufging. Ich hätte ebenso gut ausschlafen können. Heute hatte ich keinen Fremdenführer, weil Jamie und Barney der Ansicht waren, ich könnte mir sämtliche Infos, die ich benötigte, genauso gut per Audioguide über Kopfhörer aneignen.

Dieses Chichén Itzá ist schon komisch. Der Ort wurde von den alten Maya errichtet und diente ihnen als Opferstätte. (Auf Englisch heißt »Opfer« »Sacrifice«. Elton John hatte mal einen Hit mit diesem Titel. Vielleicht ist er deshalb hier aufgetreten.) Sie rissen ihren Menschenopfern die Herzen aus dem Leib und schnitten ihnen die Köpfe ab. Nicht gerade ein Vergnügungspark ... Das Ganze als Touristenattraktion zu deklarieren, finde ich schon merkwürdig. Genauso gut könnte man das Haus des englischen Serienmörders Fred West zum Museum umfunktionieren, wenn es das ist, was die Leute interessiert. Und wenn man bedenkt, dass die Maya heutzutage in Hütten aus Bambus und Stroh leben, scheint es mir schon ein bisschen übertrieben zu sein, dass sie damals diese riesige, massive Anlage gebaut haben, nur um Köpfe abzuschlagen.

Chichén Itzá ist mehr oder weniger eine Pyramide mit vier Seiten, an denen Treppen zu einer Art Bungalow an der Spitze hinaufführen. Wenn ich länger darüber nachdenke, führen all diese Treppenstufen das Konzept eines Bungalows natürlich irgendwie ad absurdum.

Ich habe versucht, mir vorzustellen, wie so ein Opfertag hier vonstattengegangen sein muss. Ich nehme an, weil sie nicht viel anderes zu tun hatten, sind die Leute in Massen herbeigeströmt. Der Audioguide hat leider nicht verraten, wie genau dieses Kopfabschlagen abgelaufen ist, aber ich stelle es mir so vor: Am Fuß der Pyramide versammeln sich die Zuschauer. Ganz oben an der Spitze der Pyramide wird das Opfer geköpft, und der Kopf kullert dann an einer Seite die Stufen hinunter. Das macht es für die Zuschauer womöglich sogar noch spannender: Haben sie die richtige Seite der Pyramide für ihren Beobachterposten gewählt? Eine Art Murmelbahn wäre für dieses Spektakel noch besser geeignet gewesen. So hätte jeder Besucher von jeder Position aus eine gute Sicht auf den kullernden Kopf gehabt.

Ungefähr um 8 Uhr kamen die ersten Touristen auf das Gelände. Mir fielen ein paar Fremdenführer auf, die ihre Reisegruppen dazu animierten, vor der Pyramide in die Hände zu klatschen. Das Resultat war ein eigenartiges Echo, das ich erst für Zufall hielt, aber einer der Reiseführer erklärte, dass dies gewollt sei. Die Pyramide sei genau so konstruiert worden, weil das Echo dem Ruf des heiligen Vogels der Maya, des Quetzals, ähnele.

Leider hörte von diesem Augenblick an das Klatschen nicht mehr auf. Kein Wunder, dass Elton John hier auftreten wollte. Es ist wahrscheinlich der einzige Ort auf der ganzen Welt, an dem er diesen *König-der-Löwen*-Song »Circle of Life« spielen kann und dafür Applaus erntet.

Ich kehrte den anderen Touristen den Rücken und entdeckte bei meinem kleinen Spaziergang ein weiteres Cenote, wie das, in dem ich gestern schwimmen war. Dem Audioguide zufolge stellten die Cenotes den wichtigsten Wasserlieferanten für die Maya dar. Eine Theorie zu ihrer Entstehung besagt, dass vor Millionen von Jahren Meteoriten die Erde getroffen hätten. Offenbar haben sie in diesen Cenotes ebenfalls Menschen geopfert.

Während ich mir das Wasserloch ansah, bemerkte ich, dass es um mich herum von Eidechsen nur so wimmelte. Und zwar von großen. Ich fütterte eine von ihnen mit einem Stück Keks. Es schien ihr zu schmecken. Am Ende verputzte sie zwei ganze Kekse.

Da fiel es mir plötzlich wie Schuppen von den Augen: Ich hatte auf dieser Reise die Rolle mit einer Eidechse getauscht. Diese Eidechse hier aß meine Kekse, während ich mich stattdessen von Grillen, Würmern und Wespenlarven ernährte. Wahrscheinlich haben die Maya nie in ihrem Leben Kekse gegessen. Diese Eidechse jedoch hatte jetzt das Vergnügen gehabt.

Später im Hotel entdeckte ich, dass das Zimmermädchen das angebissene Milky Way auf dem Beistelltisch liegen gelassen hatte. Ich fühlte mich wie ein kleines Kind, das zum wiederholten Mal beim Klauen erwischt wird. Na super, dachte ich, das hat sie also entdeckt. Aber einen ordentlichen Handtuchschwan kriegt sie nicht hin.

Ich erwähnte Jamie gegenüber, dass der Sender womöglich ungefähr zwei Pfund extra für einen Bissen Schokolade würde zahlen müssen. Er meinte, das könne sich Sky sicher leisten.

SAMSTAG, DEN 10. APRIL

Heute war Abreisetag. Wir mussten erst nach Dallas fliegen, um dort umzusteigen. Statt am Flughafen Zeit totzuschlagen, beschloss ich, im Duty-free-Laden ein Mitbringsel für Suzanne zu kaufen. Es dauerte nicht lange, bis ich mir wünschte, ich hätte die Idee nicht gehabt. Es war eine einzige Tortur. Die Sicherheitsbestimmungen verlangten nämlich, die kleine Parfümschachtel in eine größere zu stecken, die etwa viermal so groß war, und diese wiederum musste ich dann aufgeben, weil ich keine Flüssigkeit mit in den Flieger nehmen durfte. Fast hätte ich den Anschlussflug verpasst. Und Suzanne sah enttäuscht aus, als sie die Schachtel öffnete. Ich nehme mal an, angesichts der Größe der Kiste hatte sie ein größeres, besseres Geschenk erwartet.

Gegoogelt. Afrikanische Bienen können wirklich Menschen töten.

KAPITEL 5
DIE CHINESISCHE MAUER

»DORT IM DUNST, RIESIG, MAJESTÄTISCH, SCHWEIGEND UND SCHRECKLICH, STAND DIE CHINESISCHE MAUER. ... FURCHTLOS GING SIE AUF IHRE NIE ENDENDE REISE, MEILE AUF MEILE, ZU DEN ENTFERNTESTEN REGIONEN ASIENS, IN GÄNZLICHER EINSAMKEIT, GEHEIMNISVOLL WIE DAS GROSSE REICH, DAS SIE BEWACHTE.«

W. SOMERSET MAUGHAM

»SIE WAR TOTAL BESCHÄDIGT, UND ZWAR SO SEHR, DASS SIE NICHT MEHR ALS MAUER ERKENNBAR WAR. ICH KANN MICH DARAN ERINNERN, MAL GEHÖRT ZU HABEN, DASS MAN DIE CHINESISCHE MAUER ANGEBLICH VOM MOND AUS SEHEN KANN, ABER DAS IST GARANTIERT BLÖDSINN, WEIL ICH SOGAR SCHWIERIGKEITEN HATTE, SIE ZU ERKENNEN, ALS ICH DIREKT DANEBENSTAND.«

KARL PILKINGTON

SAMSTAG, DEN 17. APRIL

Das Merkwürdige an China ist, dass sie dort Dinge gern anders machen. Sogar so etwas Simples wie Lesen läuft hier anders als bei uns. Sie lesen Bücher von oben nach unten und dann wieder zurück nach oben. Es sieht aus, als würden sie all das, was sie gerade lesen, zustimmend abnicken. Und auch ihr Essen sieht anders aus. Auf dem Weg zur Arbeit bin ich früher immer durch Chinatown gelaufen, und das Nahrungsmittel, das ich am häufigsten in den Restaurantauslagen sehen konnte, waren leuchtend rote Hühner. Keine Ahnung, ob sie diese Hühner irgendwie komisch zubereitet haben oder ob sie dort einfach nur so lange gehangen hatten, dass sie einen Sonnenbrand bekommen hatten.

Ich esse eigentlich ganz gerne chinesisch. Einmal im Monat. Die Vorstellung, eine ganze Woche lang jeden Tag chinesisch essen zu müssen, behagt mir ganz und gar nicht. In China schienen sie obendrein alles, aber wirklich alles zu essen, was sich fortbewegt. Als ich noch jünger war, gab es dieses Gerücht, in China äßen sie Hunde. Nachdem Small Terrance den Imbiss bei uns im Viertel übernommen hatte und neben Fish and Chips auch Chinesisch anbot, fingen die Leute an, ihn für ihre verschwundenen Haustiere verantwortlich zu machen.

Ricky und Steve meinen ja, ich solle alles essen, was die Einheimischen auch essen, aber ich kann den Sinn darin auf lange Sicht nicht erkennen. Wenn die Einheimischen zum Beispiel Kröten essen, und ich probiere eine und finde sie lecker, werde ich daheim in London wohl kaum irgendeinen Metzger finden, bei dem ich Kröte kaufen kann. Warum sollte ich also riskieren, auf den Geschmack zu kommen?

Mit China verbinde ich außerdem verrückte Erfindungen und Technologien. Ich habe zu Hause ein Buch über eigentümliche chinesische Erfindungen. Ich kann mich noch daran erinnern, dass ich darin einmal einen Hut mit einem Klorollenhalter an der Krempe gesehen habe und Mini-Wischmopps für Katzenpfoten. Die kann man den Katzen überziehen, und wenn sie in der Küche herumschleichen und darauf warten, gefüttert zu werden, putzen sie gleichzeitig den Küchenboden.

Der Grund, warum ich hier bin, ist die Chinesische Mauer. Ich freue mich nicht darauf. Ich habe immer schon ein Problem damit gehabt, Dinge zu mögen, die ich unbedingt mögen soll. Genau das war auch das Problem mit den anderen Weltwundern, die ich bisher besichtigt habe. Allein die Tatsache, dass diese Mauer auf Englisch »The Great Wall« genannt wird, stört mich. Ich will selbst entscheiden, ob ich sie »großartig« finde oder nicht. Womöglich ist sie am Ende in meinen Augen nur eine »mittelprächtige« Mauer.

Die Chinesen selbst sollen freundlich sein. Ich weiß nicht, warum sie diesen Ruf haben. Ich weiß nicht mehr, ob ich das mal irgendwo gelesen habe oder ob es mir jemand erzählt hat oder ob ich das einfach nur annehme, weil zumindest all die Chinesen, denen ich bislang in meinem Leben begegnet bin, freundlich waren. Was mich noch mehr an dieser »Great Wall« zweifeln lässt. Ich habe so eine Ahnung, dass die Chinesen sie selbst dann als großartig bezeichnen würden, wenn sie totaler Bockmist wäre. Ich werde es schon bald herausfinden.

SAMSTAG, DEN 24./SONNTAG, DEN 25. APRIL

Der Flug dauerte eine Ewigkeit. Aus dem Fenster konnte ich erst die Sonne, dann den Mond und dann wieder die Sonne sehen. Allerdings bin ich wirklich froh, dass ich während des Flugs die Sonne so oft sehen konnte. Es scheint nämlich, als würde ich sie hier in China nicht allzu oft zu Gesicht bekommen. Die Luft ist einfach zu dreckig. Als wir landeten, war der Himmel trüb und dunstig und grau. Außerdem war es total kalt. Zuallererst musste ich meine dicke Jacke aus dem Koffer holen. Dass es auf dieser Reise heiß hergehen wird, ist wohl eher unwahrscheinlich.

Vom Flughafen aus wurden wir in die Innenstadt von Peking gefahren und irgendwo abgesetzt. Mein Producer, Krish, meinte, von hier aus solle ich mein Hotel selbst finden, indem ich Einheimische nach dem Weg frage. Na klasse! Ich sprach etwa fünfzehn Passanten an, und nicht ein Einziger von ihnen konnte Englisch. Einem alten Mann hielt ich den Zettel mit dem Hotelnamen hin. Er nahm mich tatsächlich am Arm und setzte sich in Bewegung. Zuerst dachte ich, er wüsste, wo das Hotel lag, aber er führte mich nur zu einem Hocker, drückte mich darauf und fing an, meinen Rücken mit den Fäusten zu bearbeiten. Er war Masseur. Er war bestimmt schon weit über achtzig, aber seine Hände hatten immer noch eine enorme Kraft. Ich bin noch nie von so einem alten Menschen berührt worden. Anderseits – ob er wirklich so alt war? Ich bin immer schon der Ansicht gewesen, dass Chinesen nicht normal altern. Bis ungefähr fünfunddreißig sehen sie fit und gut aus, und quasi über Nacht werden sie alt. Ich habe mich irgendwann schon mal mit Ricky darüber unterhalten. Ich hab ihm damals gesagt, dass sie über Nacht schrumpelig werden, genau wie Birnen, aber er hat nicht verstanden, was ich damit meinte.

Der Kerl, der meinen Rücken bearbeitete, war möglicherweise also erst achtunddreißig Jahre alt. Was weiß ich.

Normalerweise hört man während einer Massage Panflötenmusik oder Walgesänge von einer CD, aber in Peking waren die einzigen Geräusch, die ich hörte, Räuspern und Spucken. Auszuspucken scheint hier nicht als unhöflich oder unverschämt empfunden zu werden. Jeder macht es.

Irgendwann traf ich eine junge Frau, die den Text auf meinem Zettel für einen Rikschafahrer übersetzen konnte.

Das Hotel macht einen ganz anständigen Eindruck, auch wenn mein Zimmer winzig ist. Es gibt einen Wasserkocher und Teebeutel, und daneben steht ein Goldfischglas mit zwei Goldfischen. Ich bin mir nicht sicher, ob sie mir Gesellschaft leisten oder einen Snack darstellen sollen. Außerdem hängt ein Käfig mit einem Wellensittich vor meinem Fenster. Ich glaube, hier werde ich mich wohlfühlen.

Ich vertilgte eine Tüte Kartoffelchips, die ich von zu Hause mitgebracht hatte. Anschließend spazierten wir zu einem alten Markt. Der Geruch war fast der gleiche wie in den chinesischen Vierteln von Manchester und London – es roch irgendwie süßsauer. Das Erste, was mir auffiel, war ein Mann, der an einer Straßenecke vor ein paar Plastikbottichen voller großer Welse und Aale kniete. Als ich mir die Viecher ansehen wollte, zog er noch drei Plastiktüten hervor. Eine davon quoll über von Kröten. Zuerst dachte ich, sie wären alle tot, weil da keinerlei Bewegung mehr in der Tüte war, aber dann versuchte eine der bestimmt achtzig Kröten zu fliehen. Der Mann schnappte sie sich in der Luft und schnitt ihr den Kopf ab. Dann machte er mit dem Rest aus der Tüte genauso weiter – das absolute Krötenmassaker! Und das nur, weil eine von ihnen einen Fluchtversuch gewagt hatte. Nach und nach wurde jede einzelne Kröte erst geköpft und dann skalpiert, und der Mann warf das Fleisch in eine und die Haut in eine andere Tüte. Innerhalb von Sekunden waren die quietschlebendigen Kröten aus Tüte eins tot, gehäutet und auf die Tüten zwei und drei verteilt. Mir war nicht sehr wohl, als ich ihm bei der Arbeit zusah, aber er war beeindruckend schnell und schien zu wissen, was er tat. Die Klingen seiner Schere durchtrennten mit einem einzigen Schnitt die Krötenkehlen. Es war eine ganz normale Haushaltsschere, wie auch ich sie daheim habe: eine, mit der man Geschenkband und Geschenkpapier und Tesafilm abschneiden kann ... und Krötenköpfe. Zudem schien er ein echter Experte in Sachen Hautabziehen zu sein. Und er wollte uns sein spezielles Talent offenbar auch nur zu gern demonstrieren. Wahrscheinlich hätte er es sogar mit verbundenen Augen tun können – wie diese Soldaten, die trotz Augenbinde ein Maschinengewehr zusammensetzen können.

Dann tauchten auf einmal ein paar Polizisten auf, und Krish schlug vor, lieber weiterzugehen, weil wir für diese Gegend keine Dreherlaubnis hatten. Anscheinend sind sie hier ziemlich streng, was das Bild Chinas nach außen angeht, und wir wollten nicht, dass sie uns das Filmmaterial abnahmen. Also zogen wir weiter zum neueren Teil des Marktes. Hier sahen die Stände und Auslagen schon viel mehr aus wie daheim – allerdings nur auf den ersten oberflächlichen Blick. Als ich nämlich genauer hinsah, erkannte ich, dass Insekten verkauft wurden. Endlose Reihen von Ungeziefer am Spieß. Riesige schwarze Skorpione, Schlangen, Würmer und Heuschrecken – alle sorgfältig aufgereiht, als würden sie vor Noahs Arche Schlange stehen. Diverse Leute hatten mir von chinesischem Street Food erzählt, aber ich hätte mir nie träumen lassen, dass »Street Food« hieß zu essen, was normalerweise auf der Straße herumkriecht. Die meisten Tiere waren in irgendein Öl getunkt, damit sie appetitlicher wirkten. Eine Eidechse sah allerdings so aus, als hätte sie jemand zerquetscht unter einem Betonklotz gefunden und ihr dann einfach einen Holzspieß in den Hintern gesteckt. Allmählich kommt mir der Verdacht, dieser Kinderreim, in dem eine alte Dame eine Fliege und eine Spinne und einen Vogel verschluckt, könnte in Wahrheit ein chinesisches Volkslied sein. Zumindest scheint dieses Getier hierzulande ein Grundnahrungsmittel zu sein.

Unser Fahrer gönnte sich eine kleine Auszeit und ein paar angebrütete Eier als Snack. Diese Eier sehen widerwärtig aus. Bevor ich hier angekommen bin, habe ich immer behauptet, dass die Chinesen alles essen, was sich bewegt. Inzwischen weiß ich, dass sie sogar Dinge essen, die noch nicht einmal den Hauch einer Chance hatten, sich je bewegen zu können. Warum sie nicht einfach warten, bis die Eier ausgebrütet sind, und dann die fertige Ente essen, ist mir schleierhaft. Da könnten sie ja genauso gut Entensperma essen, das ginge noch schneller. Ich hab auch mal gehört, dass sie hier hundert Jahre alte Eier essen, aber ich glaube ehrlich gestanden nicht, dass hier irgendetwas so alt werden kann, ohne vorher längst verputzt worden zu sein.

Als wir ins Hotel zurückkehrten, aß ich fünf Twix-Riegel und die zweite Tüte Kartoffelchips. Ich hätte mehr davon mitnehmen sollen.

MONTAG, DEN 26. APRIL

Ich habe nicht gut geschlafen. Der Türöffner-Summer des Haupteingangs des Hotels befindet sich genau neben meiner Zimmertür und klingt wie die Alarmanlage eines Autos. Außerdem reißen sie vor dem Hotel die Straße auf, was dem Wellensittich auf den Zeiger gegangen sein muss, denn er hat eine geschlagene halbe Stunde lang ununterbrochen vor sich hin krakeelt. Ich weiß nicht, wie er das aushält. Es ist lausig kalt dort draußen. Ich hab meine Nachrichten gecheckt: Meine Mutter hat mir geschrieben und gefragt, ob bei mir alles in Ordnung sei und ob ich die Terrakotta-Armee besichtigen werde. Sie hat im Fernsehen einen Bericht darüber gesehen, und die Figuren sahen wohl ziemlich beeindruckend aus. Apropos Terrakotta-Armee: Dad hatte ihre Gartenzwerge neu bemalt, wovon sie mir ein Foto angehängt hat. Suzanne hat mir auch eine Nachricht geschickt, um mir Gute Nacht zu sagen. Angesichts der Zeitverschiebung wird es schwierig werden, mit meinen Leuten daheim zu reden. Es sind sieben Stunden Unterschied.

Als ich gerade wieder dabei war einzunicken, kam Krish und weckte mich, um mir zu erzählen, dass Steve mir auf die Mailbox gesprochen habe. Die Mailbox hatte ich natürlich nicht abgerufen, das ist mir zu teuer, aber Krish meinte, ich müsse die Nachricht unbedingt abhören, um zu erfahren, was mir heute bevorsteht.

> STEPHEN: Hi, Karl, ich bin's, Stephen. Hör mal, ich hab dir für heute eine kleine Überraschung organisiert. Ich weiß ja, dass dich Dinge faszinieren, die anders sind, merkwürdig, übersinnlich, und in China ist die Wahrsagerei ein wichtiger Teil der Kultur. Wir haben einen Wahrsager aufgetrieben, den du heute treffen sollst. Lass dir ein paar Sachen vorhersagen, Kumpel. Viel Spaß!

Ich war nicht sehr begeistert. Ich will gar nicht wissen, wie der Rest meines Lebens verlaufen wird, denn selbst wenn das, was der Wahrsager mir erzählt, der allergrößte Mist sein sollte, werde ich es trotzdem mit mir herumschleppen, und es wird mich daran hindern, mein Leben unbeschwert weiterzuführen. Das Beste am Leben sind doch schließlich die unerwarteten Dinge, und heutzutage gibt es doch ohnehin immer weniger, was uns noch überraschen kann. Ich meine, selbst morgens aufzustehen und die Vorhänge aufzuziehen und zu sehen, wie das Wetter draußen ist, könnte doch eine nette Überraschung sein, aber John Cravens *Countryfile* und diese blöde Fünf-Tages-Wettervorhersage haben dem Ganzen den Garaus gemacht. Der einzige Vorteil an der ganzen in-die-Zukunft-schauen-Sache wäre gewesen, wenn wir im Vorfeld erfahren hätten, dass vor unserem Hotel eine Baustelle sein würde. Denn dann hätten wir noch ein anderes buchen können.

Irgendwann stand ich auf und hatte ein hart gekochtes Ei und komisches Brot zum Frühstück und ging dann den Wahrsager besuchen.

Sein Laden sah nicht gerade mystisch aus. Er lag an einer zweispurigen Schnellstraße zwischen einer Autowaschanlage und einem Wohnblock. Und es stellte sich heraus, dass er kein Wort Englisch sprach. Wir mussten uns also mit einer Dolmetscherin behelfen. Nachdem der Wahrsager sich nach meinem Geburtstag und der genauen Zeit meiner Geburt erkundigt hatte, legte er los.

»Dein Haus ist an der Südseite sehr niedrig, stimmt das?«, fragte die Dolmetscherin an seiner Stelle.

»Öh, niedrig? Ja, klar. Wir wohnen im Erdgeschoss. Es ist also ziemlich weit unten, ja, stimmt.«

Mr. Sow, der Wahrsager, sagte etwas auf Chinesisch.

Die Dolmetscherin übersetzte: »Sie müssen auf Ihre Gesundheit achten. Sie haben ein Problem mit dem Herzen.«

»Was? Was denn für ein Herzproblem?«

»Etwas mit dem Herzen, mit den Adern, Sie müssen wirklich auf sich Acht geben.«

»Komisch. Mein Vater hatte auch Herzprobleme. Angeblich ist es erblich.«

»Seien Sie sehr vorsichtig, wenn Sie ein Problem haben. Höchstwahrscheinlich hat es mit dem Herzen zu tun.«

»Sterbe ich daran? Hat er Ihnen das gesagt? Dass ich an diesem Herzproblem krepieren werde?«

»Neunzig Prozent.«

»Neunzig Prozent?!«

»Aber vielleicht können wir etwas daran ändern.«

»Gut, das klingt doch schon besser.«

»Tun Sie viele gute Dinge. Führen Sie ein besseres Leben.«

»Äh, wie b... Ich soll Gutes tun? Gute Dinge tun, Leuten helfen oder was? Das mache ich doch längst! Ich tue schon jede Menge Gutes! Sagen Sie ihm, ich spende regelmäßig für *Tools For Africa* – vier Pfund im Monat –, und *Help the Aged* kriegt glaub ich einen Fünfer, dann die tauben Kinder und zuletzt auch noch das Rote Kreuz. Das sind vier Wohltätigkeitsorganisationen, die im Durchschnitt allesamt fünf Pfund im Monat von mir bekommen, das sind also zwanzig Pfund, die ich jeden Monat spende!«

Die Dolmetscherin sprach mit Mr. Sow, und er entgegnete: »Das ist sehr gut. Wenn Sie all das nicht täten, ginge es Ihnen viel schlechter. Sie wären viel kränker als jetzt.«

Anschließend bat er mich, drei Sünden auf verschiedene Zettel zu schreiben. Ich musste ein bisschen nachdenken, dann entschied ich mich für Folgendes:

....

1. SÜNDE: ICH HABE IM KIOSK, FÜR DEN ICH FRÜHER ZEITUNGEN AUSGETRAGEN HABE, SCHOKORIEGEL GEKLAUT. TÄGLICH EINEN, AN JEDEM EINZELNEN TAG IN DER WOCHE, UND DAS MEHR ALS ZWEI JAHRE LANG. (VIELLEICHT IST DAS DER GRUND, WARUM ICH EINES TAGES EINEN HERZINFARKT BEKOMME.)
2. SÜNDE: ICH HABE DIE BRIEFE GELESEN, DIE FÜR BRUCE (DEN VORBESITZER UNSERER WOHNUNG) KAMEN, STATT SIE AN IHN WEITERZULEITEN.
3. SÜNDE: ICH HABE ALS KIND CARL GRIMSHAW KLEBER INS HAAR GESCHMIERT. ES WAR SO VERKLEBT, DASS ER SICH DEN KOPF KAHL RASIEREN LASSEN MUSSTE. SEINE MUTTER WAR STINKSAUER AUF MICH, WEIL CARL SO EINE KOMISCHE KOPFFORM HATTE, UND DURCH DIE GLATZE WURDE DAS NOCH OFFENSICHTLICHER.

....

Mr. Sow erklärte mir, er würde jetzt eine dieser Sünden verbrennen, und ich müsste die beiden anderen auf einem Berg beziehungsweise im Meer entsorgen. Dann richteten er und seine Angestellten eine kleine Zeremonie für mich aus, was bedeutete, dass ich mit ein paar Räucherstäbchen in der Hand in der Kälte stand, während die anderen um mich herumtänzelten und das Papier anzündeten. Dieses ganze Herumstehen draußen in der Kälte kann doch für jemanden mit einem Herzproblem nicht gesund sein! Später haben wir noch ein Restaurant besucht. Ich ging auf Nummer sicher und bestellte Nudeln. Als ich wieder in meinem Hotelzimmer war, aß ich noch ein Twix.

DIENSTAG, DEN 27. APRIL

Ich war um halb fünf in der Früh wach. Der Jetlag macht mir immer noch zu schaffen. Ich trat ans Fenster und sah, dass sogar der Wellensittich noch schlief... oder womöglich das Zeitliche gesegnet hatte.

Um mir die Zeit zu vertreiben, nahm ich ein Buch zur Hand, das in meinem Hotelzimmer lag: Zitate eines gewissen Mao Zedong. Er war ein chinesischer Politiker. Er hat angeblich mal gesagt, dass unser Denken so beschränkt sei wie das eines Froschs in einem Brunnen. Der Frosch denkt, der Himmel reiche nicht über den Brunnenrand hinaus. Wenn er aus seinem Brunnen hinauskäme, würde er sehen, dass es sich ganz anders verhält.

In gewisser Weise war ich selbst so ein Frosch gewesen, bevor ich meine erste Reise für diese Fernsehserie angetreten hatte. Andererseits bin ich mir nicht sicher, ob es für den Frosch einen Wert hätte, aus dem Brunnen herauszukommen und mehr vom Himmel zu sehen. Immerhin ist es hier durch die Luftverschmutzung ziemlich düster – außerdem würde er sich hier in China in Lebensgefahr begeben, weil jemand kommen, ihn schnappen, ihm den Kopf abschneiden und ihn essen würde. Alles in allem war das also kein besonders guter Rat von Mao Zedong.

Zum Frühstück hatte ich wieder ein hart gekochtes Ei. Dann gingen wir raus auf die Straße, um ein paar Aufnahmen vom Verkehr und von den Leuten zu machen. Irgendwann musste ich aufs

MEXIKO

MEXIKO

WARUM SO EIN LANGES GESICHT?

SUZANNE HATTE RECHT MIT "BROKEBACK MOUNTAIN".

EIN TEQUILA ZU VIEL

CHINA

CHINA

MEIN WAHRSAGER

MEINE SÜNDEN GEHEN GLEICH IN RAUCH AUF.

ERST WOLLTE ICH SIE UNBEDINGT HABEN, DAN
WÜNSCHTE ICH MIR, ICH HÄTTE SIE NICHT GEKAU
WEGEN DER LUFTVERSCHMUTZUNG IN PEKIN
KANN MAN DIE SONNE OHNEHIN NICHT SEHEN

CHINA

JORDANIEN

JORDANIEN

URLAUB IN DER HÖLLE

TOP GUN

DIE NACHMEN

JORDANIEN

JORDANIEN

JORDANIEN

SCHAUT MAL, WAS SABA ALS PRÄMIE FÜR
SEINE TREUEHERZEN BEKOMMEN HAT.

MR. MOHAMMED

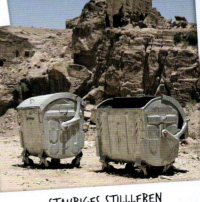

STAUBIGES STILLLEBEN

PERU

PERU

WILDER IST GESPANNT, WIE MIR DER WURM SCHMECKT.

SAG'S MIT BLUMEN

MEIN THRON IM DSCHUNGEL

PERU

WER-ZUERST-ZWINKERT-
WELTMEISTERSCHAFT

WENN SIE HIER SUDOKUS HÄTTEN,
WÜRDE SO ETWAS NICHT PASSIEREN.

DAS FAULTIER WAR GENAUSO SCHNELL,
WIE ES AUF DIESEM FOTO AUSSIEHT.

SIEBEN ZU NULL FÜR MICH

Klo. Ich suchte also die nächstbeste Toilette auf und sah mich zwei Kerlen gegenüber, die auf ihren Schüsseln hockten. Die Klokabinen hatten keine Türen.

Einer der beiden zwinkerte mir zu. Zuerst dachte ich, er strengte sich womöglich gerade mächtig an, aber dann erkannte ich ihn wieder als einen der Köche vom Vorabend. Der andere schnatterte in sein Handy. Wahrscheinlich nahm er gerade eine Bestellung für seinen Asia-Imbiss entgegen. Ich trat den Rückzug an. Draußen berichtete ich Krish von meinem Dilemma. Ich hatte immer schon Probleme mit diesen Loch-im-Boden-Klos. Genau genommen ist es nicht das Loch im Boden. Es ist das Fehlen einer Tür. Man sollte meinen, dass ein Volk, das die Chinesische Mauer errichten konnte, auch ein Stück MDF besorgen, Scharniere dranschrauben und eine Tür daraus basteln könnte. Abgesehen davon hatte es dort weder ein Waschbecken noch Klopapier gegeben. Ich frage mich, ob ich irgendwo diesen Hut mit Klorollenhalter kaufen kann, den ich in meinem Buch über Erfindungen gesehen habe.

Während die anderen weiter Filmaufnahmen machten, betrat ich eine Markthalle in der Nähe. Der Raum quoll über von billigen, gefälschten Markenklamotten, DVDs, Handys, Uhren und Schuhen. Ich erstand einen Handyhalter, eine Jacke und eine DVD, die ich mir in meinem Hotelzimmer ansehen wollte, weil sie dort keine englischen Fernsehsender hatten. Eigentlich wollte ich mir auch noch was zu essen kaufen, aber selbst in dieser Markthalle, die einzig und allein für Touristen bestimmt war, gab es nur eigenartige Nahrungsmittel. Beispielsweise gab es überall eine Art Blutkuchen – in unglaublichen Größen. Diese Blutklumpen sollten nicht das Wort »Kuchen« im Namen tragen dürfen. Aber egal – ich war sowieso nicht versessen darauf. Ich fuhr mit den anderen wieder zurück. Auf der Fahrt furzte der Fahrer zwei Mal. Es schien ihm nicht im Geringsten peinlich zu sein. Als wir wieder im Hotel waren, meinten die anderen, die Jacke, die ich gekauft hatte, sehe ganz okay aus, sei aber bestimmt nicht wasserdicht.

In dem Restaurant an der Ecke bestellte ich wieder Nudeln, und Krish erzählte mir, dass wir am nächsten Tag die Mauer besichtigen würden.

Bevor ich schlafen ging, sah ich mir noch die DVD an. Es war offensichtlich eine Raubkopie, und die Qualität war wirklich schlecht. Und auch der Film war nicht gerade gut – er war per Camcorder in einem Kino abgefilmt worden. Nach ungefähr fünfunddreißig Minuten war ein Typ zu sehen, der aufstand und das Kino verließ. Er fand den Film wohl auch nicht toll.

Wahrscheinlich haben sie recht, und die Jacke ist nicht wasserdicht.

MITTWOCH, DEN 28. APRIL

Heute bin ich wieder früh aufgestanden, sodass ich mit Suzanne telefonieren konnte, bevor sie schlafen ging. Ich erzählte ihr, dass ich unterwegs sei zur Chinesischen Mauer und dass mir diese Weltwunder allmählich gehörig auf die Nerven gingen, aber sie war der Meinung, dass das doch gerade das Sahnehäubchen auf diesen Reisen wäre. Die Sache ist allerdings die... Ich mag keine Sahne. Ganz oft kratze ich sie vom Kuchen. Sahne ist nur da, damit irgendwas leckerer aussieht, und sie ist dann trotzdem nicht das Leckerste daran. Und genauso fühlen sich diese Weltwunder an: Sie sind zwar der Grund, warum ich in all diese Länder fahre. Aber sie sind nie das Beste an der jeweiligen Reise. Ich hab zum Beispiel auch nie Hochzeitstorten gemocht – da ist mir zu viel Sahne drauf. Andererseits sieht eine Hochzeitstorte ohne Sahne vermutlich grässlich aus, denn was bleibt, ist bloß ein langweiliger, schrecklich trockener Biskuitboden. Die Sahne verdeckt das ganze Elend. Und genauso ist es mit den Weltwundern. Sie sind einzig und allein dazu da, Leute anzulocken, die ansonsten diese Länder im Leben nicht bereisen würden.

Vielleicht würde ja sogar Blutkuchen mit Sahne appetitlich aussehen.

Wir aßen wie immer hart gekochte Eier zum Frühstück und machten uns dann auf dem Weg zu unserem Reisebus. Ricky und Steve hatten die Fahrt per Bus organisiert, damit ich unterwegs noch ein paar Dinge über die Mauer erfahren würde.

An unserem Treffpunkt standen mindestens fünfzig Reisebusse, die zur Chinesischen Mauer aufbrechen sollten. Nachdem ich ein bisschen herumgefragt hatte, fand ich den, mit dem wir unterwegs sein würden. Mit gut fünfzig Passagieren war der Bus ganz schön voll. Und zwar mit gut fünfzig chinesischen Passagieren. Dann stieg der Reiseleiter ein. Und zwar der chinesische Reiseleiter. Er schaltete das Mikrofon ein und begann zu erzählen. Auf Chinesisch. Großartig.

Ich hatte natürlich keinen blassen Schimmer, worum es ging, also starrte ich nur vor mich hin und versuchte, die Fahrt zu genießen. Die anderen Mitfahrer waren schon alle ziemlich alt; aber vielleicht hab ich ja doch recht, und sie altern einfach nur über Nacht. Der Durchschnittspassagier sah jedenfalls aus, als wäre er um die siebzig. Ich verstehe überhaupt nicht, warum all diese alten Chinesen noch nie in ihrem Leben die Chinesische Mauer gesehen haben. Vielleicht ist sie ja doch nicht so toll, wie es überall heißt. Wenn diese Chinesen so lange damit gewartet haben, sie zu besichtigen, muss das ja schließlich irgendwas bedeuten, oder?

Im Grunde spielte es keine Rolle, dass ich den chinesischen Reiseleiter nicht verstehen konnte, weil ich ihn angesichts all des Röchelns und Räusperns im Bus ohnehin nicht hätte hören können. Röcheln und Räuspern muss die gleiche Wirkung haben wie

Gähnen. Wenn einer damit anfängt, machen es ihm alle nach. Ich saß neben einer alten Frau, die aussah, als könne sie kein Wässerchen trüben... wahrscheinlich weil sie alles, was je ein Wässerchen hätte trüben können, zuvor schon rausgehustet hatte. Minütlich rotzte sie etwas hoch und spuckte es dann in eine Tüte, die sie mitgebracht hatte. Ich konnte es kaum erwarten, endlich bei der Mauer anzukommen. Vermutlich kann ich mithilfe all der Spucke, die hier durch die Luft fliegt, sogar herausfinden, ob meine neue Jacke wasserfest ist oder nicht.

Irgendwann fuhren wir endlich auf einen riesigen Parkplatz, der von ein paar Verkaufsbuden gesäumt war. Dort gab es chinesische Hütchen für Touristen, Wollmützen, Halstücher, Kühlschrankmagnete und Souvenirteller. Weil es kalt war, kaufte ich mir eine Wollmütze, und stellte mich dann ans Ende der gigantisch langen Schlange derer, die die Mauer besichtigen wollten.

Als ich das Eingangstor passiert hatte, sah ich die Mauer – und zwar meilenweit. Sie sah aus wie eine endlos lange Schlange, die sich hinauf ins Gebirge schlängelte. Ich war wirklich beeindruckt. Ich wäre gerne stehen geblieben, um mir das Ganze ein bisschen länger anzusehen, aber der Reiseleiter schrie mich an, ich solle mich in Bewegung setzen. Ich sagte zu Krish, dass wir die Mauer doch genauso gut alleine entlanggehen könnten. Immerhin würden wir von einem Reiseleiter, der nur Chinesisch sprach, ohnehin nichts erfahren. Er stimmte mir zu.

Wir fanden einen Teil Mauer, der nicht von allzu vielen Besuchern belagert wurde. Ich betrachtete sie genauer. Sie sah verhältnismäßig neu aus. Ich versuchte zu begreifen, weshalb immer so ein Trubel um diese Mauer gemacht wurde, aber es fiel mir schwer, weil ich ja so gut wie gar nichts darüber wusste. Krish reichte mir seinen China-Reiseführer, in dem der Chinesischen Mauer ein Kapitel gewidmet war. Darin stand unter anderem, dass die Mauer in den 1950ern und dann noch mal in den 80ern nach allen Regeln der Kunst saniert worden sei. Darf sie denn überhaupt noch als Weltwunder gelten, wenn sie doch gar nicht mehr original ist? Wenn in Indien das Tadsch Mahal inzwischen zu einem niegelnagelneuen Gebäude mit Doppelgarage und einer kiesbestreuten Auffahrt umfunktioniert worden wäre, würden sie es ja auch nicht mehr als Tadsch Mahal anpreisen. Wie kommt diese Mauer also damit davon? Ist denn verdammt noch mal alles Fake in diesem Land? Erst die Jacke, dann die DVD und jetzt auch noch die Mauer.

Ich hatte die Nase voll und wollte gehen. Da bekam ich eine neue Nachricht aufs Handy.

> **STEPHEN**: Hi, Kumpel, hier ist Steve Merchant. Wie geht's, wie steht's? Ich hab gehört, heute stand die Chinesische Mauer auf dem Programm. Die *große* Mauer! Ich denke mal, die hat dir gut gefallen. Schließlich ist sie wirklich beeindruckend! Und ich weiß, dass du ein begeisterter Heimwerker bist und dich dafür interessierst, wie diese Mauer errichtet wurde, also haben Ricky und ich uns überlegt, dass du mehr davon sehen solltest. Genauer gesagt haben wir uns darüber unterhalten und sind zu dem Schluss gekommen, dass du sie in voller Länge sehen solltest. Vom ersten bis zum allerletzten Meter. Du reist die gesamte Strecke entlang. Genieß es! Bis dann!

Ich wollte keinen weiteren Meter von dieser Mauer sehen, aber Krish versicherte mir, es würde sich wirklich lohnen, weil ich unterwegs ganz viele verschiedene Landesteile durchqueren würde.

Wir übernachten heute woanders. In einem Haus mitten im Nirgendwo. Auf den ersten Blick wirkte es recht neu, aber bei genauerem Hinsehen entpuppte es sich als eine einzige Bruchbude. Die Eingangstür schloss nicht richtig, es war kalt und zugig, und in meinem Zimmer müffelte es. Es gibt zwar ein paar Teebeutel, aber keine Milch.

DONNERSTAG, DEN 29. APRIL

Heute hab ich ziemlich weit oben in den Bergen einen echten, alten Abschnitt der Chinesischen Mauer besichtigt. Sie war total beschädigt, und zwar so sehr, dass sie nicht mehr als Mauer erkennbar war. Ich kann mich daran erinnern, mal gehört zu haben, dass man die Chinesische Mauer angeblich vom Mond aus sehen kann, aber das ist garantiert Blödsinn, weil ich sogar Schwierigkeiten hatte, sie zu erkennen, als ich direkt daneben stand.

Ich weiß einfach nicht, was es braucht, damit ich zufrieden bin. Ich mochte die brandneue Mauer nicht, und dieses alte Teil hat mich auch nicht gerade vom Hocker gerissen. Ich bin wirklich noch schwieriger zufriedenzustellen als Goldlöckchen. Aber immerhin war dieser Ausflug nicht völlig für die Katz. Auf dem Berg bin ich nämlich eine meiner Sünden losgeworden.

Von dort aus sind wir zu einem kleinen Dorf gefahren, wo wir aussteigen und ein bisschen spazieren gehen wollten. Ich kam an einem Haus vorbei, vor dem ein Mann herumwerkelte. Ich konnte nicht so recht erkennen, woran er da arbeitete, aber ich vermutete, dass es keine Toilettentür war. Ich fragte Krish, ob ich mal nachsehen dürfte, und es stellte sich heraus, dass der Mann gerade dabei war, einen Sarg zu zimmern. Ein Riesenteil. Ich erkundigte mich, für wen der Sarg gedacht sei, und er antwortete: für die Dame des Hauses. Genau in diesem Augenblick trat die Dame an die Tür. Sie erklärte mir, dass es in China üblich sei, den eigenen Sarg in den eigenen vier Wänden herstellen zu lassen. Sie war neunundsechzig Jahre alt. Nach allem, was der Wahrsager mir erzählt hat, sollte ich mir womöglich am besten die Nummer des Sargbauers hier notieren.

Die Vorstellung, dass mein eigener Sarg in meinem Vorgarten gezimmert würde, behagt mir nicht. Da würde ich ja tagaus, tagein dran vorbeikommen. Außerdem wäre das wohl der einzige Handwerkereinsatz, bei dem man glücklich ist, wenn er nicht gerade noch rechtzeitig fertig wird. Überdies ist meine Wohnung nicht groß genug, als dass ich so ein Ding bei mir aufbewahren könnte, und wenn ich es draußen lagern wollte, bräuchte ich dafür garantiert einen Anwohnerparkausweis.

Während der Mann weiter vor sich hin arbeitete, begutachtete die Frau sein Werk, als würde er gerade ihr Vordach neu lackieren. »Wenn der Sarg erst mal fertig ist«, erklärte sie, »werde ich deutlich glücklicher sein. Dann weiß ich, dass das erledigt ist. Und ich weiß, in was für einem Sarg ich liegen werde, wenn ich einmal tot bin. Dann bin ich wirklich glücklich.«

Dann erzählte sie mir, dass ihr Ehemann vor zwanzig Jahren im Alter von fünfzig gestorben sei, noch ehe sein Sarg fertig war. Normalerweise lassen sie ihre Särge erst um den siebzigsten Geburtstag rum zimmern. Der Ehemann musste in einem Sarg beerdigt werden, der für seine Schwiegermutter vorgesehen gewesen war.

Wir überließen sie ihrer Arbeit und schlenderten weiter. Vor einem anderen Haus entdeckte ich noch einen Sarg. Dieser war schon fertig und schwarz gestrichen und lehnte an der Wand, bereit für denjenigen, der ihn als Nächstes brauchen würde. Wenn wir vorsorglich so einen Sarg zimmern ließen, würde meine Mutter ihn in null Komma nichts mit Nippes füllen. Sie stellt das allerkleinste Fleckchen im Handumdrehen voll mit irgendwelchem Plunder. Andererseits könnte man den Sarg aber auch genauso gut als überdimensionalen Blumenkasten benutzen, den Deckel wegstellen und die Kiste bepflanzen, bis man den Sarg eben braucht.

Während ich mich mit den Särgen beschäftigte, organisierte

Krish ein Mittagessen bei ein paar Einheimischen. Als Dankeschön für das Essen hackte ich für sie Kaminholz. Es handelte sich um eine Frau, ihren Ehemann, ein kleines Kind, und die Oma wohnte offenbar auch unter ihrem Dach. Das Kind hatte eine Hose an, deren Hintern ausgeschnitten war. Angeblich sind diese Hosen hier recht beliebt, weil die Kinder lernen, allein aufs Klo zu gehen, bevor sie lernen, wie sie sich allein die Hose ausziehen. Und ich habe noch was anderes über chinesische Kinder gelernt: Eltern mögen es, wenn ihre Kinder flache Hinterköpfe haben. Leider habe ich nicht verstanden, warum. Muss ich mal googeln, wenn ich wieder daheim bin.

Während ich noch Feuerholz hackte, beobachtete ich, wie die Dame des Hauses irgendwas erst in die Luft und dann auf den Boden warf – eine Kröte. Zehn Minuten später lag die Kröte gekocht zwischen ein paar Stücken Schweinefleisch und Salat in einer Schüssel. Ich nahm mir ein bisschen Schweinefleisch und Salat und betonte, wie lecker alles sei, aber die Oma deutete wieder und wieder auf die Schüssel mit der Kröte. Ich winkte ab und sagte, dass Schwein völlig in Ordnung sei, aber da stürzte sich die Oma geradezu auf mich und stopfte mir ein Stück Kröte in den Mund. Das ist doch nicht normal! Beim *Perfekten Dinner* sieht man so etwas jedenfalls nicht. Ich hab sie angeblafft, was wahrscheinlich ein bisschen unhöflich war, aber ich wollte einfach nicht mit Kröte zwangsgefüttert werden. Ich sagte ihr, dass nicht ich, sondern das Kleinkind Hilfe beim Essen brauche. Und dann stopfte ich ihr einen Bissen in den Mund. Sie sah auch nicht besonders glücklich darüber aus. Ich wäre nicht überrascht, wenn in Wirklichkeit überhaupt niemand in China Kröte essen würde und wenn das Ganze lediglich ein Scherz gewesen wäre, den sich Ricky und Steve für mich ausgedacht haben.

Nachdem wir das Dorf verlassen hatten, gingen wir noch ein weiteres Stück der Mauer besichtigen. Etwas höher am Berg ging eine Nachricht auf meinem Handy ein. Sie kam von Steve.

> **STEPHEN**: Hey, Kumpel, ich bin's, Steve. Ich hoffe, es geht dir gut. Ich wollte dir nur schnell Bescheid sagen, dass wir was für dich organisiert haben – eines der wesentlichen Bestandteile der chinesischen Kultur. Etwas, was bei uns in den 70ern auch ziemlich beliebt war. Kung-Fu! Viel Spaß dabei! Bis demnächst!

Na super.

FREITAG, DEN 30. APRIL

Auf dem Weg zur Kung-Fu-Schule noch mehr Mauer besichtigt. Mir fällt nichts mehr ein, was ich noch dazu sagen könnte. Krish versuchte, mir das Ganze schmackhaft zu machen, indem er noch mal betonte, dass sie so beeindruckend, weil irre lang sei. Aber die M6 ist auch lang und sogar älter als diverse Abschnitte dieser verdammten Mauer.

Wir fuhren zu einer Shaolin-Schule, in der sie auch Kung-Fu unterrichteten. Für Kung-Fu habe ich mich nie sonderlich interessiert und auch nicht für irgendeine andere Kampfsportdisziplin. Ich war immer der Ansicht, dass entsprechende Kenntnisse einfach nur jeden Kampf unnötig verlängerten. Kung-Fu-Filme zum Beispiel dauern eine Ewigkeit. Ich wette, dass die meisten kämpfenden Chinesen am Ende ihres Kampfes vergessen haben, worum es bei ihrer Auseinandersetzung ursprünglich überhaupt ging. Es kann ja doch nur einen Sieger geben – warum kann man die Angelegenheit dann nicht einfach zügiger regeln? Ähnlich wie bei diesen Leuten, die die ganze Nacht lang vögeln. Ich hatte mal solche Nachbarn. Die haben überhaupt nicht mehr aufgehört damit. Warum nur? Erfüll doch einfach deine Pflicht, und geh dann schlafen.

Als wir bei der Shaolin-Schule ankamen, waren überall Kinder, die Kung-Fu machten – und zwar vollkommen synchron und alle im gleichen Outfit. Das war kein Vergleich zu meinem Sportunterricht früher in der Schule, wenn man bedenkt, dass die meiste Zeit der Schulstunde damit vertrödelt wurde, in der Fundsachenkiste zu wühlen, um eine passende Sporthose zu finden. Niemand brachte sein eigenes Sportzeug mit. Es hatte eher was von *Shopping Queen* als von einer Sportstunde.

Ein Mann namens Leo begrüßte mich. Er sollte mich durch die Schule führen. Er war Lehrer und Kung-Fu-Experte und erklärte mir, warum Kung-Fu in China eine so große Sache ist und welche außergewöhnlichen Fähigkeiten die Trainingsmethoden hervorrufen.

Zuerst nahm er mich mit auf einen Hügel, wo vier seiner Schüler mir ihr Können demonstrierten. Einer zerschlug einen Holzstab über dem Rücken eines anderen, ein weiterer zertrümmerte ein Stück Metall auf seinem Kopf, und der vierte verbog einen Speer nur mithilfe des Bodens und seines Halses. Ein paar dieser Fähigkeiten kamen mir ehrlich gestanden ziemlich sinnlos vor. Ich sagte zu Leo, dass die einzig Sinnvolle wohl die mit dem Metallstück sei, weil ich mir ständig irgendwo den Kopf anschlage. Er entgegnete, die Sache mit dem Speer um dem Hals wäre mindestens ebenso nützlich. Der Hals sei einer der empfindlichsten Körperteile, und diese Übung stärke ihn. Im selben Augenblick pikste Leo mir mit zwei Fingern in den Hals. Ich hatte es nicht im Geringsten kommen sehen, und für einen Moment blieb mir tatsächlich die Luft weg, weil er so schnell war. Ich wäre nicht überrascht, wenn er gleichzeitig meine Prostata abgetastet hätte.

Der jüngste der Schüler war ungefähr zehn Jahre alt. Die kleine Rotznase schlug vor meinen Augen eine Art Purzelbaum und kam mit Karacho auf dem Kopf auf. Der Junge sah ziemlich ernst aus.

KARLS ERKENNTNISSE

DER LEGENDE NACH GAB EIN HILFSBEREITER DRACHE DEN VERLAUF DER CHINESISCHEN MAUER FÜR DIE ARBEITER VOR. SIE MUSSTEN BEIM BAU DANN NUR NOCH DEN DRACHENSPUREN FOLGEN.

DIE SCHUBKARRE WURDE IN CHINA ERFUNDEN UND BEIM BAU DER MAUER AUSGIEBIG GENUTZT.

WÄHREND DIE CHINESISCHE MAUER ERRICHTET WURDE, WAR SIE AUCH ALS »LÄNGSTER FRIEDHOF DER WELT« BERÜCHTIGT, WEIL MEHR ALS EINE MILLION ARBEITER BEI IHREM BAU UMS LEBEN KAMEN.

DIE GESAMTLÄNGE SÄMTLICHER VERTEIDIGUNGSMAUERN IN CHINA, DIE IN DEN LETZTEN 2000 JAHREN GEBAUT WURDEN, BETRÄGT MEHR ALS 50 000 KILOMETER. DER ERDUMFANG BELÄUFT SICH AUF RUND 40 000 KILOMETER.

Ich glaube, diese Schule machte ihm keinen allzu großen Spaß. Leo erklärte mir, dass der Bursche täglich trainierte, auf dem Kopf zu landen, um seinen Hals zu stärken. Im Augenblick machte es eher den Anschein, als würde er so den Rotz aus seiner Nase rauskatapultieren.

Leo wiederholte mir gegenüber mehrmals diesen Spruch mit dem gesunden Geist in einem gesunden Körper. Ich widersprach ihm: Das hinge nicht notwendigerweise zusammen. »Sieh dir zum Beispiel Stephen Hawking an.« Ich hatte allerdings den Eindruck, dass Leo nicht wusste, von wem ich sprach. Bevor er sich zurückzog, meinte er, wir würden morgen zusammen trainieren und uns um 4 Uhr treffen. Ich erwiderte, das wäre nicht gerade meine übliche Aufstehzeit, und schlug halb sechs vor, aber er bestand auf 4 Uhr, und irgendwann gab ich nach.

Ich übernachte heute in einem neuen Hotel. Es ist nicht toll, überall auf dem Teppich sind Spuckespuren. Ich ging früh ins Bett, konnte dann aber nicht einschlafen, weil draußen auf dem Gang ein Kind auf seinem Dreirad auf und ab fuhr. Also stand ich wieder auf und aß mein letztes Twix.

SAMSTAG, DEN 1. MAI

Um 4.05 Uhr wurde ich durch lautes Klopfen an meiner Zimmertür geweckt. Es war Leo. Er blaffte mich an, ich sei zu spät dran, warf mir meine Sportsachen zu und stürmte davon.

Bis ich am Kleinbus war, hatte er sich wieder ein bisschen entspannt – nicht halb so sehr allerdings wie der Fahrer, der in der Viertelstunde, die wir unterwegs waren, gleich zwei Mal furzte. Es ist schon erstaunlich, wie Spucken und Furzen hierzulande toleriert werden. Keine Ahnung, was man in diesem Land tun muss, um als unhöflich zu gelten.

Leo nahm mich ordentlich ran. Erst musste ich ein paar Runden laufen, dann Dehnübungen machen, dann wie ein Frosch diverse Treppenstufen hinaufhüpfen und Nadeln in einen Baumstamm schleudern. Er zerschlug derweil ein paar Backsteine. (Vielleicht ist die Chinesische Mauer deshalb in einem so schlechten Zustand?) Wenn er zwischendurch für einen Moment unaufmerksam wirkte, versuchte ich, ihn anzugreifen. Aber jedes Mal landete ich auf dem Hosenboden. Ich mochte Leo, und diverse blaue Flecke werden mich noch eine Weile an ihn erinnern. Außerdem hatte ich einen mörderischen Muskelkater. Die Chinesen seien hervorragende Masseure, sagte Krish. Ich solle doch die Gelegenheit beim Schopfe packen. Nach der Trainingseinheit würde mir eine Massage garantiert guttun.

Auf dem Weg zu meinem Masseur hielten wir bei einem kleinen Café an. Es wirkte ein bisschen ranzig, aber es war das Einzige weit und breit, und wir hatten Hunger, weil wir seit 4 Uhr auf den Beinen waren. Eine Unmenge an Tellern wurden an unseren Tisch gebracht, und ich langte ordentlich zu – bis Emma, unsere Dolmetscherin, hereinkam und mir verriet, dass ich gerade Hund esse. Wenn die Kamera an gewesen wäre, hätte ich glatt gedacht, es wäre ein Scherz, aber die Kamera war nicht an, und alle anderen starrten bloß auf ihre Teller und versuchten auszumachen, ob sie auch davon gegessen hatten. Hatten sie aber nicht. Nur ich. Ich mal wieder. Es war nicht gerade lecker gewesen. Ich hatte einfach angenommen, es wäre billiges Rindfleisch. Sogar Essen, das ich von daheim kenne, schmeckt hier anders, insofern hatte ich es einfach nicht infrage gestellt.

Sei's drum. In England gibt es ein geflügeltes Wort, das da heißt: Einen alten Hund kann nichts erschüttern. Schauen wir mal, ob dieser Hund meinen Magen erschüttern wird oder nicht.

In der Massagepraxis betrat ich zunächst einen überhitzten Raum, der viel zu klein war für all das Mobiliar, das darin stand. Die Frau, die mich in Empfang nahm, bedeutete mir, dass ich meine Hose ausziehen und stattdessen Shorts anziehen solle. Dann massierte sie mir die Beine und Füße – herrlich! Und dann zündete sie sie an. Kein Scherz!

Sie tunkte ein paar Lumpen in irgendein Öl, legte sie dann auf meine Beine und zündete sie an. Ich habe keine Ahnung, wozu das gut sein soll. Eine Massage soll doch entspannen, aber stattdessen schrie ich und hielt nach einem Feuerlöscher Ausschau. Aber sie hörte einfach nicht auf. Man sollte meinen, dass sie, auch wenn sie kein Wort Englisch verstand, meinem Schreien wohl hätte entnehmen können, dass ich nicht gerade glücklich war. Wie gesagt: Die Chinesen machen irgendwie alles schlimmer als alle anderen.

Ich war wirklich sauer auf Krish, dass er mich in diese Situation gebracht hatte, und noch saurer wurde ich, als ich eine Nachricht von Ricky erhielt.

> RICKY: Jetzt mal ehrlich, Kumpel, kannst du nicht in Kontakt bleiben? Nie gehst du ans Telefon. Ich hab mehrmals versucht, dich zu erreichen. Du bist nicht im Urlaub! Du hast immer noch einen Auftrag! Du kennst die Regeln: Ruf an, bleib mit uns in Verbindung, sei erreichbar, wenn wir dir eine neue Aufgabe erteilen wollen. So ist das echt Scheiße, Mann.

Wie kann dieser Mann so nervtötend sein, obwohl er so weit weg ist? Als wir im Hotel ankamen, rief ich ihn zurück.

> KARL: Wie geht's?
> RICKY: Warum hast du dich nicht früher gemeldet? Hast du meine Nachricht gekriegt?
> KARL: Ja, klar. Aber ich war irgendwo im Niemandsland und hab die Mauer besichtigt, du weißt schon.

RICKY: Das war nicht im Niemandsland, Mann! Wo du dich gerade aufhältst, leben eine Milliarde Menschen. Ich glaube also nicht, dass du dort jemals im Niemandsland landen kannst.
KARL: Wenn du die Aufnahmen bekommst, wirst du schon sehen, wie einsam ich hier bin. Ich war irgendwo im Nirgendwo und hab mir dort die Mauer angeguckt. Es ist wirklich merkwürdig hier.
RICKY: Warum?
KARL: Einfach nur... Alles. Alles, was hier passiert, ist einfach nur merkwürdig... Es fühlt sich komisch an. Die Stimmung ist komisch. Kröte zu essen war komisch.
RICKY: Du hast *nicht* Kröte gegessen...
KARL: Ich *habe* Kröte gegessen.
RICKY: Und ich dachte, das wäre nur eine Legende! Ich wusste nicht, dass sie dort wirklich Kröten essen. Ich dachte, du hättest dir das ausgedacht!
KARL: Eine Frau hat mich dazu gezwungen. Ich hatte Angst, dass ich vielleicht auf den Geschmack kommen könnte! Aber das wird definitiv nicht passieren. Womit habe ich mich noch beschäftigt? Mit Toiletten. Du kennst doch diese öffentlichen Klos, in denen man eine Münze einwerfen muss, damit die Tür aufgeht? Hier brauchst du keine Münze. Weil die Klos keine Türen haben. Letztens, als die anderen gerade draußen den Verkehr oder was auch immer gefilmt haben, musste ich mal austreten, bin in die nächstbeste öffentliche Toilette marschiert und stand zwei Typen in der Hocke gegenüber.
RICKY: Und was ist dann passiert?
KARL: Nichts. Ich glaube, für die ist das ganz normal, also haben sie nichts weiter getan als mir zugenickt. Ich bin einfach so dort rein, und siehe da... Du machst die Tür auf, und dann gehst du nicht etwa um irgendeine Ecke oder so,

du marschierst dort hinein, und dann sitzen sie schon vor dir. Die zwei haben in dem Café um die Ecke gearbeitet, insofern war das wohl in Ordnung.

RICKY: Unfassbar, also wirklich.

KARL: Ich schwöre bei Gott, einer von denen hatte sogar das Handy am Ohr und nahm gerade eine Bestellung auf. So was hab ich echt noch nie erlebt. Ich glaube, daran könnte ich mich im Leben nicht gewöhnen. Ich brauche meine Privatsphäre. Aber die beiden saßen einfach nur da, einer telefonierte, und der andere glotzte nur so in der Gegend rum.

RICKY: Wirklich unglaublich. Aber die Mauer war doch beeindruckend, oder?

KARL: Ja, sie war ganz in Ordnung. Aber andererseits haben sie das eine Stück gerade erst in den 80ern renoviert, da sollte man auch meinen, dass sie ganz gut in Schuss ist.

RICKY: Die ältesten Abschnitte sind Hunderte Jahre alt. Wie haben sie sie denn renoviert? Tapete drüber oder verputzt oder was? Was meinst du mit renoviert?

KARL: Na ja, renoviert und aufgemöbelt halt. Sie sieht aus wie jede andere Mauer auch. Überhaupt nicht außergewöhnlich. Es ist die Chinesische Mauer, weil sie zufällig in China steht. An ihr ist nichts Großartiges. Keine Ahnung, warum sie so genannt wird.

RICKY: Sind die Leute wenigstens auf Fahrrädern unterwegs?

KARL: Nee, eigentlich nicht. Andererseits hab ich mit ein paar Leuten gesprochen, die Leute kannten, die irgendwelche Unfälle hatten. Ein Typ beispielsweise hat bei einem Fahrradunfall ein Bein verloren. Diese »Nine Million Bicycles«-Sache ist Schnee von gestern. Einen Radfahrer hab ich gesehen, der von einem Laster überfahren wurde. Es sind also garantiert keine neun Millionen mehr, sondern mindestens einer weniger.

RICKY: Ich finde ja, du solltest deine Informationen auch nicht ausschließlich aus Katie-Melua-Songs beziehen. Keine Ahnung, ob diese Zahl je offiziell bestätigt wurde.

KARL: Um ehrlich zu sein, ich habe überhaupt nichts über dieses Land gewusst, bevor ich hergekommen bin. Die Leute fragen mich andauernd: Was meinst du? Was hast du denn erwartet? Aber ich hatte ja keinen blassen Schimmer! Ich kann mich auch nur noch dunkel an diesen Philip-Bailey-Song, »Chinese Wall«, erinnern. Und der hat darin garantiert nicht behauptet, dass die Mauer in den 80ern neu errichtet wurde. Ich glaube fast, der Song ist älter als die Mauer... Aber mal ehrlich: Ich hab langsam die Schnauze voll. Ich will wieder nach Hause.

RICKY: Ich bin ja mal gespannt, was unsere Zuschauer davon halten, dass die Chinesen zum Kacken zwar die Tür nicht hinter sich zumachen, aber dabei Bestellungen fürs Essen entgegennehmen. Aber wenn's wahr ist...

KARL: Natürlich ist es wahr!

RICKY: Was ich aus dieser Geschichte lerne, ist dann wohl, dass ich beim nächsten Mal, wenn ich bei meinem Lieblingschinesen anrufe, zuallererst frage: »Und, was macht ihr gerade?« Und ich will nie wieder die Frage »Klein oder groß?« hören.

KARL: Und dieses Hühnchen King-Po bestelle ich auch nicht mehr.

SONNTAG, DEN 2. MAI

Was für ein trübseliger Tag! Wir wollten eigentlich das letzte Stück Mauer sehen, aber sie endet im Meer. Es waren nicht sonderlich viele Touristen vor Ort. Irgendwie fühlte ich mich in eins dieser alten Seebäder in England zurückversetzt. Ein Mann verkaufte Hotdogs, eine Frau Postkarten, und ein anderer verlieh kleine Elektro-Gokarts. Insgesamt waren dort vierundzwanzig Menschen, wenn man den Hotdog-Verkäufer mitzählte. Vor einem Weltwunder würde man eigentlich mehr Leute erwarten, oder nicht? Aber es machte mir nichts aus. Es war sogar das Beste an diesem Abschnitt der Mauer.

Ich fuhr eine Runde mit einem dieser Elektro-Gokarts, dann reisten wir wieder ab. Unterwegs auf der Autobahn überholten wir einen Transporter voller Hunde. Es mussten wohl so an die Hundert gewesen sein. Ich nahm an, sie waren auf dem Weg zum Schlachter.

Die Problematik mit Hundefleisch habe ich noch nie richtig verstanden. Es ist doch auch nur Fleisch, und die Leute essen ja schließlich auch Schwein, Rind, Schaf und Hühnchen. Aber Hund scheint einfach was anderes zu sein. Manchmal denke ich, dass eine zusätzliche Fleischquelle schon praktisch wäre. Immerhin hat die Woche sieben Tage, aber im Supermarkt werden im Schnitt nur vier Fleischsorten angeboten. Also muss ich Mitte der Woche schon wieder auf eine Fleischsorte zurückgreifen, die ich in derselben Woche schon mal gegessen habe. Was ist so schlimm daran, Hund zu essen?

Wir wollten herausfinden, wohin der Transporter unterwegs war, und fuhren ihm nach bis zu einer Hundefarm, die aussah wie jede andere Farm auch. Ich spazierte über einen Platz, auf dem ein großer Schäferhund herumstromerte. »Frei laufende Hunde«, dachte ich noch, bis ich den Besitzer der Farm kennenlernte. Er verriet mir, dass der Schäferhund sein Haustier war, und zeigte mir stattdessen die Hunde, die geschlachtet werden sollten. Es waren hauptsächlich Bernhardiner. Von so einem großen Hund wird eine gesamte Großfamilie satt. Bernhardiner sieht man in unseren Breitengraden eher mit einem Fässchen Brandy um den Hals in der Rolle eines Rettungshunds. Für die Chinesen wäre das wohl so was wie ein Gratisgetränk zum Hauptgang. Dann zückte der Betreiber der Hundefarm eine Broschüre mit sämtlichen Hunderassen, die in China verspeist werden.

Ich beschloss, ihn über unsere Dolmetscherin ein bisschen ins Gebet zu nehmen. »Komisch, dass du einen Hund als Haustier hältst. Und komisch, diese großen Hunde auf so engem Raum zusammengepfercht zu sehen. Nur dein Haustier läuft frei herum. Irgendwie kommst du mir nicht vor wie ein besonders großer Hundeliebhaber.«

»Mein Haustier ist anders als die übrigen Hunde«, übersetzte die Dolmetscherin. »Er ist ein Wachhund.«

»Ah, verstehe. Und wie läuft das Geschäft? Gut? Essen die Chinesen viel Hund?«

»Eine Menge unterschiedlicher Leute kommen hierher, um Hunde zu kaufen. Große Hunde. Kleine Hunde. Ich habe alle möglichen Rassen vorrätig.«

»Wie heißt denn dein Hund?«

»Fluffy.«

»Würdest du Fluffy auch verkaufen?«

»Nein, ich hab ihn ja schließlich schon erzogen.«

»Und wie funktioniert das Ganze? Wenn ich jetzt also bei dir Hund kaufen wollte, müsste ich den ganzen Hund kaufen und mitnehmen? Oder schlachtest du ihn für mich und verkaufst mir nur die Stücke, die man essen kann?«

»Nein, nein, wir züchten sie hier nur, wir schlachten nicht selbst. Wenn jemand vorbeikommt, muss er den Hund lebend mitnehmen und selbst schlachten.«

Ich fragte ihn, ob er gerne Hund esse.

»Hund hat in China eine lange Tradition.«

»Das hab ich nicht gefragt. Schmeckt dir Hund? Für meine Begriffe schmeckt Hund ähnlich wie Rind. Ich hätte den Unterschied nicht bemerkt.«

»Zwischen Hund und Rind liegen Welten! Wir haben hier eine nordkoreanische Minderheit, für die Hund eine Delikatesse ist.«

Ich fragte ihn, ob es sich dabei vielleicht um Fleisch für die ärmeren Leute handelte.

»Nein, das kann man so nicht sagen. Aber mein Haustier, mein Fluffy, der wird nicht gegessen! Das würde ich nicht übers Herz bringen, auch wenn er eines Tages stirbt.«

»Das verstehe ich einfach nicht. Wenn es dein eigener Hund ist, weißt du doch, wo und wie er gelebt hat. Das würde doch eigentlich dafür sprechen, ihn zu essen statt irgendeinen anderen Hund, über dessen Herkunft du rein gar nichts weißt. Und was ist eigentlich mit Katzen? Esst ihr hier auch Katzen?«

»Katzen werden normalerweise als Haustiere gehalten. Ich kenne niemanden, der Katze essen würde.«

»Das kapier ich nicht. Das ist doch das Gleiche in Grün. Wenn du Hund isst, warum dann nicht auch Katze? Also, mir würde das sogar leichter fallen, Katzen sind nicht halb so freundlich … Die kommen und gehen doch, wie es ihnen passt.«

Die Dolmetscherin klärte mich auf. »Das liegt daran, dass Katzen so klein sind und an ihnen nur wenig Fleisch dran ist. Aber in der Provinz Guangdong essen sie auch Katzen.«

War ja klar.

MONTAG, DEN 3. MAI

Als ich wieder daheim war, googelte ich zuallererst die Sache mit den flachen Babyköpfen. Angeblich wird manchen Babys sogar ein Buch an den Kopf geschnallt, damit der Schädel noch platter wird. Eltern machen das, weil sie es für ein Schönheitsideal halten. Außerdem wird so verhindert, dass das Baby sich in seiner Wiege umdrehen kann.

Sehr merkwürdig.

KAPITEL 6
PETRA

»EINES DER KOSTBARSTEN KULTURDENKMÄLER DER MENSCHHEIT.«

UNESCO

»SO BEEINDRUCKEND DIE FASSADE AUCH WAR – ES WAR IMMER NOCH EINE HÖHLE. VON AUSSEN SAH ES VIELVERSPRECHEND AUS, ABER SOBALD ICH MEINEN KOPF HINEINGESTECKT HATTE, WAR DARAN WIRKLICH NICHT MEHR VIEL BEMERKENSWERTES. ABGESEHEN DAVON LAG ES EIN BISSCHEN AUSSERHALB, UND MAN MUSSTE ÜBER 800 STUFEN HINAUFSTEIGEN, SODASS ICH MIR DAS FREIWILLIG NICHT NOCH MAL ANTUN WÜRDE.«

KARL PILKINGTON

SAMSTAG, DEN 22. MAI

Ich habe heute Morgen von Luke und Ben, Regisseur und Producer unserer Serie, erfahren, dass wir Israel durchqueren und dann durch die palästinensischen Autonomiegebiete fahren würden, um nach Jordanien zu gelangen. Ich war nicht sonderlich begeistert. Als ich meinem Vater davon erzählte, meinte der nur, das würde er Mum gegenüber lieber nicht erwähnen, sonst würde die sich nur wieder Sorgen machen. Wann immer Israel in den Nachrichten auftaucht, ist irgendwas Schlimmes passiert. Nie hört man von dort eine fröhlich-beschwingte Boulevard-Story. So was in der Art wie: Mann züchtet die größte Melone aller Zeiten! Irgendwie scheinen all die israelischen Probleme mit Religion zusammenzuhängen, und angesichts der Tatsache, dass ich nicht im Mindesten religiös bin, verstehe ich die Sachlage dort einfach nicht, und sie scheint auch zu kompliziert zu sein, als dass man sie sich mal eben so über Nacht anlesen könnte. Also hab ich's von vornherein bleiben lassen. Aus dem gleichen Grund hab ich auch nie Schachspielen gelernt. Das Problem mit diesen ganzen Religionssachen ist, dass ich einfach keinen Bezug dazu habe. Ich glaube ja, die meisten Menschen kamen früher mit Religion in Kontakt, weil sie an einem normalen Sonntagvormittag sonst nichts zu tun hatten. Heutzutage sind vielerorts die Läden geöffnet, da hat man natürlich auch andere Optionen.

Steve meinte, wenn ich schon in der Gegend wäre, sollte ich unbedingt auch in Israel einen Zwischenstopp einlegen und zumindest ein paar der vielen historisch relevanten Stätten besuchen. Vielleicht glaubt er, ich hätte ein gesteigertes Interesse an Geschichte. Dabei waren es ausgerechnet er und Ricky, die in meiner alten Schule angerufen und sich zwanzig Jahre nach meinem Abschluss nach meiner Geschichtsnote erkundigt haben. Ich hatte meine GCSE-Ergebnisse nie eingesehen, aber sie haben herausgefunden, dass ich in Geschichte wohl nur ein ziemlich peinliches Gerade-noch-ausreichend erreicht hatte.

Einer meiner Weisheitszähne macht Ärger. Mein Zahnarzt winkte ab und sagte nur, das würde bei vielen Leuten passieren, wenn sie unter Strom stünden. Meine Zähne merken scheinbar deutlich früher als ich selbst, dass ich gestresst bin. Vielleicht heißen sie ja deshalb Weisheitszähne.

Als wir in Israel landeten, war es schon spät. Der einzige Laden, der noch offen hatte, war ein 24-Stunden-Frühstückscafé. Ich kann derlei Einrichtungen wirklich nicht gutheißen. Sie ermuntern die Leute ja geradezu, lange im Bett liegen zu bleiben. Frühstück sollte eine Belohnung darstellen für diejenigen unter uns, die früh aufstehen müssen.

Ich bestellte Pfannkuchen und Spiegeleier.

Gegen 3 Uhr legte ich mich endlich schlafen. Fast hätte es noch ein bisschen früher geklappt, aber dann richtete Luke mir aus, dass Ricky angeordnet habe, ich solle mich gefälligst rasieren, bevor wir am nächsten Tag mit dem Filmen anfangen würden.

SONNTAG, DEN 23. MAI

Luke und Ben weckten mich um 7 Uhr.

Ich wollte wissen, was heute auf dem Programm stehe, das so wichtig sei, dass ich mich dafür extra hatte rasieren müssen. Luke sagte, es habe rein gar nichts mit unseren anstehenden Unternehmungen zu tun. Ricky habe lediglich festgestellt, dass mein Kopf im Fernsehen noch runder aussehe, wenn ich frisch rasiert sei.

Dann wechselte Luke abrupt das Thema. Er müsse mit mir ein paar Sicherheitsaspekte durchgehen, meinte er. Ich fand, dafür war nicht gerade der allerbeste Zeitpunkt. Mein Gehirn war einfach noch nicht wach – genau wie damals, als ich noch ein Kind war und mich einmal nachts um 3.30 Uhr ein Polizist aus dem Bett holte, weil ein Auto gestohlen worden war und ich auf irgendeine obskure Weise angeblich damit zu tun gehabt hatte. Ich schwöre, der Polizist kam einzig und allein deshalb so früh zu uns nach Hause, weil er ganz genau wusste, dass ich um diese Zeit zu müde sein würde, um mir Lügengeschichten auszudenken. Mein Gehirn war damals einfach noch zu verschlafen, und es war auch jetzt wieder zu verschlafen, als Luke mit dem Sicherheitsvortrag begann.

»Pass auf, in Israel und in den besetzten Palästinensergebieten besteht für deine persönliche Sicherheit ein gewisses... erhöhtes Risiko. Dieser Dauerkonflikt wird hier und da zwar von einer gelegentlichen Waffenruhe unterbrochen. Aber wann immer mal wieder keine nachhaltige Einigung erzielt werden kann, gibt es wieder die normalen Militäreinsätze mit Raketen- und Luftangriffen und ziemlich willkürlichen Zielen. Die Lage ist also immer noch verhältnismäßig instabil und wenig vorhersehbar. Behalt das einfach im Hinterkopf, wann immer du vor die Tür gehst...«

Diese Art von Informationen nehme ich schon in wachem Zustand nur bedingt gut auf. Wie sollte es also um 7 Uhr morgens sein? Ich konnte noch nie nachvollziehen, dass sich manche Menschen nach dem Aufstehen Radio 4 anhören können. Dabei muss man sich einfach zu sehr konzentrieren.

Sei's drum. Ich hatte nicht wirklich die Wahl, also stieg ich erst unter die Dusche und anschließend in unseren Kleinbus. Luke erwähnte mit keiner Silbe, wo es hingehen sollte. Nach einer Weile bog der Bus in eine Art Trainingslager ein. Ich stieg aus und wurde von einem Mann namens Ronan begrüßt. Wir plauderten gerade über meinen Israelaufenthalt, als plötzlich ein Auto mit quietschenden Reifen neben uns hielt, zwei oder drei (vielleicht waren es auch vier) Männer heraussprangen und mich zu

Boden stießen. Dann stülpten sie mir einen Sack über den Kopf und knoteten meine Hände hinter dem Rücken zusammen. Sie warfen mich hinten in den Wagen, setzten sich auf mich drauf und zogen die Kabelbinder um meine Handgelenke noch ein bisschen fester zu. Sie schnitten mir in die Haut. Als das Auto losfuhr, knallte ich mit dem Kopf gegen den Radlauf, immer wieder, und währenddessen schrie ein Typ in einer Sprache auf mich ein, die ich nicht verstehen konnte. In diesem Moment machte sich auch mein Weisheitszahn wieder bemerkbar.

Eigentlich dachte ich immer, ich wäre ganz gut darin, mich in brenzligen Situationen souverän zu verhalten. In Piccadilly Gardens in Manchester hat ein Penner mal versucht, mir meine Sportschuhe zu klauen. Ich tat einfach so, als wäre ich total durchgeknallt, und er gab auf. Aber hier hinten in diesem Wagen irgendwo in Israel konnte ich aufgrund der Sprachbarriere noch nicht mal das ordentlich tun. Ich war komplett hilflos.

Irgendwann wurde ich aus dem Wagen gezerrt, in eine Baracke geschleift und auf einen Stuhl gedrückt, und dann schrie ein anderer Typ auf mich ein, diesmal allerdings auf Englisch: »Für wen arbeitest du? Die Telefonnummer, aber dalli!«

Ich gab ihm den Namen meines Chefs, Richard Yee vom Fernsehsender daheim in London. Seine Durchwahl wusste ich natürlich nicht. Wer merkt sich denn heutzutage noch Telefonnummern? Man muss sich keine Nummern mehr merken, man speichert sie schließlich in seinem Handy. Noch nicht mal meine eigene Festnetznummer kenne ich auswendig, weil ich ja so gut wie nie bei mir daheim anrufe. Generell nutze ich den Festnetzanschluss, selbst wenn ich daheim bin, höchst selten. Meistens gehe ich noch nicht mal dran, wenn es klingelt, weil es normalerweise immer dieselbe Frau ist, die ihren Hausarzt sprechen will. Wir haben ungefähr fünf Nachrichten von ihr auf unserem Anrufbeantworter: dass ihr Hals immer noch entzündet ist, dass der Ausschlag immer noch da ist. Vielleicht hat es bei dem berühmtberüchtigten Dr. Shipman auch so angefangen, und der hatte am Ende Hunderte von Patienten auf dem Gewissen.

Nach einer gefühlten halben Stunde (angeblich waren es nur fünf Minuten) wurde mir der Sack vom Kopf gezogen, und da waren Luke und Ben und Jan, unser Kameramann, und Freddie, der Tontechniker... Ich hatte in meiner Panik komplett ausgeblendet, dass wir hier bei Dreharbeiten für eine Fernsehserie waren.

Herr Terrorist erklärte mir, ich müsse noch viel lernen. Ich müsse unbedingt jederzeit ein Dokument mitführen, auf dem stehe, wer ich bin und was für Aufnahmen ich mache, für wen ich arbeite und dessen Kontaktnummer. Ich hatte natürlich nichts dergleichen bei mir. Ich hatte mir noch nicht mal den Namen unseres Hotels aufgeschrieben.

Dann reichte er mir ein Telefon und fragte mich, was ich als Nächstes tun würde, wenn ich wirklich in Schwierigkeiten steckte. Ich antwortete, ich würde meine Freundin anrufen, weil sie die Einzige ist, deren Telefonnummer ich auswendig kenne. Er wollte wissen, was ich ihr denn sagen würde.

»Na ja, ich würde ihr ungern sofort einen Schrecken einjagen, ich würde also wahrscheinlich anfangen mit: ›Hi, wie geht's?‹, und dann: ›Hör mal, ich glaub, ich hab da ein kleines Problem... bin entführt worden...‹, und dann würde sie wahrscheinlich fragen: ›Wie meinst du das?‹, und dann würde ich antworten: ›Psst, lass mich reden, der Akku ist gleich leer...‹«

»Wo bist du? Wo bist du?« Der Terrorist versuchte wohl, so zu tun, als wäre er Suzanne. Echt merkwürdig.

»Psst, leise, die können mich hören! Ich bin irgendwo in der Wüste.«

»In der Wüste? Warum? Wo? In welchem Land?«

»Na ja, du weißt doch, wo ich...«

»Wo bist du?«

»Siehst du? Nie hörst du mir zu! Immer redest du nur von deinen verdammten Haarschnitten!«

»Wo bist du? Wo steckst du?«

»In Israel.«

»Wo in Israel?«

»Hör endlich auf!«

»Ich komme! Ich komme sofort!«

Ich versuchte es anders. »Kannst du Richard Bescheid sagen?«

»Richard?«

»Ja, Richard.«

»Okay. Richard. Gib mir seine Nummer.« Und schon wieder hatte der Terrorist mich vorgeführt.

»Okay, du hast recht. So bin ich echt aufgeschmissen.«

Ich zitterte noch fast eine halbe Stunde am ganzen Leib. Normalerweise zittere ich nur so, wenn ich ein Mars oder ein Twix brauche, weil mein Blutzuckerspiegel abgesackt ist. Vielleicht bin ich ja leicht zuckerkrank. Aber heute war es wegen der Aufregung. Mein Gehirn wusste sehr wohl, dass es ein Probelauf gewesen war, aber mein Körper hatte das offenbar noch nicht kapiert.

Der Oberaufseher dieses Sicherheitscamps erklärte mir, dass ich jederzeit eine Kontaktnummer von Leuten daheim in London bei mir tragen müsse und dass es gut wäre, ein Codewort zu haben, damit meine Kontaktleute wüssten, dass die Lage ernst sei.

Ich erzählte Luke, ich würde als Codewort »Kongress-Törtchen« wählen. Als ich noch in Manchester wohnte, war dieses Marzipangebäck meine Leibspeise. In London hab ich nie auch nur etwas Ähnliches gefunden. Aus irgendeinem Grund ist mir der Name bis heute im Gedächtnis geblieben, und ab jetzt könnte er zumindest für etwas gut sein. Ich hoffe, Luke gibt das nach London weiter, weil ich allmählich glaube, dass dies hier ernst wird.

Zurück im Minibus entdeckte ich auf meinem Handy, dass Steve mir eine Nachricht auf der Mailbox hinterlassen hatte.

> STEPHEN: Karl. Hi, hier ist Steve. Ich will nicht, dass du dir Sorgen machst, aber ich hab mit ein paar von den Sicherheitsleuten hier gesprochen, und du befindest dich anscheinend gerade in einer ziemlich brenzligen Gegend – mit einem Kamerateam. Du könntest für einen Reporter gehalten werden und eventuell unerwünschte Aufmerksamkeit auf dich ziehen. Im schlimmsten Fall könntest du sogar verschleppt und als Geisel genommen und als Druckmittel verwendet werden. Das wäre für die Serie natürlich nicht so toll. Du machst am besten ein Ernstfalltraining mit, nur zur Sicherheit. Dann weißt du, wie du dich verhalten musst, wenn du in eine schwierige Situation gerätst. Und gleichzeitig lernst du, womit sich eine Menge Israelis über achtzehn die Zeit vertreiben. Du weißt, dass man in Israel zur Armee gehen muss, oder? Der Wehrdienst dauert drei Jahre. Du absolvierst einen halben Tag oder so, in Ordnung? Kein Grund zur Panik. Aber ich an deiner Stelle würde die Sache verdammt ernst nehmen. Alles klar? Tschüss!

Es wäre nett gewesen, wenn ich diese Nachricht ein bisschen früher gekriegt hätte.

Am Nachmittag fuhren wir weiter nach Jerusalem. Überall liefen junge Soldaten mit Gewehren herum – und zwar mit fetten Gewehren. Es sah aus wie in einer Szene aus *Bugsy Malone*. Und überall waren Leute in allen möglichen Varianten religiöser Kleidung. Als ich eine Gasse entlanglief, kam mir eine Gruppe Mönche entgegen, und ich machte auf dem Absatz kehrt, doch aus der Gegenrichtung kam ein Schwarm Nonnen auf mich zu. Ich wich in eine Seitenstraße aus, auf der mir wieder Soldaten entgegenkamen. Ich kam mir vor wie in einem Pac-Man-Spiel.

Ich besichtigte eine berühmte Mauer, die Klagemauer. Von der

Klagemauer hatte ich bislang ehrlich gesagt noch nie gehört. Sie ist sehr alt, und die Juden lieben sie geradezu. Sie stellen sich davor und beten. Ein größerer Abschnitt ist für Männer und ein kleinerer für Frauen reserviert. Keine Ahnung, warum sie nicht einfach nebeneinander an dieser Mauer stehen dürfen. So mussten sie eine weitere Mauer bauen, um die Mauer aufzuteilen.

Es scheint hier im Übrigen ganz schön viele Mauern zu geben – eine gute Stadt für Handwerker, schätze ich. Zu Hause mögen wir Mauern ja nicht so gern. Ich glaube, bei uns gibt es heutzutage weniger Mauern denn je. Großraumbüros und offene Wohnküchen scheinen gerade besonders in Mode zu sein. Kein Wunder, dass dieser Graffiti-Künstler, Banksy, neuerdings immer häufiger im Ausland unterwegs ist.

Ich sah den Leuten eine Weile beim Beten zu. Ein paar von ihnen lasen ein Stück aus der Bibel, andere küssten die Mauer, und wieder andere schoben handgeschriebene Notizen in die Mauerritzen. Ich unterhielt mich mit einem jüdischen Mann, der Dov hieß. Er erklärte mir, dass die Leute ihre Sünden oder Wünsche aufschrieben und in die Ritzen steckten, damit Gott sie dort sah. In jedem noch so schmalen Spalt steckte ein Zettelchen. Es sah aus, als hätte der zuständige Bezirksbriefträger die Nase voll gehabt und seine Tasche hier geleert. Ich bin mir fast sicher, dass sich in einigen dieser Mauerritzen sogar Werbepost von Versicherungsunternehmen und Pizzaflyer befanden.

Ich kaufte mir einen Bagel für unterwegs und ging weiter.

Am Abend rief Steve an.

STEPHEN: Alles okay?
KARL: Was hast du dir eigentlich dabei gedacht, mich nach Israel zu schicken? Glaubst du allen Ernstes, das hier wäre ein idyllisches Fleckchen, ganz ohne irgendwelche Gefahren…

STEPHEN: Welchen Gefahren bist du denn schon begegnet?
KARL: Die Leute hier tragen keine Handtaschen mit sich rum, sondern Gewehre. Jeder hat ein Gewehr ...
STEPHEN: Ja, also, anscheinend ist die Region nicht gerade stabil. Ich meine, du weißt ja, dass das problematisch ist ...
KARL: Ich hatte heute einen Sack über dem Kopf.
STEPHEN: Warum das denn, um Himmels willen?
KARL: Es war Teil des Sicherheitstrainings, das du für mich angeordnet hast.
STEPHEN: Ach so, ja, ja, das Training, natürlich!
KARL: Du hattest das schon wieder vergessen, oder? Du hast vergessen, dass du einen Typen angeheuert hast, der mir einen Sack über den Kopf ziehen und mir ein Gewehr in den Arsch schieben soll ...
STEPHEN: Junge, du stammst aus Manchester, das ist dort doch auch an der Tagesordnung.
KARL: Nee, nee, nee, Steve, das war wirklich 'ne andere Hausnummer.
STEPHEN: Die haben dir also einen Sack über den Kopf gezogen. Und dann?
KARL: Dann kurvten sie ein bisschen auf dem Parkplatz rum und sind mit mir zu einer Hütte gefahren, wo sie mich angeschrien haben und wissen wollten, für wen ich arbeite. Für ungefähr eine halbe Minute dachte ich wirklich: Das ist echt.
STEPHEN: Dann hat es dich ja bestimmt ein bisschen für die Region sensibilisiert, oder? Und es hat deinen Horizont erweitert, oder nicht? Was ist dir denn durch den Kopf geschossen, als du den Sack über dem Kopf hattest? Musstest du an Suzanne denken? Oder an mich und Ricky?
KARL: Ich war einfach nur starr vor Schreck. Ich glaube, du

verstehst nicht ganz, wie schlimm das war. In meinem Kopf war gar nichts mehr.

STEPHEN: Es heißt doch immer, wenn einem das letzte Stündlein geschlagen hat, zieht das Leben noch mal an einem vorbei. Was ist an dir vorbeigezogen, Karl?

KARL: Was weiß ich. Ich hatte einen Sack über dem Kopf. Ich konnte nichts sehen.

STEPHEN: Es zieht doch nicht buchstäblich an einem vorüber! Es ist nicht so, als würden sämtliche Leute aus deiner Vergangenheit an dir vorbeitänzeln. »Oh, das ist doch Tante Sowieso. Die hab ich ja seit 1973 nicht mehr gesehen.« Es ist im übertragenen Sinne gemeint… Ach, egal. Hör mal, apropos Extremsituationen. Ich bin schon ganz aufgeregt. Du triffst dich morgen nämlich mit einem Mann, der glaubt, er wäre Jesus. Du befindest dich in einer sehr, sehr religiösen Gegend.

KARL: Was hast du dir denn bitte schön dabei gedacht? Was soll mir das denn bringen?

STEPHEN: Pass auf. Es gibt da ein Krankheitsbild, das sich Jerusalem-Syndrom nennt. Manche Leute, die so einen heiligen Ort besuchen, sind so hingerissen von seiner Spiritualität, dass sie anfangen zu glauben, sie hätten spirituelle Kräfte oder seien auf irgendeine Art mit ihrer Religion verbunden. Es könnte doch interessant sein herauszufinden, was das aus einem Menschen macht. Du erlebst Extreme, Karl. Das ist echt aufregend, Mann! Gerade eben hast du noch geglaubt, du würdest entführt und um die Ecke gebracht werden, und morgen triffst du dich mit einem Mann, der sich an den Grenzen des Bewusstseins bewegt. Es heißt doch immer, dass Jesus eines Tages in die Welt zurückkehren wird. Wer weiß, vielleicht ist er es wirklich?

KARL: Soll ich ihn irgendwas für dich fragen?

STEPHEN: Ob du ihn irgendwas für mich fragen sollst?

KARL: Klar. Was würdest du ihn fragen wollen, wenn du an meiner Stelle wärst? Ich will ihn nicht verärgern oder so.

STEPHEN: Puh, keine Ahnung, ob du ihn überhaupt verärgern kannst. Ich könnte mir vorstellen, dass er dir trotzdem vergeben würde.

KARL: Auch wieder wahr.

STEPHEN: Wahrscheinlich gibt es nicht viel, das einen Jesus verärgern könnte.

KARL: Wofür steht eigentlich das H in seinem Namen? Zumindest in England hört man doch immer mal wieder, dass Leute sagen: Jesus H. Christ.

STEPHEN: Ich bin mir nicht sicher, ob das Mittelinitial in der offiziellen Version auch vorhanden ist... Möglicherweise ist das eine Sache, die erst im Lauf der Zeit dazugedichtet wurde. Aber frag ihn doch – vielleicht hat er eine gute Antwort parat. Ich hab auch schon mal den Ausdruck gehört: Heiliger Jesus am Stiel. Schau doch gleich mal, ob er am Stock geht.

KARL: In Ordnung.

STEPHEN: Viel Spaß, Kumpel! Ich hoffe, das Treffen morgen wird interessant.

KARL: Ja, das könnte ganz spannend werden. Aber dieser Typ ist kein Psychopath oder so was in der Art?

STEPHEN: Ich glaube kaum, dass jemand gefährlich sein kann, der glaubt, er wäre Jesus. Er wird schon ein friedfertiger Kerl sein, keine Bange.

KARL: Und dieses Syndrom kann auch nicht über Nacht in was anderes umschlagen? Er bildet sich nicht auf einmal ein, plötzlich jemand Neues zu sein? Mit diesem Syndrom bist du ein für alle Mal Jesus und nicht auf einmal Harry Wijnvoord?

STEPHEN: Keine Sorge, er wird schon nicht aufwachen und sagen: »Hi, jetzt bin ich Simon Cowell.« Ich glaube nicht, dass das ein Problem sein wird.
KARL: Wollte nur sichergehen.

MONTAG, DEN 24. MAI

Ich hatte befürchtet, dass ich nach der Attacke gestern Albträume haben würde, aber ich konnte gut schlafen.

Beim Frühstück informierte mich Luke darüber, dass ich Jesus auf einem Markt treffen sollte. Es klang ziemlich albern, aber wahrscheinlich muss auch Jesus genau wie alle anderen einkaufen gehen.

Als wir auf dem Markt eintrafen, hörte ich mich um, ob irgendjemand ihn schon gesehen hätte. Die Reaktionen fielen gemischt aus. Ein paar Leute wiesen mich zu der Stelle, wo er normalerweise abhängt, andere meinten, ich verschwende meine Zeit, der Typ sei einfach nur durchgeknallt. Unterwegs kam ich an ziemlich vielen Männern mit langen Haaren und Bart vorbei, aber ich denke mal, wenn man in einer Stadt wohnt, in deren Nähe Jesus gelebt hat, fängt man irgendwann an, dessen Stil zu kopieren. So wie damals, als ich noch jünger war und viele Jugendliche in Manchester aussehen wollten wie Noel und Liam Gallagher.

Ich fragte mich weiter nach Jesus durch, bis ich einen jungen Mann traf, der ebenfalls auf ihn wartete. Ich wollte wissen, ob er denn mit Jesus verabredet sei, und er erzählte mir, dass er sich täglich mit ihm treffe. Gerade als ich ihn fragen wollte, wie ich Jesus denn am besten ansprechen sollte, fuhr ein Motorrad auf den Bürgersteig. Der Fahrer trug eine Kutte und hatte lange Haare und einen Bart, und das Motorrad war mit Tüchern abgehängt. Da sei er ja, sagte der Mann und erklärte mir, dass Jesus versuche, das Motorrad ein bisschen wie einen Esel aussehen zu lassen.

Jesus machte den Motor aus, stieg ab, rollte eine Matte aus und ließ sich darauf nieder. Im Nu hatten sich rund vierzig Leute um ihn herum versammelt, und es dauerte nicht lange, bis sich zwischen ihm und einer Frau ein Streitgespräch entwickelte. Soweit ich es mitbekam, hatte der Streit irgendetwas mit dem Holocaust zu tun. Ich drängelte mich vor und sagte ihm, dass Steve mich geschickt habe.

»Hi, ich bin Karl. Wie geht's? Ich soll mich hier mit dir unterhalten. Darf ich mich zu dir setzen?«

»Du bist ein sehr mutiger Mann«, sagte Jesus.

»Mutig? Wieso mutig?«, fragte ich.

»Du setzt dich hierher, obwohl du die Menge doch siehst – sie können Propheten nicht leiden.«

»Wieso denn nicht?«

»Wieso nicht? Weil ich ihnen natürlich auch schlimme Dinge prophezeie, und das wollen sie nicht hören. Sie können mich nicht leiden, so einfach ist das.«

»Kannst du ihnen denn nicht einfach was Netteres sagen als: ›Es wird einen Holocaust geben‹?«

»Natürlich, aber ich habe ihnen ja auch gesagt, dass es einen Weg gibt, ihn zu verhindern, indem sie umdenken.«

»Und das wollen sie nicht hören?«

»Nein, das wollen sie nicht hören.«

Und dann fing er an, in verschiedenen Sprachen irgendwas zu schreien, das die Leute offenbar vor den Kopf stieß. Ich versuchte, lauter zu sein als alle anderen, um die Unterhaltung fortzusetzen.

»Gibt es auch Tage, an denen du denkst: ›Ich kann diesen Job nicht länger machen‹?«

»Wie bitte?«

Er hatte mich nicht verstanden. Ich versuchte es noch mal, etwas lauter diesmal. »Die ganzen Leute, die dich die ganze Zeit anschreien – wenn ich du wäre, würde ich, glaub ich, irgendwann denken: ›Ich hab keine Lust mehr darauf.‹ Verstehst du, was ich sagen will?«

»Ich habe keine Wahl.«

Das hebräische Geschrei ging weiter, doch Jesus saß einfach nur da und zündete sich eine Marlboro an.

Ein Tourist rief ihm zu: »Erlöser! Erlöser! Ich hab ein Gesundheitsproblem. Lass mich deine Kutte anfassen! Heile mich!«

»Lass mich in Frieden, du bekloppter Franzose!«, rief Jesus zurück.

»Lass mich deine Kutte anfassen, Erlöser!«

»Pfoten weg!«

Ich hatte nicht das Gefühl, dass sich noch ein normales Gespräch mit Jesus entwickeln würde, und zog mich zurück. Wenn der echte Jesus immer noch hier wäre, ginge es ihm womöglich ganz genauso: Die Leute würden ihn entweder beschimpfen oder belagern. In der heutigen Zeit mag vieles besser sein als zu biblischen Zeiten, aber tatsächlich brauchen die Leute mehr Hilfe denn je. Neulich erst hab ich auf einer Soßenpackung die Nummer einer Hilfe-Hotline entdeckt. Ich rief dort an, um herauszufinden, ob wirklich jemand das Gespräch entgegennehmen würde. Als der Hörer abgenommen wurde, legte ich sofort wieder auf, schließlich brauchte ich keine Hilfe.

Ich war aus der Sonne gegangen und machte ein kleines Päuschen im Schatten, als ein Typ auf mich zukam, der uns bei den Dreharbeiten beobachtet hatte. Er bedeutete mir mitzukommen. Er führte mich zu einem Parkplatz, auf dem ein Wohnmobil mit einem riesigen Lautsprecher auf dem Dach parkte. Aus dem Lautsprecher tönte Technomusik. Er und seine vier Kumpels veranstalteten gerade einen kleinen Privat-Rave, und sie wollten, dass ich mitmachte. Ich tanzte ein paar Stücke lang mit, dann erklärte ich ihnen, ich müsste zurück zum Hotel, und sie boten mir an, mich zu fahren. Unterwegs erzählte mir einer von ihnen, dass sie sogenannte Nachmen seien, die daran glaubten, Glück durch die Kraft des Tanzes zu verbreiten. Höflich sagte ich: »Sehr gut«, aber eigentlich wollte ich nur noch zurück ins Hotel. An einer roten Ampel hielten sie an, sprangen aus dem Wohnmobil und fingen wieder an zu tanzen. Die Fahrer um uns herum guckten verdutzt, aber die meisten lächelten.

Die Nachmen verrieten mir, dass sie täglich Hunderte von Menschen, die in Staus standen, aufheiterten. Ich wandte ein, dass möglicherweise sie selbst die Staus verursachten. In diesem Moment sprang die Ampel wieder auf Grün, und die Fahrer um uns herum sahen plötzlich alles andere als amüsiert aus. Sie hupten und riefen uns zu, wir sollten weiterfahren. Keine fünfhundert Meter weiter passierte das Gleiche wieder. Die Nachmen hüpften aus dem Wagen und tanzten über die Straße und auf dem Dach des Wohnmobils wie die Kids in dem Film *Fame*.

»Manchmal nehme ich meine Kinder mit. Sie sind total begeistert, es macht sie wirklich glücklich«, sagte einer von ihnen zu mir.

»Aber kommen sie dann nicht zu spät zur Schule, wenn es immer nur heißt: ›Raus mit euch, die Ampel steht auf Rot‹? ›Aber, Papa, ich komm zu spät zum Englischunterricht!‹?«

»Ach was, nein, es ist gut für sie«, versicherte er mir.

An einem Kreisverkehr in der Nähe meines Hotels hielten sie für einen längeren Tanz an, zwei von ihnen kletterten aufs Wagendach, und sie drehten die Musik noch lauter auf als zuvor – so laut, dass wir die näher kommenden Sirenen nicht hörten, bis das Polizeiauto direkt neben uns anhielt. Die Polizisten stiegen aus und wiesen uns an, die Dreharbeiten auf der Hauptverkehrsstraße umgehend einzustellen, weil wir die anderen Fahrer behindern würden. Die Tatsache, dass zwei Typen auf dem Wagendach rumsprangen und die Musik laut plärrte, schien sie überhaupt nicht zu stören.

Ich verabschiedete mich und ging.

DIENSTAG, DEN 25. MAI

Heute haben wir schon wieder eine große Mauer besichtigt. Sie war gigantisch hoch und so lang, dass man das Ende nicht erkennen konnte. Sie trennt Israel von Palästina. Diese Mauer ist wirklich grässlich, sie besteht aus Betonplatten mit Stacheldraht obendrauf. An einem Grenzübergang musste ich meinen Pass vorzeigen.

Auf der anderen Seite traf ich einen Palästinenser namens Kais, der mich nach Bethlehem mitnahm. Er zeigte mir eine Kirche und die Stelle, an der angeblich Jesus geboren worden war.

Kais hatte ein paar Flöten in der Tasche. Der Legende nach hatten die Schäfer, die bei der Geburt Jesu anwesend waren, Flöten dabei. Der Aufseher der Kirche verbot uns jedoch, Flöte zu spielen. Ein Glück! Flöten sind meines Erachtens die schrecklichsten Musikinstrumente überhaupt.

Wir mussten eine Weile warten, um die Geburtsstelle besichtigen zu können. Immer wieder rückten die Leute ein Stück voran. Viele waren in Tränen aufgelöst. Einige legten Rosenkränze und Kreuze an der Stelle ab, ein Mann legte sein Handy dorthin, als würde er darauf spekulieren, dass sich der Akku auflüde. Ich habe keine Ahnung, wie sie darauf kommen, dass es genau diese Stelle gewesen sein muss. Meine Mutter kann sich nicht einmal mehr an die Zimmernummer im Krankenhaus von Wythenshawe erinnern, in dem sie mich zur Welt brachte, und da war sie immerhin persönlich anwesend. Ich habe also meine Zweifel. Und dann war es auch nicht annähernd so, wie ich es mir vorgestellt hatte. Ich hatte mit einer kleinen Hütte und Stroh und einer Krippe gerechnet, aber es sah eigentlich eher nach einer Feuerstelle aus.

Weil ich nicht religiös bin, hat mir dieser Besuch nicht wirklich was bedeutet. Aber wenn ich irgendwann mal eine Weihnachtskarte mit einer Krippenszene vorne drauf kriege, kann ich von nun an wenigstens behaupten, dass ich da war.

Auf dem Heimweg entdeckte ich ein Graffiti von Banksy an der grässlichen Mauer. War ja klar, dass er es hier toll finden würde.

MITTWOCH, DEN 26. MAI

Endlich sind wir in Jordanien. Es war eine verflucht lange Reise. Stundenlang fuhren wir durch Niemandsland, bis wir schließlich am Toten Meer ankamen. Im Reiseführer hatte ich davon schon Bilder gesehen. Eins davon hatte einen Mann gezeigt, der aufgrund des hohen Salzgehalts im Wasser auf dem Rücken trieb und Zeitung las. Ich bat Luke, Halt zu machen, weil ich Lust hatte, eine Runde im Wasser zu drehen. Er war einverstanden. Ich vermute mal, dass er wegen der gespielten Entführung immer noch ein schlechtes Gewissen hatte.

Auf einem Schild stand, dass das Tote Meer die weltweit tiefste Stelle unter dem Meeresspiegel darstelle. Es sah nicht danach aus, und auch die Sonne wirkte nicht weiter entfernt als sonst, aber Ben, Lukes Assistent, erwähnte irgendetwas in der Richtung, dass man hier keine Sonnencreme bräuchte, weil die UV-Strahlen nicht so tief reichten. Wenn ich's mir recht überlege, gehört zu Bens Aufgaben allerdings auch, darauf zu achten, dass wir unser Budget nicht überstrapazieren. Ich wäre nicht überrascht, wenn er das nur gesagt hätte, damit wir nicht losrennen und Sonnencreme für alle kaufen.

Das Tote Meer war schlammig und sah so gar nicht wie ein Meer aus. Eher wie ein See. Trotzdem wollte ich unbedingt hineinspringen, weil ich einen leichten Ausschlag am Bein habe und der Schlamm und das Salz angeblich gut für die Haut sind. Flusspferde wälzen sich ja auch den ganzen Tag im Schlamm, und ich kann mich nicht daran erinnern, je auch nur ein einziges mit

KARLS ERKENNTNISSE

DIE ERSTEN, DIE SICH IN PETRA NIEDERLIESSEN, GEHÖRTEN ZUM SEMITISCHEN NOMADENVOLK DER NABATÄER. DIE SIEDLUNG WAR AB DEM 4. JAHRHUNDERT V. CHR. HAUPTSTADT DES NABATÄISCHEN KÖNIGREICHS, FIEL IM 2. JAHRHUNDERT N. CHR. JEDOCH ANS RÖMISCHE REICH.

DIE STADT WURDE 1812 WIEDERENTDECKT.

1989 WURDEN IN PETRA SZENEN AUS *INDIANA JONES UND DER LETZTE KREUZZUG* GEDREHT.

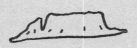

»PETRA« IST DAS GRIECHISCHE WORT FÜR »FELS«.

Hautausschlag gesehen zu haben. Also muss an der Sache ja was dran sein.

Ich watete hinein und hatte Schwierigkeiten, auf den Beinen zu bleiben, weil der dunkle grüne Morast mich nach unten zog. Sofort begann das Salzwasser an den Kratzern an meinen Handgelenken und Knien zu brennen, die ich mir bei der Entführung zugezogen hatte. Mir war gar nicht aufgefallen, dass ich so viele Kratzer hatte. Es war ungefähr so, als bemerke man erst, dass man sich an der Tüte geschnitten hat, wenn man schon die Hälfte der Chips gefuttert hat.

Ich war bei Weitem der Jüngste dort. Die anderen sahen alle aus, als seien sie über siebzig. Vielleicht heißt es deshalb ja auch Totes Meer – weil die Besucher schon mit einem Bein im Grab stehen. Es kann allerdings genauso gut sein, dass sie einfach nur Urlaub machen und sich nur deshalb im Wasser treiben lassen, weil es sonst nicht viel zu tun gibt. Vielleicht sind sie auch jünger, als sie aussehen, und einfach nur verschrumpelt, weil sie den ganzen Tag im Wasser liegen.

Ich ließ mich rückwärts fallen und im Wasser treiben. Es war richtig klasse! Zumindest bis Luke mir zurief, dass sich irgendwas in meinem Bauchnabel verfangen hätte. Zuerst dachte ich, es wäre eine Kippe, aber als ich es herausgepopelt hatte und versuchte, es wegzuschnippen, erkannte ich bei genauerer Betrachtung, dass es sich um Schleim handelte, Auswurf, Rotze, und dass ziemlich viele Leute um mich herum sich schnäuzten und Schleim hochhusteten, besonders wenn sie gerade aus Versehen einen Mundvoll Salzwasser geschluckt hatten. Ich fragte mich, ob der grüne Morast wirklich Morast war oder nicht vielmehr Rotz.

Während ich noch auf dem Toten Meer trieb, rief Ricky an.

RICKY: Was geht?
KARL: Ich bin gerade im Toten Meer.
RICKY: Und treibst auf dem Wasser?
KARL: Yeah, zusammen mit der Rotze von irgendjemandem.
RICKY: Wie bitte?
KARL: Ich hab gerade Rotze auf mir drauf entdeckt.
RICKY: Pfui Teufel!
KARL: Hier sind jede Menge alter Leute, du weißt schon, die Schleim husten und so. Und ein bisschen was davon hatte ich gerade in meinem Bauchnabel.
RICKY: Das ist ja eklig!
KARL: Vielleicht treibt man ja deshalb an der Oberfläche. Neunzig Prozent Rotzgehalt.
RICKY: Ich wollte gerade vorschlagen, das Wasser mal zu probieren, um zu sehen, wie salzig es wirklich ist... Lass es bleiben. Was hast du sonst noch alles erlebt?
KARL: Es ist hier ziemlich anstrengend.
RICKY: Warum? Auf dem Meer herumzudümpeln klingt doch eher nach Urlaub.
KARL: Es ist das erste Mal seit Tagen, dass ich mich ein bisschen entspannen kann.
RICKY: Hmm. Klingt so, als wärst du in einer Therme, nur dass das Becken voll Schleim ist. Der neuste Wellness-Trend: Schleimbehandlung! »Möchten Sie lieber die Aromatherapie oder die Behandlung mit Rentnerrotze?« – »Einmal Aromatherapie, bitte.« Hey, dieser Kamelausflug in Ägypten, den fandest du doch gut, oder?
KARL: Nein, und das weißt du ganz genau.
RICKY: Wieso, war's unbequem?
KARL: In der Tat! Ein Kamel ist das ungeeignetste Reittier überhaupt! Ich meine, hallo, Höcker?

RICKY: Okay, also, dann fürchte ich, du wirst es noch mal probieren müssen. Denn du musst dich wohl daran gewöhnen.
KARL: Meinetwegen. Aber höchstens eine kleine Runde, hörst du?
RICKY: Eine kleine Runde? Das Wunder von Petra ist ungefähr zwei Tage per Kamel entfernt...
KARL: Zwei Tage?!
RICKY: Ganz richtig. Ich an deiner Stelle würde dieses wunderbar salzige, rotzige Wellnessbad in vollen Zügen genießen. In ein paar Tagen wird dein Hintern nämlich richtig schön wundgescheuert sein. Wenn ich du wäre, würde ich ihn so gut einweichen, wie es geht.
KARL: Du willst damit also wirklich sagen, wir legen den ganzen Weg nach Petra auf Kamelen zurück?
RICKY: Klar, warum denn nicht? Wäre doch Blödsinn, unterwegs das Fahrzeug zu wechseln.
KARL: Aber was soll das bringen?
RICKY: Einmal Direktritt ohne Umsteigen, sozusagen. Das ist doch viel besser als, was weiß ich, die erste Etappe mit dem Zug, dann ab in den Reisebus und dann noch ein Stück im Hubschrauber. Nein, lass mal. Einmal Kamel von A bis Z.
KARL: Nun, da mich dieser Anruf ein Vermögen kostet, obwohl du mich angerufen hast, lohnt es sich nicht zu diskutieren.
RICKY: Karl, komm aus dem Toten Meer raus, zieh deine Klamotten an, und mach deinen Job. Du befindest dich nicht im Urlaub, kapiert?
KARL: Ich mache meinen Job hier jetzt schon vier Tage lang. Das hier ist gut für die Fernsehserie: Ich erkläre den Zuschauern, dass das Wasser total salzig ist, dass man darauf herumtreiben kann und wie gut es für die Haut ist.

> **RICKY**: Es ist bestimmt nicht gut für die Haut, wenn du in der Kotze und im Schleim und im Rotz alter Leute schwimmst. Bei Alan Whicker von der BBC und bei Michael Palin war davon zumindest nie die Rede.
> **KARL**: Stimmt. Das ist richtig.
> **RICKY**: Kannst du denn nicht über die Weltwunder sprechen?
> **KARL**: Wenn ihr mich denn dorthin geschickt hättet! Aber ihr habt mich ja nach Israel geschickt. Aber in Ordnung, ich bin dabei. Auf zu diesem Wunder. Jessas... Ach, den hab ich übrigens gestern kennengelernt. Also, ich habe gestern Jesus kennengelernt.
> **RICKY**: Ehrlich wahr?
> **KARL**: Kein Scherz. Ich bin allerdings nicht zu Wort gekommen. Ich bin einfach nicht zu ihm durchgedrungen.
> **RICKY**: Er läuft bestimmt jeden Moment an dir vorbei. Ihm würde dieser Seniorenschmodder zumindest nur an den Fußsohlen kleben...
> **KARL**: Wiederhören.

Auf dem Weg nach Jordanien musste ich einen weiteren Grenzposten passieren. Diesmal checkten sie auch meinen Koffer, und ich fühlte mich sofort schuldig, auch wenn ich gar nichts dabeihatte, wofür ich mich schuldig fühlen müsste. Sie durchsuchten auch meinen Kulturbeutel und zogen eine Handvoll Ohrenstöpsel heraus. Ich glaube, sie hatten noch nie im Leben Ohrenstöpsel gesehen, zumindest sahen sie äußerst ratlos aus, als sie sie untereinander herumreichten.

Um 20 Uhr erreichten wir unser Hotel. Weil mein Zimmerschlüssel nicht auffindbar war, gaben sie mir ein anderes Zimmer. Aber dort ging die Tür nur einen Spaltbreit auf, sodass ich meinen Koffer nicht hineintragen konnte. Irgendwann gaben sie auf und führten mich zu einem ziemlich schicken Zimmer. Sie öffneten die Tür und fragten mich, ob ich mit der Suite einverstanden wäre. Ich sagte, klar doch, nur das Höschen und der BH auf dem Bett seien nicht gerade mein Stil. Das Zimmer war bereits anderweitig vergeben.

Gegen Viertel nach neun hatten sie dann ein Zimmer für mich gefunden. Das Fenster öffnet sich zur Lounge hin, wo gerade ein fetter Typ »My Way« sang. Während ich diese Zeilen schreibe, ist es 22.30 Uhr, und er singt immer noch.

Ich habe gerade im Spiegel gesehen, dass ich einen Sonnenbrand auf dem Rücken habe. Ben hat in Sachen UV-Strahlung definitiv Mist erzählt.

DONNERSTAG, DEN 27. MAI

Ich bin früh aufgestanden. Ich sollte mein Gepäck mit nach unten nehmen und Luke vor dem Hotel treffen, weil wir heute zu dem Weltwunder von Petra reisen würden.

Luke machte mich mit einem Mann, Mr. Mohammed, bekannt, und Mr. Mohammed bat mich, in einen der beiden Pick-ups zu klettern, die draußen vor dem Hotel bereitstanden. Die zwei Pickups waren alt, verbeult, und auf den Ladeflächen war je ein Kamel festgebunden. Meinen Koffer warf er genau neben den Hintern eines Kamels. Mr. Mohammed kündigte an, die Wüste auf den Kamelen zu durchqueren, aber bis an den Rand der Wüste würden wir erst mal fahren. Ich fragte Mr. Mohammed, ob es stimmte, was Ricky gesagt hatte – dass der Ritt durch die Wüste achtundvierzig Stunden dauern würde. Er bestätigte es. Ich konnte nicht anders: Ich warf einen Blick zurück auf die Kamele. Sie sahen äußerst betagt aus und schienen jetzt schon zu ächzen.

Mr. Mohammed stieg in den einen und ich in den anderen Pick-up ein. Mein Fahrer war ein junger Mann, dessen Vater sich prompt auch noch neben mich in den Pick-up zwängte. Die Kamele hatten definitiv mehr Platz als ich.

Der Vater war ein älterer Herr mit einem mächtigen Schnauzbart und einem Sakko über seiner Kutte. Er hieß Saba und sprach nicht sonderlich gut Englisch. Ich versuchte, mich ein bisschen mit ihm zu unterhalten, und erzählte ihm, dass ich aus London stamme und mit meiner Freundin Suzanne schon sechzehn Jahre zusammen sei.

Etwa zwei Minuten nachdem wir den Hotelparkplatz verlassen hatten, blieb der Pick-up, in dem ich unterwegs war, liegen. Vielleicht haben sie deshalb ein Kamel auf der Ladefläche – als eine Art Abschlepphilfe. Der junge Mann klappte die Motorhaube auf und brachte den Wagen wieder in Gang, als würde ihm so etwas regelmäßig passieren.

Bis an den Rand der Wüste dauerte es etwa eine Stunde. Bei unserer Ankunft überreichte Mr. Mohammed mir ein paar Kleidungsstücke, die aus mir einen echten Wüstenabenteurer machen sollten. Bevor ich auf das Kamel kletterte, cremte ich mir allerdings sicherheitshalber noch das Gesicht mit Sonnencreme ein. Mr. Mohammed fragte mich, was das denn sei. Als ich ihm erklärte, dass es sich dabei um einen Sonnenschutz handele, entgegnete er mir, dass echte Beduinen sich das Gesicht mit Sand schrubbten, um keinen Sonnenbrand zu kriegen. Es sollte lediglich die erste einer ganzen Reihe von Anekdoten aus dem Mund des Mr. Mohammed sein, die nach völligem Blödsinn klangen. Während wir die Wüste durchquerten, erzählte er eine ganze Menge Dinge, die mir doch sehr, sehr seltsam vorkamen. Beispielsweise erwähnte er, dass wir heute Nacht an einem Ort übernachten würden, wo es einen Laden gäbe, in dem ich Twix kaufen könnte. Ach, wirklich?

Ich versuchte, mich mit ihm über allerhand Themen zu unterhalten, aber er verstand mich nicht. Irgendwann fing er stattdessen an zu singen, und ich wandte mich ab und starrte in die Landschaft. Nur war da leider überhaupt nichts zu sehen. Und überhaupt niemand. In fünf Stunden entdeckte ich sage und schreibe zwei Käfer.

Ich hatte eigentlich angenommen, dass wir ein, zwei Stunden in der Wüste bleiben würden, bis Luke das Ganze abbrach, weil wir genügend Aufnahmen für die Serie hätten. Sechs, sieben Stunden später wurde mir klar, dass da mein Wunsch Vater des Gedankens gewesen war. Nach ungefähr acht Stunden fing Mr. Mohammeds Kamel an, lautstark zu stöhnen und sich immer wieder hinzusetzen, und irgendwann gab es dann ganz den Geist auf.

Die Pick-ups wurden alarmiert und die Kamele erneut darauf verladen. Saba, der Mann mit dem Riesenschnauzer, neben dem ich auf dem Weg hierher gesessen hatte, schien nicht gerade erfreut zu sein. Es stellte sich heraus, dass die Kamele ihm gehörten und dass er es ungern sah, dass wir den ganzen Tag auf ihnen unterwegs gewesen waren. Ich wandte ein, angeblich würden Kamele doch auch Wüstenschiffe genannt werden. Wenn das der Tatsache entsprach, dann hatten wir wohl die *Titanic* erwischt.

Ich landete wieder im selben Auto mit Saba. Keine Ahnung, ob er mich absichtlich ignorierte, weil er sauer auf mich war, oder weil er einfach nicht viel Englisch sprach.

Dann erfuhr ich, dass ich heute Nacht mitten in der Wüste bei ihm daheim in seinem Zelt bei seiner Familie mit vierzehn Kindern übernachten sollte. Es machte mir nicht allzu viel aus; ich war so erledigt, dass ich überall hätte schlafen können. Ich fragte Mr. Mohammed, wann die Menschen hier denn ins Bett gingen, und er antwortete, sie würden ganz sicher heute Abend länger aufbleiben, weil sie ihrem Gast ein Unterhaltungsprogramm bieten wollten. Ich entgegnete, sie sollten sich bitte meinetwegen keine Umstände machen, und wir könnten doch einfach schlafen gehen, aber er wandte ein, dass Saba ein Essen vorbereitet habe.

Während Saba das Abendessen anrichtete, saß der Rest der Familie herum und rauchte etwas, das ihre Augen ganz groß werden ließ. Ich dachte zuerst, es wären Drogen, aber angeblich war es nur starker Tabak. Mr. Mohammed bot auch mir als Ehrengast etwas davon an, aber ich lehnte dankend ab. Er meinte, das sei eine Beleidigung für Saba und werde ihn vor den Kopf stoßen, aber ich erklärte ihm, dass ich Nichtraucher sei und nicht gedenke, in meinem Alter daran noch etwas zu ändern. Irgendwie hatte ich den Eindruck, dass wir uns einig waren.

Dann kam das Essen – in Form einer riesigen Servierplatte mit einem Tierschädel in der Mitte und Reis und milchigen Soßen drumherum. Das Ganze nannte sich Mansaf. Ich probierte ein wenig davon, weil ich nicht unhöflich sein wollte, aber es schmeckte mir nicht. Ich mag Fleisch, wenn es gut durchgebraten ist, und dieses hier war alles andere als durch. Dann erklärte mir Mr. Mohammed, Saba bestehe darauf, dass der Gast – also ich – das beste Stück zu essen bekäme: das Auge. Zwei Fragen schossen mir durch den Kopf. Wie konnte ich vermeiden, das Auge essen zu müssen? Und welches Tier hatte nur ein Auge?

Mr. Mohammed gab erneut zu bedenken, dass ich Saba beleidigen würde, wenn ich das Auge ablehnte. Andererseits hatte ich den Eindruck, dass wir ohnehin keine Freunde mehr würden, seit ich seinen Tabak verschmäht hatte. Warum sollte ich mir also noch Mühe geben? Ich warf das Auge heimlich einer Katze zu, die um das Zelt herumschlich.

Bevor wir uns schlafen legten, bat ich Mr. Mohammed, am kommenden Morgen nicht mehr allzu lange hierzubleiben, weil ich glaubte, dass Saba mich nicht leiden konnte. Mr. Mohammed sagte daraufhin, dass Saba entsetzt darüber gewesen sei, dass ein Mann in meinem Alter mit einem sechzehnjährigen Mädchen zusammen wäre. Das Ganze war also ein Missverständnis. Ich hatte ihm im Auto erzählt, dass ich seit sechzehn Jahren mit Suzanne zusammen war.

FREITAG, DEN 28. MAI

Letzte Nacht habe ich nicht gut geschlafen. Die ganze Zeit krochen Insekten aus dem Wüstensand und krabbelten über mich drüber. Am Morgen stand ich auf und wollte die Toilette benutzen. Diese Hockklos sind immer noch nicht mein Ding, keine Ahnung, weshalb. Ich war jetzt schon in einigen Ländern und komme immer noch nicht damit klar. Zum Frühstück gab es Tee und Brot, dann brachen wir auf.

Mr. Mohammed wollte gerne wieder die Kamele nehmen, weil die sich schließlich über Nacht ausgeruht hätten, aber ich überzeugte ihn davon, dass das Auto die bessere Option sei. Na ja, wenn ich »überzeugen« sage... Er bestand auf die Kamele, aber ich weigerte mich und setzte mich in den Pick-up, sodass er letztendlich nachgeben musste.

Irgendwann erreichten wir endlich das Weltwunder. Fast. Die Reise würde also bald überstanden sein... zumindest dachte ich das.

Ich hatte nicht einmal die Gelegenheit, irgendetwas zu besichtigen, weil Ricky anrief. Er erzählte mir, dass ich heute Nacht in einer Höhle übernachten würde. Ich fragte, warum, und er erwiderte nur: »Weil das bestimmt cool ist«, und dann war die Leitung tot.

Ich rief Steve an.

STEPHEN: Hallo!
KARL: Hi. Ich hab gerade mit Ricky telefoniert. Er hat mich kurz vor dem Wunder erwischt und gesagt, ich würde doch Höhlen mögen und so Zeug, also würde ich heute in einer Höhle übernachten. Was meint er damit?

STEPHEN: Na ja, ich kann mich dunkel daran erinnern, dass du vor deiner Abreise erwähnt hast, du würdest lieber in einem Loch mit Ausblick auf einen Palast hausen als in einem Palast mit Ausblick auf ein Loch. Du meintest, die Aussicht wäre dir wichtig...

KARL: Ja, klar, aber...

STEPHEN: Da haben wir uns gedacht, wenn es das ist, was du willst – und du beschwerst dich doch schon die ganze Zeit –, dann sollst du es bekommen.

KARL: Das meinte ich doch nicht wörtlich!

STEPHEN: Man sollte meinen, nach all den Reisen, die du jetzt schon hinter dich gebracht hast, hättest du gelernt, dass man manche Dinge einfach nicht beschreien sollte. Man weiß eben nie, was daraus entsteht.

KARL: Aber diese Sache mit dem Loch hab ich doch nicht ernsthaft in Erwägung gezogen. Ich hab darüber nie nachgedacht. Ein Loch ist doch ein Rückschritt, verdammt! Wie soll ich mich denn weiterentwickeln, wenn ich einen Rückschritt mache? Ich meine, wann haben die Menschen in Höhlen gelebt, na? Ich kenne niemanden, der sich daran noch erinnern könnte. In meiner Familie gibt es jedenfalls keinen mehr, der sagen könnte: »Meine Ururururoma lebte noch in einer Höhle.«

STEPHEN: Du könntest eine Menge über dich selbst erfahren, wenn du endlich mal aus dieser zivilisatorischen Komfortzone heraustreten würdest. Du weißt schon, zurück zu den Ursprüngen. Das ist doch aufregend!

KARL: Ich mag die Natur. Ich hab hier auch schon mit Käfern gespielt. Hier fleucht eine ganze Menge davon herum, aber...

STEPHEN: In dieser Höhle sind sicher eine Menge Käfer und andere krabbelnde Kreaturen, wenn es das ist, worauf du Lust hast. Wenn du gerade auf dem Käfertrip bist, dann ...

KARL: Ich sehe sie mir gern an, in Ordnung. Aber ich will nicht zwischen ihnen schlafen! Da ist doch wohl noch ein Unterschied! Ehrlich, wenn du mich jetzt gerade sehen könntest, würdest du mich fragen: »Was in aller Welt tust du da?« Ich bin in dieser echt bekloppten Aufmachung unterwegs, weil der Typ, der mich hier rumfährt, mich neu eingekleidet hat, weil er der Meinung ist, das wäre besser für mich bei diesen Temperaturen. Er ist mit mir acht Stunden lang durch die Wüste geritten, was eigentlich eine Zwei-Tages-Tour hätte sein sollen, aber nach acht Stunden war das Kamel im Eimer, und dann sagte er nur: »Also gut, dann nehmen wir eben das Auto.« Wenn wir ein Auto zur Verfügung haben, warum sind wir dann überhaupt auf diese Scheißkamele gestiegen? Ich weiß noch nicht mal, ob er kapiert hat, was sein Job sein soll, weil er jedes Mal, wenn wir einen geschichtsträchtigen Ort erreichen, auf dem Absatz kehrtmacht und sagt: »Ich geh dann mal.« Von all den Reisen, die ich bisher gemacht habe, weiß ich von dieser hier echt am wenigsten, was sie bringen soll. Ich habe langsam den Verdacht, dass es einfach nur darum ging, mich in einem Zelt mit einem Haufen Kindern unterzubringen. Und mit dem Alten hab ich mich auch nicht gut verstanden, weil ich seinen Tabak abgelehnt habe.

STEPHEN: Au Backe, du hast schon wieder einen Einheimischen vor den Kopf gestoßen ...

KARL: Aber ich habe gesagt: »Nein *danke*.« Was soll daran unhöflich sein?

STEPHEN: Denk mal darüber nach, wie es sich für ihn anfühlen muss, wenn du auch noch seine Höhle ablehnst ...

> KARL: Mann, was weiß ich denn? Ich hätte gedacht, Höhlenmenschen sind nicht so schnell beleidigt.
> STEPHEN: Ich bin mir nicht sicher, ob er in die Kategorie »Höhlenmensch« fällt. Nur weil jemand in einer Höhle lebt, ist er doch noch lange kein Höhlenmensch.
> KARL: Was denn sonst? Wo verläuft denn dann die Grenze? Er ist ein Mensch, er lebt in einer Höhle. Ach, verdammt, meinetwegen mach ich mit. Ich weiß ja auch nicht, wo ich sonst übernachten soll. Aber ich finde, es reicht langsam.
> STEPHEN: Hey, gute Einstellung.
> KARL: Ich halt dich auf dem Laufenden.

Ibrahim erwartete mich in einem Café. Sein Gesicht und seine Haare sahen wirklich ein bisschen so aus wie bei einem Höhlenmenschen. Das Einzige, was den Eindruck schmälerte, war seine Frisur: Er hatte Wet-Gel in den Haaren wie früher Michael Jackson. Oder aber seine Höhle war sehr, sehr feucht. Aber er war nett. Und er führte mich durch diese Höhlen. Es waren unglaublich viele – ein bisschen so wie bei Fred Feuerstein.

Viele dieser Höhlen sind unbewohnt, weil die Regierung sie in den 80ern geräumt hat, um sie für die Nachwelt zu erhalten. Ich konnte mir trotzdem gut vorstellen, wie es gewesen sein musste, hier zu leben. Ich sah mich selbst am Morgen mit einem Knüppel in der Hand aus einem dieser Löcher krabbeln und denken: »Na, was steht heute wohl auf dem Programm?« Ich hätte vermutlich meine Zeit damit vertrödelt, Dinge zu erfinden. Dinge zu erfinden muss damals viel leichter gewesen sein, als es heute der Fall ist. Heutzutage ist es schwierig, sich etwas Neues auszudenken. Ich habe zum Beispiel mal einen durchsichtigen Toaster erfunden, sodass man nicht ständig den Toast raushebeln musste, um zu sehen, ob er schon genug gebräunt ist. Dann hab ich allerdings ein bisschen online recherchiert und festgestellt, dass schon jemand vor mir auf diese Idee gekommen ist. Ich habe auch schon mal über leuchtende Papiertaschentücher nachgedacht, und zwar als ich einmal eine fette Erkältung hatte und nachts meine Taschentücher nicht finden konnte. Ich googelte und stellte auch hier fest, dass so etwas bereits erfunden worden war.

Die einzige Sache, die mir hier auf die Nerven gehen würde, ist diese Tag-der-offenen-Tür-Mentalität. Keine Türen sind auch keine Lösung. Wann immer irgendein Bekannter vorbeikäme, könnte der sehen, dass man daheim ist, und einfach hereinschneien. Das würde diese Erfindersache wohl ziemlich beeinträchtigen. Was, wenn man gerade dabei wäre, sich eine clevere Sache auszudenken, und dann kommt mal wieder jemand vorbei und ruft: »Hey, Albert, alles klar bei dir?« »Verdammt, ich hatte gerade einen guten Einfall, aber jetzt ist er weg. Verschwinde!«

Ibrahim zeigte mir die Höhle, in der er zur Welt gekommen war, und diejenige, in der er als Kind gelebt hatte: eine schön große Höhle, von der ein Wohnzimmer und ein Schlafzimmer abgingen. Dann zeigte er mir die Höhle, die seine Familie bezogen hatte, als er größer war und sie mehr Platz benötigten. Er führte mich herum, als wäre er in einer dieser Makler-Sendungen: »Hier ist der Wohnraum. Und hier war früher die Kochecke.« Es machte alles einen verhältnismäßig normalen Eindruck, bis er mich auf das Grab im Wohnzimmer aufmerksam machte. Der Fernsehsender hätte ihn bestimmt darauf hingewiesen, dass er dieses Detail besser verschweigen sollte, wenn er die Wohnung wirklich loswerden wollte.

Am Ende führte er mich auch noch zu seiner derzeitigen Höhle. Sie war schlicht eingerichtet, aber gemütlich. Ich hatte sie mir wie ein dunkles, feuchtes Loch mit scharfen Felsvorsprüngen an den Wänden vorgestellt, aber die Oberflächen waren allesamt ordentlich und glatt. Um ehrlich zu sein, waren die Wände in meinem Kinderzimmer deutlich kantiger, weil mein Vater damals eine Phase hatte, in der er ganz verrückt nach Strukturputz war. Scharfkantige Wände zu haben, war in den 80ern in England wirklich modern. Damals wachte ich jeden Morgen mit frischen Kratzern am Hintern auf.

Ibrahim briet uns ein Hühnchen über dem Feuer. Es war eins der besten Hühnchen, die ich je gegessen habe.

Ich glaube, ich wäre ein super Höhlenmensch gewesen. Womöglich hätte mein Gehirn auch besser in die damalige Zeit gepasst; zumindest kommt es heutzutage nicht mehr so mit allem mit.

Ich denke mal, ich wurde einfach zu spät geboren.

Zum Einschlafen beobachtete ich die Geckos, die über die Höhlendecke flitzten. Vielleicht war das ja der Vorteil von Strukturputz: Er hielt die Geckos fern.

SAMSTAG, DEN 29. MAI

Ich habe in der Höhle richtig gut geschlafen und bin nur ein einziges Mal aufgewacht, als eine Katze hereinspazierte – ein weiteres Problem, wenn man keine Eingangstür hat. Die Übernachtung in der Höhle war mit Abstand das Beste, was ich auf dieser Reise bislang erlebt habe, und Ibrahim war ein toller Gastgeber. Bei ihm fühlte es sich an, als dürfte ich endlich tun und lassen, was ich wollte. Suzanne sagt immer, dass ich unsere Gäste unter Druck setze, weil ich ständig sage: »Schuhe aus«, oder: »Könntest du deine Tasse bitte auf den Untersetzer stellen?« Aber wenn man in einer Höhle lebt, macht man sich über solche Sachen keine Gedanken.

Morgen ist Abreisetag, also habe ich den Rest des Tages genutzt und bin noch ein bisschen durch die Anlagen von Petra spaziert.

Ibrahim empfahl mir, das Kloster zu besichtigen, es sei die Anstrengung wert. Es war ein Mörderaufstieg, um genau zu sein: mehr als achthundert Stufen. Es sah ganz ähnlich aus wie das Gebäude, das ich bei meiner Ankunft hier gesehen hatte – aber eben deutlich größer. Die Fassade war kunstvoll ausgemeißelt, aber alles in allem auch ziemlich baufällig und angeschlagen. Angeblich liegt das am Alter, aber ich habe den Verdacht, dass es noch nie perfekt gewesen sein könnte. Beim Meißeln hat man eben nur einen einzigen Versuch, und wenn die Steinmetze, die hier zugange gewesen waren, auch nur ein paar winzige Fehler gemacht hätten, könnte es von Tag eins an schon so ausgesehen haben.

So beeindruckend die Fassade auch war – es war immer noch eine Höhle. Von außen sah es vielversprechend aus, aber sobald ich meinen Kopf hineingesteckt hatte, war daran wirklich nicht mehr viel Bemerkenswertes. Abgesehen davon lag es ein bisschen außerhalb, und man musste über achthundert Stufen hinaufsteigen, sodass ich mir das freiwillig nicht noch mal antun würde. Außerdem war es nicht halb so gemütlich wie Ibrahims Höhle.

Auf dem Rückweg entdeckte ich gegenüber noch eine weitere Höhle und setzte mich dort hinein. Und wer sagt's denn? Ich hatte recht, als ich gegenüber Ricky und Steve behauptete, es sei besser, aus einem Loch auf einen Palast zu schauen als umgekehrt. Ich denke mal, das Gleiche gilt auch für Menschen. Lieber bin ich ein halbwegs unattraktiver Mensch als ein Schönling. Wie oft muss ich mir schon selbst ins Gesicht sehen? Wenn du selbst eher hässlich bist und im Büro einer attraktiven Person gegenübersitzt, wer ist da wohl besser dran?

SONNTAG, DEN 30. MAI

Heute war Rückreisetag. Ich fuhr auf dem Heimweg bei Richard im Fernsehsender vorbei, um zu fragen, ob sie ihm das Codewort für den Notfall mitgeteilt hätten. Er hatte keine Ahnung, wovon ich redete.

KAPITEL 7
MACHU PICCHU

»ICH KENNE KEINEN ANDEREN ORT AUF DIESER ERDE, DER ES MIT DER VIELFALT IHRER REIZE UND MIT IHRER MAGISCHEN KRAFT AUFNEHMEN KÖNNTE.«

HIRAM BINGHAM
(ENTDECKER VON MACHU PICCHU)

»SPEKTAKULÄR ... MIR FEHLEN DIE WORTE.«

KARL PILKINGTON

MONTAG, DEN 14. JUNI

Es dauerte eine Ewigkeit, bis wir unser Ziel erreichten. Zuerst flogen wir von Heathrow nach Madrid. Das Flugzeug war voller Spanier – voller wütender Spanier, weil der Flug verspätet war. Spanier sind ja von Haus aus ein lebhaftes Volk, aber wenn sie sich aufregen, dann gute Nacht! Neben mir saß ein Mann, der so sehr mit den Armen wedelte, dass der Pilot genauso gut die Motoren hätte abstellen können, und wir wären trotzdem in der Luft geblieben.

Am Flughafen von Madrid aßen wir Hamburger und Pommes und nahmen dann den Nachtflug nach Lima. Ich kann Nachtflüge nicht ausstehen. Ich habe immer Angst, dass der Pilot schlappmacht. Ich würde es begrüßen, wenn die Tür zum Cockpit offen bliebe, dann könnte man ihn im Blick behalten und rechtzeitig mitbekommen, wenn ihm die Augen zufallen. Oder aber ich könnte hingehen und mich mit ihm unterhalten wie mit einem Busfahrer. Ich glaube auch nicht, dass es gut ist, dass diese ganzen Knöpfe und Regler so nah beieinanderliegen. Es wäre doch sicher besser, wenn der Pilot ein bisschen mehr Platz hätte und wenn ein paar der Hebel ein Stück weit entfernt wären, sodass er hin und wieder aufstehen müsste und dadurch wach bliebe.

Nachdem wir in Lima gelandet waren, stiegen wir um und flogen weiter nach Iquitos. Dort übernachteten wir in einem Hotel. Ich bekam ein Zimmer im obersten Stockwerk. Es war unglaublich heiß darin – weil das Dach aus Blech bestand. Und weil das Zimmer riesige Fenster hatte, in die die Sonne hineinknallte. Und weil die Klimaanlage so alt war, dass sie eher Hitze abzugeben schien als das Zimmer zu kühlen. Zum Schlafen legte ich mich auf den Boden, weil heiße Luft nach oben steigt und der Boden folglich am kühlsten ist.

DIENSTAG, DEN 15. JUNI

Ich wurde um 3.45 Uhr geweckt und zu einer Militärbasis gebracht, wo wir wieder in ein Flugzeug steigen sollten. Es stellte sich heraus, dass der Flieger einer dieser winzigen Maschinen war, die vom Wasser aus starteten und auch auf dem Wasser landeten.

Es war das winzigste Flugzeug, in dem ich je gesessen hatte. Es passten gerade mal zehn Leute hinein. Und es war überdies die erste Maschine, in der ich aufgefordert wurde, sie im Notfall umgehend zu verlassen. Freddie, unser Tontechniker, beschwerte sich über die Hitze, die von den Motoren ausging, als diese gestartet wurden. Nach der Nacht in meinem Hotelzimmer bemerkte ich allerdings nichts davon. Aber Freddie war zu Recht besorgt. Einer der Motoren hatte Feuer gefangen, sodass wir warten mussten, bis sechs Männer die Maschine geöffnet und den Schaden behoben hatten.

Dann stiegen wir alle wieder ein. Es stank nach Treibstoff, wovon ich Kopfschmerzen bekam. Ich saß genau hinter dem Piloten. Er hieß George, und ich fragte ihn sofort, ob alles in Ordnung sei. Er machte diese »so lala«-Geste – keine, die ich unter diesen Umständen gerne sah. Die Piloten in *Top Gun* hatten einander immer breit zugegrinst und die Daumen hochgehalten. George dagegen sah ein klein wenig geistesabwesend aus. Wenn diese Maschine abstürzt, bin ich geliefert.

Während des Flugs wurde kaum gesprochen. Ich beobachtete, wie George Schalter umlegte, Hebel zog und in Frischhaltefolie gewickelte selbstgemachte Sandwiches verdrückte. Dann und wann griff er nach einem Hebel, und der Kopilot schlug ihm die Hand weg, bevor er den Hebel ziehen konnte. Hinter dem Kopiloten saß ein Mann mit Unterlagen auf dem Schoß. Die Flugkoordinaten womöglich; vielleicht war es aber auch einfach nur ein Sudoku. Wahrscheinlich ist es doch besser, nicht mitzubekommen, was der Pilot während des Fluges genau macht.

Wir überflogen meilenweit dicht stehende Bäume. Ich sah gerade aus dem Fenster, um unten irgendeine Form von Bewegung auszumachen, als das Flugzeug abrupt in den Sinkflug überging und auf einem Fluss landete. Es stellte sich heraus, dass es der Amazonas war. Richard, unser Regisseur, eröffnete mir, dass ich eine Weile im Dschungel bleiben würde, um auf den Geschmack des wahren Peru zu kommen. Immerhin eine Erlösung von dem Kerosingeschmack auf meiner Zunge.

Mitten im Nirgendwo luden wir unsere Ausrüstung in zwei lange, schmale Boote. Das Flugzeug erhob sich wieder in die Lüfte und flog davon, und ich hatte nicht einmal mehr Handyempfang. Richard, der Regisseur, sah mir an, dass ich mich nicht sonderlich wohlfühlte. Er rief mir zu, es wäre doch aufregend, auf dem Amazonas gelandet zu sein. Aber ich war zu sehr damit beschäftigt, mir besorgt auszumalen, was Ricky und Steve sich diesmal für mich ausgedacht hatten.

Irgendwann pieselte ich in den Amazonas. Bis Richard rief, ich solle damit besser aufhören. Es gebe da nämlich diese winzige Fischart, die aus dem Wasser durch den Urinstrahl in meinen Penis heraufschwimmen könne. So toll ist also der Amazonas, dass diese Fische lieber in meinem Schniedel als im Fluss leben möchten!

Dann spielte Richard mir eine Nachricht von Steve vor, die dieser in London aufgenommen hatte: Für mein Dschungelabenteuer würde ich meinen Dschungelrucksack brauchen, in dem sämtliche Utensilien steckten, die zum Überleben nötig seien. Ich öffnete den Rucksack. Das Erste, was ich zu Gesicht bekam, war eine kleine Taschenlampe und eine ziemlich billig aussehende Pfeife – so eine, die manchmal in Weihnachtsknallbonbons steckt. Daneben lag ein Erste-Hilfe-Kasten. Er sah nicht nur so aus, als hätte ihn schon mal jemand anders in Gebrauch gehabt. Es fehlten auch

Aspirin, Imodium und die Pflaster. Nur noch die leeren Verpackungen waren da. Außerdem befanden sich in dem Rucksack ein Paar Radlerhosen und ein Päckchen Kondome mit Geschmack. Keine Ahnung, was ich damit anstellen sollte. Dass ich mich gegen Moskitos und Tollwut und Typhus würde schützen müssen, war mir klar. Aber Kondome? Ich fragte mich, ob Steve sich vielleicht vertan und mir aus Versehen seine Sporttasche mitgegeben hatte statt des Dschungelrucksacks – bis ich ein Paar Blutegelschützer fand. Sie sahen aus wie zwei übergroße Socken, die man sich über die Hose ziehen musste, damit die Blutegel sich nicht durch den Hosenstoff bohren und sich festsaugen konnten. Ich bin ja davon überzeugt, dass derlei Erfindungen nur dazu führen, dass die Egel kräftigere Kiefer und Zähne entwickeln. So wie die Giraffe einen langen Hals entwickelt hat, um an Futter zu kommen, das hoch über ihr hängt. Was Evolution angeht, ist der Mensch sein eigener größter Feind.

In dem Rucksack steckte außerdem ein Buch mit schrecklichen Fotos von Leuten, die von irgendwelchen Dschungelkreaturen an- oder aufgefressen worden waren. Leider gab es keine Angaben zu den Tieren selbst oder dazu, was man am besten tun sollte, wenn man gebissen wurde, und ich ahnte, dass Steve es einfach nur dazugepackt hatte, um mir Angst einzujagen. Und es funktionierte. Ich musste an eine Fernsehdoku denken, die ich mal gesehen hatte. Darin ging es um eine Bremsenart, die ihr Ei unter die Haut eines Menschen legte, das dann wiederum auf die Größe eines Haribo-Colafläschchens anschwoll und anfing, unter der Haut herumzuzappeln. Warum in aller Welt tun die so was? Sie hätten doch allen Platz der Welt – aber ausgerechnet unter die Haut eines Menschen legen sie ihre Eier! Neulich erst habe ich irgendwo gehört, dass Bären sich Laubblätter in den Hintern stecken, um Ameisen daran zu hindern, in sie hineinzukrabbeln und sie zu beißen. Ich weiß ja, dass die Erde überbevölkert ist, aber so voll ist sie doch wohl auch wieder nicht, dass irgendjemand in jemandes anderen Arsch umsiedeln müsste. Kein Wunder, dass Paddington Bär aus Peru nach London auswanderte. Aber wenn schon Bären dieses Land verlassen, frage ich mich ernsthaft, was ich hier zu suchen habe.

Richard stellte mir einen Mann, Matt, vor, der mit unserer gesamten Kameraausrüstung in dem zweiten Boot saß. Matt sei unser Sanitäter, sagte Richard – was mir umso mehr Angst einjagte. Ich glaube wirklich, manchmal wäre es besser, ich wüsste überhaupt nicht, wohin ich unterwegs bin und was auf mich zukommt. Diese winzigen Informationshäppchen – »das ist unser Sanitäter« – sorgen nur dafür, dass meine Gedanken sich geradezu überschlagen und ich mir noch mehr Sorgen mache. Es ist, als würde mein Kopf mich erschrecken wollen. Nie denkt er sich schöne Sachen aus. Immer macht er mir Stress.

Irgendwann gingen wir an Land. Wilder, der sich unserer Gruppe angeschlossen hatte und den Dschungel kannte wie seine Westentasche, schlug vor hierzubleiben, weil es bald dunkel werden und wir noch unser Lager aufschlagen und ein Feuer würden machen müssen.

Ich war müde, verschwitzt und total erledigt, und als ich aus dem Boot stieg, landete ich prompt der Länge nach im lehmigen Uferschlamm. Das letzte Fünkchen Energie, das ich noch in mir gehabt hatte, wurde von dem Schlamm aufgesogen – und ich selbst inklusive. Ich wollte einfach nur noch nach Hause, und zwar mehr als je zuvor auf einer dieser Reisen. Aber ich hatte keine Wahl. Wir machten uns auf den Weg in den Dschungel. Während Wilder mit einer Machete einen Pfad ins Dickicht schlug, ermahnte er mich in einem fort, dass ich Acht geben, wo ich hintrete, und nach Schlangen Ausschau halten solle. Und dann blieb er plötzlich vor einem Baum stehen. Aus der Borke ragten fette Dornen. Er befahl mir, ja nichts zu berühren. Was zum Teufel mache ich hier, fragte ich mich – an einem Ort, an dem man noch nicht einmal den Bäumen über den Weg trauen kann?

Ich war kurz davor zu verkünden, dass ich keinen Schritt weitergehen könnte, als Wilder uns mitteilte, dass wir unseren Lagerplatz erreicht hätten. Ich musste mich erst mal hinsetzen, während die anderen die Zelte aufschlugen. Wilder sagte, ich solle sicherstellen, dass nichts auf oder in mein Gepäck gekrochen sei, bevor ich es ins Zelt mitnehme. Ich konnte aber nichts sonderlich gut erkennen, und machte dann einfach mein Bett. Na ja, Bett... Es bestand aus einer Isomatte von Halfords (nicht gerade berühmt für Outdoor-Ausrüstung) und einem Sockensack als Kissen.

Um halb acht legte ich mich schlafen. In meinem kleinen Ein-Mann-Zelt krabbelten und flogen inzwischen unzählige Insekten herum. Ich kann mich nicht daran erinnern, in meinem Leben je auch nur ein einziges Mal so früh ins Bett gegangen zu sein, aber ich wollte einfach nur noch, dass der Tag zu Ende ging.

MITTWOCH, DEN 16. JUNI

Letzte Nacht bekam ich etwa eine halbe Stunde Schlaf. Im Zelt war es total heiß, aber ich hätte ja schlecht den Reißverschluss öffnen können. Dann wären noch mehr Viecher und Mücken hereingekommen. Der einzige Moment, in dem ich mal frische Luft hereinlassen konnte, war, als ich meine Wasserflasche ausleeren musste, in die ich in der Nacht drei Mal gepinkelt hatte. Ein bisschen was war auch auf der Isomatte gelandet, weil ich nicht hatte sehen können, dass die Flasche schon voll gewesen war. Ich hatte rein nach Gehör gepinkelt. Suzanne hatte mir ein paar Feuchttücher mitgegeben. Ich musste lachen, als ich – immer noch von Kopf bis Fuß mit dem Schlamm von gestern bedeckt – wie ein Affe vor mich hin schwitzte, in meiner eigenen Pisse kniete und Babytücher in der Hand hielt.

In der Nacht hatte ich Schiss vor einem Geräusch gehabt, das sich angehört hatte wie Gorillagebrüll. Ich weiß nicht, ob es hier in der Gegend Gorillas gibt, aber es musste zumindest ein verdammt großes Tier gewesen sein, um derart ohrenbetäubenden Lärm machen zu können. Mein Zelt stand am Ende der Reihe, und ich war mir sicher, dass ich mit all der Pisse, die ich vor den Zelteingang gekippt hatte, den Gorilla anlocken würde. Ich lag da und lauschte dem Puls in meinem Kopf. Es war erstaunlich, dass ich meinen eigenen Puls überhaupt hören konnte, weil die Dschungelgeräusche in der Nacht so laut waren. Kein Wunder, dass so viele Tiere im Dschungel nachtaktiv sind. Bei dem Lärmpegel können sie ja gar nicht anders, als aufzuwachen.

Dann hörte ich das Gorillabrüllen zum zweiten Mal – und es schien sich genähert zu haben. Ich sah auf die Uhr. Es war gerade mal 2.22 Uhr. Es war eine der längsten Nächte meines Lebens.

Drei Stunden später stand ich auf. Allein mich anzuziehen war in dem beengten Raum viel anstrengender als sonst. Ich zog die Klamotten von gestern wieder an, weil ich nicht wusste, wie lange wir im Dschungel bleiben würden, und ohne die Möglichkeit, meine Sachen zu waschen, wollte ich nicht noch mehr Klamotten schmutzig machen.

Als ich aus dem Zelt kroch, rief Matt, unser Sanitäter, mich zu ihm rüber. Er hatte einen Skorpion unter seinem Rucksack gefunden. Wilder kam dazu und hob das Tier mit seiner Machete und einem Stock in die Luft. Es sah ziemlich bösartig aus und hatte Ähnlichkeit mit dem Batmobil: flach, schwarz und böse. Wilder warf es ein Stück weit entfernt in den Urwald. Ich war stillschweigend davon ausgegangen, dass er einen Zeltplatz aussuchen würde, der frei von solchen Kreaturen war – aber ich hatte mich offensichtlich geirrt.

Dann bot Wilder mir ein paar Würmer zum Frühstück an, die er gesammelt hatte. Ich lehnte dankend ab. Dann bot er mir eine halbe gekochte Ratte an. Ich entschied mich für eine Packung Instant-Würstchen und Baked Beans.

Anschließend machte ich mich allein mit meiner kleinen Videokamera auf die Pirsch nach Insekten und anderem Viehzeug. Ich sah, wie Hunderte Ameisen einen Baumstamm auf und ab krabbelten. Ich entdeckte sogar eine schwarze Schlange, schaffte es aber nicht schnell genug, die Kamera einzuschalten. Manchmal sind Dinge, die gar nicht wie Insekten aussehen, trotzdem Insekten, und einige Zeit verbrachte ich damit, Zweige zu filmen, die ich für Stabheuschrecken hielt, die sich dann aber doch nur als Zweige entpuppten.

Während unser Regisseur Richard sich mit dem Kameramann und dem Tontechniker unterhielt, wollte ich die Gelegenheit nutzen und das Klo aufstellen, das ich mitgebracht hatte. Mit »Klo« meine ich einen Campingstuhl, in den ich ein Loch geschnitten hatte, unter das ich eine Mülltüte hängen konnte. Ich kroch in mein Zelt, konnte den Campingstuhl aber nicht finden. Fuchsteufelswild blaffte ich Richard an, dass ich in dieser Hinsicht keinerlei Spaß verstehen würde, und wollte wissen, wer ihn sich unter den Nagel gerissen hatte. Er sagte nur, er habe keinen blassen Schimmer, wovon ich redete. Wilder reagierte ähnlich. Daraufhin durchsuchte ich sämtliche Zelte, konnte mein Klo jedoch nirgends finden. Ich fragte Wilder noch einmal und bekniete ihn, mir zu sagen, wenn einer der anderen ihm aufgetragen hätte, es zu verstecken, und wo es sich befinde. Schließlich hätte es mich eine Menge Anstrengung gekostet, den Stuhl zu kaufen, umzuarbeiten und in den Dschungel zu schleppen. Er führte mich einen frisch geschlagenen Pfad durch den Dschungel entlang, an dessen Ende der Stuhl stand. Ich dachte schon, er hätte ihn eigens für mich dort aufgestellt, bis ich eine kleine Tüte von Marks & Spencer daneben entdeckte. Irgendjemand hatte mein Klo bereits benutzt. Dann kam mir in den Sinn, dass sich vielleicht jemand einen Scherz mit mir erlauben wollte und die Tüte nur mit Erde befüllt hatte, also nahm ich sie hoch und sah nach. Ich hatte den Knoten noch nicht vollständig aufgezogen, als mir der Gestank entgegenschlug. Es hatte wirklich jemand mein Klo benutzt. Niemand wollte verraten, wer es gewesen war, aber es roch sehr englisch.

Ich holte mir eine neue Tüte und bat die anderen, sich zu verziehen, damit ich meine Erfindung endlich selbst testen konnte. Als ich mich niederließ, riss das Loch, und ich fiel durch die Sitzfläche. Ich hatte das Ding mehr als sechstausend Meilen weit transportiert, und es hielt noch nicht einmal eine einzige Sitzung durch. Ich war echt sauer.

Später nahm Wilder mich im Boot mit auf eine Runde über den Amazonas. Er ahnte wohl, dass ich ein bisschen Abstand zu unserem Zeltlager brauchte. Ich durfte das Boot selbst steuern, was echt cool war. Als ich zum Pinkeln an Land gehen musste, landete ich wieder im Schlamm, sah noch mehr Riesenameisen und ein paar rosafarbene Delfine. Wilder hatte gestern auf dem Weg hierher erwähnt, dass es hier Delfine gebe, aber ich hatte ihm nicht geglaubt. Insgesamt waren es fünf oder sechs. Richard und Freddie, der Tontechniker, freuten sich besonders darüber, sie zu sehen. Delfine bewirken so etwas bei den Menschen. Ich bin es aber ehrlich gesagt leid, ständig zu hören, wie intelligent Delfine seien. Die Leute sagen nie, sie seien intelligent für einen Fisch, sondern einfach so, generell, als könnten Delfine eine Steckdose legen oder bei *University Challenge* mitmachen. Es ärgert mich, weil ausgerechnet ich von Ricky und Steve und anderen die ganze Zeit als Blödmann und Idiot bezeichnet werde, aber Delfine für intelligent gehalten werden. Die können doch auch nicht alle schlau sein. Zwei oder drei von sechs müssen doch mindestens unterbelichtet sein.

Als wir wieder zurückkamen, erzählte mir Richard, dass er so einen elektronischen Sender dabeihabe, mit dem er einmal am Tag eine Nachricht nach London schicken und unseren Standort durchgeben müsse, damit sie dort wüssten, dass bei uns alles in Ordnung war. Ich hätte gern mit Suzanne gesprochen. Sie beruhigt mich, immer wenn ich mir Sorgen mache. In den letzten sechzehn Jahren ist nie mehr als ein Tag vergangen, an dem wir nicht zu irgendeinem Zeitpunkt miteinander gesprochen hätten.

Auf dem Weg zurück zu meinem Zelt sah ich, dass Richard das Notfall-Satellitentelefon am Eingang liegen gelassen hatte und selbst verschwunden war, also versuchte ich, Suzanne zu erreichen, aber es funktionierte nicht. Keine Ahnung, ob ich was falsch gemacht hatte oder ob das Ding einfach nicht funken wollte. Ich wollte erst Richard darüber informieren, dass es anscheinend kaputt war, aber dann hätte er gewusst, dass ich versucht hatte, damit zu telefonieren, und das konnte ich ja schlecht verraten.

Ich fragte Matt, den Sanitäter, ob ich in der kommenden Nacht seine Hängematte ausprobieren dürfe, weil mein Zelt zu klein sei. Er hatte eine Zweithängematte dabei, die er mir überließ. Es dauerte fast eine halbe Stunde, bis ich sie aufgehängt hatte. Die Beschäftigung damit tat mir gut, sie lenkte mich ab. Die Hängematte war eine, in die man hineinkriechen und die man dann um sich herum mit einem Reißverschluss zumachen konnte. Sie schaukelte sanft von links nach rechts. Ziemlich beruhigend irgendwie. Wahrscheinlich kommt das dem Gefühl, wieder im Mutterleib zu liegen, am Nächsten. Allerdings nur, bis der erste Moskito einem um den Kopf schwirrt. Der Moskito musste mit hineingeschlüpft sein, als ich in die Hängematte geklettert war. Ich machte ein kleines Nickerchen, entschied dann aber, dass ich keine ganze Nacht darin würde liegen können, und ließ die Hängematte Hängematte sein.

Später am Abend saß ich im Schein unseres Lagerfeuers und aß eine Tüte Instant-Auflauf, während ich gleichzeitig versuchte, eine gefährlich aussehende Spinne zu verjagen.

Gegen Viertel vor neun bin ich ins Bett gegangen. Eine ziemlich große Spinne hatte sich in mein Zelt verirrt, aber sie war damit beschäftigt, kleinere Fliegen und andere Insekten zu fangen, die mich ansonsten in der Nacht bestimmt genervt hätten, also ließ ich die Spinne gewähren.

Gegen zehn wachte ich auf, weil irgendetwas Schweres auf meinem Zelt gelandet war. Keine Ahnung, worum es sich handelte. Dann musste ich dringend aufs Klo. In den Dschungel konnte ich nicht einfach laufen, weil es dort zu dunkel war, als dass man hätte sehen können, was da um einen herumkrabbelte. Also verrichtete ich mein Geschäft in meinem Zelt in eine Einkaufstüte.

Ein neuer Tiefpunkt in meinem Leben.

DONNERSTAG, DEN 17. JUNI

Nach dem Aufwachen suchte ich in meinem Zelt die Spinne von gestern Nacht, aber sie war weg, was ich bedenklich fand. Es heißt ja, dass die meisten Menschen in ihrem Leben um die zehn Spinnen im Schlaf verschlucken. Ich habe vermutlich meine Lebensration verschluckt, seit ich hier bin.

Am Vormittag bin ich mit meiner Kamera wieder auf die Jagd nach Insekten gegangen und habe ein paar Ameisen gefilmt. Ich pickte mir eine Einzelne heraus, um nachzuvollziehen, was sie so trieb. Sie lief herum und fiel dann über eine andere Ameise her, die andere Ameise schlug zurück, und eine dritte kam dazu, um die beiden zu trennen. Die erste machte sich vom Acker, während weitere Ameisen sich in den Streit einmischten. Innerhalb weniger Sekunden war eine ausgewachsene Straßenschlacht im Gange, nur die Ameise, die das Ganze angezettelt hatte, war nirgends mehr zu sehen. Die Natur ist voller Wunder, aber wie sich zeigt, gibt es auch hier Schlägertypen.

Allmählich bin ich meine Instant-Mahlzeiten leid. Irgendjemand daheim in London wusste wohl nicht, dass »Spotted dick« ein Nachtisch ist, und jetzt müssen wir den als Hauptgang essen.

Zum Trost nahm ich ein paar Ingwerplätzchen mit auf unseren Rundgang durch den Dschungel. Suzanne hatte mir auch Kekse mit Grinsegesichtern drauf gekauft, die ich am allerliebsten mag. Allerdings sind die Packungen ziemlich klein, und ich hatte mir schon gedacht, dass es vielleicht nicht besonders erbaulich wäre, süffisant grinsende Kekse dabeizuhaben, wenn es mir im Dschungel womöglich dreckig gehen würde. Ich hatte schon die Hälfte der Ingwerplätzchen verschlungen, als Wilder mich eilig zu sich kommandierte. Er hatte ganz in der Nähe meines Zeltes eine Boa constrictor entdeckt. Sie war fast zwei Meter lang. Wilder benötigte fast eine Viertelstunde, um sie mit einem Stock und mit den bloßen Händen einzufangen. Diese Schlangenart hat ein ausrenkbares Maul, das heißt, die Tiere können Beute fressen, die größer ist als sie selbst. Richtig begriffen habe ich das nie. Auf YouTube habe ich mal eine Boa gesehen, die ein Flusspferd verschlungen hat. Danach lag sie einfach nur wochenlang gelangweilt herum, das Flusspferd im Magen, wahrscheinlich ein klein wenig überfressen und unfähig, sich zu rühren, und widmete sich ihrer Verdauung. Irgendwie sah das Ganze aus wie ein Flusspferd in einem Schlangenlederschlafsack. Ich versuchte, die Schlange, die Wilder eingefangen hatte, mit Ingwerplätzchen zu füttern, aber sie schien davon nicht sonderlich angetan. Am Ende schaffte Wilder sie aus dem Lager.

Später am Tag musste ich mich bis auf die Unterhose ausziehen, damit Dr. Dolittle (alias Matt, der Sani) sich ansehen konnte, ob einer meiner Insektenstiche komisch aussah. Aber er schien nicht allzu besorgt zu sein. Andererseits ist er das grundsätzlich nie. Ich habe so eine Ahnung, dass er das Ganze hier als eine Art Urlaub ansieht.

FREITAG, DEN 18. JUNI

Heute Morgen hat Richard mir wieder eine Nachricht vorgespielt, die Steve in England vor unserer Abreise aufgezeichnet hatte. Er meinte, wir würden heute flussabwärts irgendeinen Stamm besuchen. Und angeblich seien diese Leute in der Vergangenheit Kannibalen gewesen. Ich glaube ja, dass er das nur gesagt hat, um mich einzuschüchtern. Hat aber nicht geklappt. Ich finde es gar nicht so merkwürdig, dass Menschen früher Menschen gegessen haben. Ich fragte Richard, ob sie möglicherweise mich aufessen wollten. Er war sich nicht sicher. Ich glaube, ich hätte kein Problem damit, einen Menschen zu essen, nur wüsste ich gerne im Vorfeld ein bisschen was über ihn, bevor ich mich über ihn hermache, so wie wir gerne wissen wollen, ob das Hühnchen auf unserem Teller frei laufend gewesen ist oder nicht.

Vielleicht ist das ja genau das, was dieser Stamm macht, wenn einer von ihnen stirbt. Also, jemand fällt tot um, und dann sagt ein anderer: »So, Molly war eine wirklich nette Person. Ab in den Ofen mit ihr.« Und während sie dann vor sich hin brutzelt – keine Ahnung, wie lange so was dauert –, reden die anderen über sie: »Ach, war sie nicht eine nette Person? Natürlich hatte sie ihre Macken, aber hat die nicht jeder?« So ungefähr würde sich das anhören. Dann raus aus dem Ofen und weiter: »Ihr Hintern war echt klasse, findest du nicht auch?« »Oh ja, und wie! Den probieren wir jetzt mal!« Meiner Ansicht nach zeugt das von mehr Respekt, als die Toten zu verbuddeln. Immerhin ist es doch ein großer Liebesbeweis, wenn man bereit ist, jemanden zu vernaschen. Besser geht's doch gar nicht.

Wir beluden die Boote und machten uns auf den Weg zu diesem Stamm. Nach einer Weile wurde der Fluss immer schmaler, und auf einmal hatte ich das Gefühl, beobachtet zu werden. Und dann sah ich, dass wir wirklich beobachtet wurden: von ein paar

Männern mit orange bemalten Gesichtern, Baströckchen und Speeren. Ich winkte ihnen zu. Sie winkten nicht zurück. Womöglich hatten sie mich beim ersten Mal nicht wahrgenommen, also winkte ich noch einmal. Aber sie winkten immer noch nicht zurück.

Als ich aus dem Boot stieg, landete ich mal wieder im Schlamm. Die Stammesmänner zeigten immer noch keine Regung. Ich kletterte ans Ufer und sah, dass sich das ganze Dorf dort versammelt zu haben schien. Ich war mir nicht ganz sicher, ob sie mich willkommen heißen oder mir Angst einjagen wollten, weil sie in der Überzahl waren. Als ich den Frauen vorgestellt wurde, wusste ich nicht, wo ich hinsehen sollte, denn sie hatten es nicht für nötig gehalten, sich obenrum etwas anzuziehen. Ich hielt am Ende einfach den Kopf gesenkt und starrte zu Boden, als ich an ihnen vorbeiging. Trotzdem konnte ich die Brüste der älteren Frauen aus den Augenwinkeln sehen.

Sie brachten mich zu einer Stelle, an der ich mein Zelt aufschlagen konnte. Die Kinder saßen um mich herum und sahen mir dabei zu. Die Älteren gingen inzwischen wieder ihrer Arbeit nach, außer einer Frau, die irgendwie wütend aussah und auf und ab wanderte und dabei eine Axt schwang. Es ist schon bemerkenswert: Wo immer auf der Welt du auch bist – es gibt immer einen, der ein bisschen gaga ist.

Gerade als ich mein Zelt fertig aufgestellt hatte, riss der Himmel auf, und es begann zu schütten. Ich holte meine Seife und duschte im Regen. Währenddessen standen die Stammesleute an den Eingängen ihrer Strohhütten und beobachteten mich. Wenn ich darüber nachdenke, bin ich wohl ein ganz schönes Risiko eingegangen: Wenn es sich wirklich um Kannibalen gehandelt hätte, sähe die Tatsache, dass ich mich auszog und mich sauber machte, bestimmt so aus, als würde ein Stück Fleisch – in dem Fall ich – zurechtgemacht werden, bevor es in den Kochtopf wanderte. Trotzdem fühlte es sich gut an, wieder sauber zu sein.

Als die Dämmerung einsetzte, machten sie ein Feuer. Wenn sie vorhätten, mich zum Abendbrot zu verspeisen, wäre jetzt ein guter Zeitpunkt.

Ich lege vielleicht besser mal mein Tagebuch weg und behalte sie im Auge.

SAMSTAG, DEN 19. JUNI

Als ich heute Morgen aufwachte, lag ich immer noch in meinem Zelt und nicht in einem Topf. Ich hatte ganz gut geschlafen – abgesehen von diesem Spritzgeräusch früh am Morgen, als ein Hund gegen meine Zeltwand pinkelte. Eigentlich hatte ich gedacht, es wäre wasserdicht. War es aber nicht.

Ich machte einen Rundgang durchs Dorf. Ein Kind führte eine Kröte wie ein Haustier an einer Leine spazieren. Ein anderes Kind zeigte mir sein Babyfaultier. Es setzte das Faultier immer wieder auf den Boden, wo es versuchte wegzukrabbeln, aber welche Chance auf Flucht hat wohl eins der langsamsten Tiere der Welt?

Dann beobachtete ich, wie ein paar Einheimische einen Frosch piesackten. Sie hatten ihn auf vier Stöcke gespannt und rieben mit einem weiteren Stock über seine Drüsen. Der Frosch schwitzte wie der Teufel. Die Leute fingen den Schweiß auf und ließen den Frosch anschließend in Ruhe, nur um ihn zu einem späteren Zeitpunkt wieder abreiben zu können. Ein Einheimischer namens Eric bekam den Froschschweiß über einen Schnitt in seiner Haut geträufelt, und dann saß er einfach nur da und wartete. Und dann musste er kotzen. Die Stammesleute glauben, dass Froschschweiß die Schwächen aus dem menschlichen Körper schwemmt und für die Jagd aufputscht. Sie benutzen Froschschweiß wie wir Energydrinks.

Irgendwann kamen die Frauen des Dorfes auf mich zu, zogen mir das Hemd über den Kopf, malten mich an und zogen mir dann ihre traditionelle Kleidung über. Dann betupften sie mich mit rötlichen Punkten, sodass ich aussah wie ein Panther. Mit den ganzen Mückenstichen brauchte ich allerdings nicht allzu viel Farbe.

Anschließend nahmen mich einige männliche Bewohner mit in den Dschungel und brachten mir bei, mit Pfeil und Bogen zu schießen. Bei ungefähr fünfzehn Versuchen traf ich das Ziel nicht ein einziges Mal.

Dann kehrten wir in das Dorf zurück. Ich hatte den Eindruck, als hätten die Jungs angesichts meines Bogenschießtalents ein wenig Respekt vor mir eingebüßt, und mein Verdacht bestätigte sich, als sie alle zur Jagd aufbrachen und mich alleine zurückließen. Nicht dass es mir viel ausgemacht hätte. Die Vorstellung, irgendetwas zu erschießen, behagt mir nicht besonders.

Allerdings begann ich mich mangels Beschäftigung recht schnell zu langweilen. Die Frauen saßen alle beisammen und tratschten.

Ich frage mich, ob es daran liegt, dass sich Faultiere in der Evolution zu derart langsamen Tieren entwickelt haben. Es gibt einfach keinen Grund, sich schneller zu bewegen, wenn man an einem Ort lebt, wo nichts dringend erledigt werden muss.

Irgendwann wusste ich mir nicht mehr anders zu helfen, als mit mir selber »Vier gewinnt« zu spielen. Als ich noch klein war, habe ich das öfter gemacht. Ich bestimmte die Farbe, die gewinnen würde, und füllte dann mit geschlossenen Augen die Spielsteine in den Ständer. Sobald alle Steine in dem Ständer steckten, öffnete ich wieder die Augen und sah nach, ob meine Farbe gewonnen hatte. Das Kind mit dem Hausfaultier stattete mir einen Besuch ab, und ich versuchte, ihm »Vier gewinnt« beizubringen, aber es schien das Spielprinzip nicht zu begreifen. Es stopfte einfach nur willkürlich die Steine hinein.

Nachdem das Kind weitergezogen war, ging ich hinunter ans

Ufer und wusch meine stinkigen Klamotten im Amazonas aus. Ein paar Jüngere aus dem Stamm waren auch dort, angelten und spülten Töpfe und Pfannen. Während ich meine Klamotten einweichte, musste ich an einen Volksstamm denken, über den ich mal gelesen hatte, der nur die Zahlen eins, zwei und drei kennt. Offenbar haben diese Leute keine Verwendung für alles, was vier oder mehr ist. Vielleicht hat das Kind deshalb die Regeln von »Vier gewinnt« nicht verstanden.

Bis ich zu meinem Zelt zurückkehrte, waren auch die Männer von der Jagd heimgekehrt und machten wieder Feuer. Es sah etwas gefährlich aus: Der ganze Dschungel neigte sich zu einer Seite, Kinder spielten in der Richtung, in die der Rauch zog, und alle hatten Baströckchen an. Es war nur eine Frage der Zeit, bis irgendetwas passieren würde. Und gerade, als ich meinte, die Lage könnte nicht noch brenzliger werden, kam ein Mann den Pfad herauf. Er trug ein kleines Krokodil auf dem Rücken. Er ließ es neben den Kindern, die neben dem Feuer spielten, das neben den Leuten flackerte, die brennbare Kleider trugen, einfach auf den Boden gleiten. Fehlte nur noch die örtliche Irre mit der Axt.

Dann tanzten die Männer ums Feuer, und die Frauen schlachteten das Krokodil. Sie boten auch mir ein Stück an. »Nein danke«, sagte ich. Ich hatte schon ein wenig »Spotted dick« zum Abendbrot gegessen.

Gegen halb zehn, als das Feuer endlich verglüht war und keine Gefahr mehr bestand, dass mein Zelt in Brand geraten würde, ging ich ins Bett.

SONNTAG, DEN 20. JUNI

Am Morgen verließen wir den Stamm und schipperten etwa vier Stunden stromabwärts bis zu einem Ort namens Angamos, in dem wir die kommende Nacht in einem Hostel verbringen würden. Als wir das Hostel erreichten, beschlossen wir jedoch, lieber im Zelt zu übernachten, weil die Zimmer total heruntergekommen waren. In den Matratzen wimmelte mehr Viehzeug als in dem Dschungel, den wir gerade hinter uns gelassen hatten. Wir mieteten ein einziges Zimmer (Zimmer 5), um unsere Ausrüstung unterzustellen, zudem würden wir alle dort die Toilette und das Waschbecken benutzen können.

Dann gingen wir in einem einheimischen Lokal essen. Richard nannte es Café, aber ich glaube, es war in Wirklichkeit ein normales Wohnhaus, und der Besitzer versuchte, aus uns Kapital zu schlagen. Ich hatte zwei Gründe für diese Annahme: 1. Wir waren die Einzigen in diesem Etablissement. 2. Unser Tisch stand direkt neben seinem Schlafzimmer.

Ich bin ins Hostel zurückgegangen, um das Klo in Zimmer 5 zu benutzen, war aber entsetzt über seinen Zustand. Christian, unserem Producer, war schlecht gewesen, und er hatte es inklusive der Wände von oben bis unten besudelt. Sogar die Kakerlaken suchten das Weite. Zum ersten Mal in meinem Leben nahm ich bewusst wahr, wie mein Gesicht einen angeekelten Ausdruck annahm, und ich beschloss, lieber in aller Öffentlichkeit mein Geschäft zu verrichten, als hier drinnen zu sitzen.

Ich kann nicht glauben, dass ich gerade mal eine Woche hier in Peru bin. Es fühlte sich an wie die längste Woche in meinem ganzen Leben. Wenn jemals ein Arzt zu mir sagen sollte, dass ich nur noch einen Monat zu leben habe, werde ich hierher zurückkehren und diese Reise noch mal machen, weil es sich dann anfühlen wird, als hätte ich deutlich länger gelebt.

MONTAG, DEN 21. JUNI

Heute musste ich schon wieder eins dieser winzigen Flugzeuge besteigen. Wilder war auch mit von der Partie. Er hat schreckliche Flugangst, weil er schon bei zwei Flugzeugabstürzen dabei gewesen ist. Er musste zwei Valium schlucken, bevor er an Bord gehen konnte. Dass sie den Flug zu Trainingszwecken für angehende Piloten nutzen wollten, die lernen sollen, mit einer schweren Ladung – unserer Ausrüstung – zu fliegen, trug auch nicht gerade dazu dabei, ihn zu beruhigen. Der Fairness halber muss ich zugeben, dass mich das ebenfalls nervös machte.

Unser Ziel war ein Ort namens Cusco, der ein bisschen näher bei dem Wunder von Machu Picchu liegt. Cusco liegt so hoch über dem Meeresspiegel, dass es dort dreißig Prozent weniger Sauerstoff gibt. Ich musste Tabletten gegen Höhenkrankheit einnehmen, sonst wäre ich womöglich gestorben. Allein nur ein paar Schritte zu gehen war wirklich anstrengend. Ich möchte mal das Faultier von dem Amazonasstamm hier erleben! Es würde sich ja überhaupt nicht mehr fortbewegen! Es wäre dann quasi ein Dekogegenstand mit Herzschlag.

Wir checkten in einem Hotel ein, das Sauerstofftanks in den Zimmern bereitstellte, aber man musste extra bezahlen, um sie anzapfen zu dürfen. Normalerweise versuche ich zu vermeiden, irgendetwas aus der Minibar zu mir zu nehmen, weil sie dafür immer so einen wahnsinnigen Aufschlag kassieren, aber bei den Sauerstofftanks musste ich wohl oder übel eine Ausnahme machen. Man musste nämlich das Siegel brechen und einen Zug Sauerstoff nehmen, um zu sehen, wie das Gerät überhaupt funktionierte, für den Fall, dass man mitten in der Nacht aufwachte und keine Luft bekäme. Ich weiß schon, Machu Picchu soll atemberaubend sein. Aber doch nicht so!

Ich fühlte ganz genau, dass mein Herz stärker pumpte, und

KARLS ERKENNTNISSE

MACHU PICCHU HEISST WÖRTLICH ÜBERSETZT
»ALTER GIPFEL«.

DIE INKAS BENUTZTEN KEINEN ZEMENT, UM IHRE
GEBÄUDE ZU VERMAUERN. STATTDESSEN SCHLUGEN SIE
DIE EINZELNEN STEINE SO PRÄZISE ZU, DASS SIE SO EXAKT
AUFEINANDERLAGEN, DASS MAN NOCH NICHT EINMAL EINE
DÜNNE MESSERKLINGE DAZWISCHENSCHIEBEN KONNTE.

MACHU PICCHU LIEGT CA. 2430 METER ÜBER DEM MEERESSPIEGEL.

ALS MACHU PICCHU IM JAHR 1911 »WIEDERENTDECKT« WURDE, LEBTE DORT EINE GRUPPE QUECHUA. AUSSERDEM TRAFEN DIE ENTDECKER AUCH AUF EINE HANDVOLL WEIBLICHER MUMIEN.

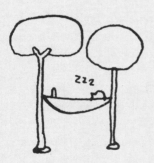

DAS GEHEIMNIS DER INKAS, DER ABENTEUERFILM MIT CHARLTON HESTON, WURDE 1954 IN MACHU PICCHU GEDREHT. ES WAR DAS ERSTE MAL, DASS EINS DER GROSSEN HOLLYWOOD-STUDIOS AN EINEM EXTERNEN DREHORT UND NICHT VOR KULISSEN FILMTE.

verspürte leichte Kopfschmerzen hinter den Augenhöhlen – definitiv Symptome der Höhenkrankheit. Außerdem habe ich einen nervösen Magen. Ich weiß allerdings nicht, ob das an der Höhe liegt oder ob mein Körper gerade Purzelbäume schlägt, weil wir endlich den Dschungel und diesen Stamm hinter uns gelassen haben. Hoffentlich beruhigt er sich vor unserem Aufstieg wieder.

Nach fünf Tagen erstmals wieder mit Suzanne telefoniert. Sie sagte, dass unsere Gespräche ihr gefehlt hätten, dass sie mittlerweile aber sicher wäre, dass sie auch ohne mich zurechtkäme, falls ich sterben würde. Ich bin froh, dass sie aus meinen Reisen eine positive Erkenntnis zieht. Eins fünfzig pro Minute für diese Information, schönen Dank auch.

Ich rief gleich auch Ricky an.

KARL: Wie geht's?
RICKY: Ganz gut. Bist du endlich raus aus dem Dschungel?
KARL: Ja, seit gestern, endlich. Sind inzwischen in Cusco, die haben hier dreißig Prozent weniger Sauerstoff.
RICKY: Wegen der Höhe?
KARL: Genau. In meinem Zimmer steht eine Flasche mit Sauerstoff, für den Fall, dass mir schwindlig wird oder so.
RICKY: Ist dir denn schwindlig oder schlecht gewesen?
KARL: Ja, mir ist ein bisschen schummrig, ich bin zittrig, hab leichte Kopfschmerzen hinter den Augen, meine Füße kribbeln, und mein Gehirn läuft irgendwie langsamer. Weniger Sauerstoff macht ihm zu schaffen.
RICKY: Au Backe! Dass dein Gehirn langsamer läuft, ist wirklich ein Problem! Danke übrigens für den Hinweis, dass dein Kopfschmerz hinter den Augen sitzt. Genau dort sitzt doch hoffentlich dein Gehirn, und genau da hat man ja meistens Kopfschmerzen.

KARL: Nicht immer. Manchmal hab ich auch Kopfschmerzen unter den Ohren.
RICKY: Das sind dann doch eher Nackenschmerzen. Du würdest doch auch nicht sagen, du hättest Kopfschmerzen im Zahnfleisch, oder? Da würdest du doch sagen, du hättest Zahnschmerzen.
KARL: Das hier geht einem echt an die Substanz! Das Flugzeug, in dem wir in den Dschungel geflogen sind, hat Feuer gefangen. Das fing schon mal gut an... Wir mussten sofort rausspringen, weil der Motor schon qualmte. Das ist echt genau, was du in so einer Situation brauchst: ein kleiner Herzkasper, gerade rechtzeitig, bevor die Höhe noch mehr Druck auf dein Herz ausübt.
RICKY: Wo genau war denn dieser Herzdruck? Hinter den Rippen oder in deiner Brust?
KARL: Ich spüre mein Herz genau in diesem Moment heftig schlagen. Ich höre es lauter, irgendwie bin ich mir stärker bewusst, dass ich am Leben bin.
RICKY: Na, das ist doch mal ein Fortschritt!
KARL: Aber das ist doch nicht gut! Der Mensch sollte einen langsamen Puls haben, wie eine Schildkröte, darum leben die auch so lange. Aber allein hier zu stehen und mit dir zu telefonieren, kostet mich eine Menge Luft. Normalerweise atme ich ganz leise, aber jetzt gerade kann ich mich selbst atmen hören. Und ich kann meinen Herzschlag spüren.
RICKY: Eins nach dem anderen. Du hast mir beschrieben, wo dein Kopf ist. Du weißt, wo dein Herz ist. Es dauert nicht mehr lange, und du musst dich nicht mehr aufs Atmen konzentrieren. Die meisten machen das ganz unwillkürlich. Aber wenn du erst mal so weit bist und du weißt, dass du dir bewusst darüber bist, dass du lebst, dann wird

das schon. Alles in allem ist das doch schon mal ein gutes Ergebnis.

KARL: Ja, klar, aber ich sag dir mal was: Du würdest das hier nicht überstehen. Ich würde ja zu gern Steve hier erleben. Ich würde gern sehen, wie er mit alldem umgehen würde.

RICKY: Steve kann es sich nicht leisten, von Insekten Blut abgezapft zu kriegen. Er ist doch auch so schon ganz blutleer. Er ist der blasseste Mensch, den ich kenne. Ich hab das schon mal gesagt, aber er ist wirklich wie einer dieser kleinen Fischchen. Wenn er sein Hemd ausziehen würde, könnte man garantiert sein Herz sehen. Du würdest also genauso deutlich seinen Herzschlag wahrnehmen.

KARL: Das Problem mit Steve ist aber doch, dass er aufgrund seiner Körpergröße die ganze Zeit höhenkrank ist.

RICKY: [lacht]

KARL: Sonst noch Neuigkeiten aus der Heimat? Während meiner Zeit im Dschungel konnte ich mit niemandem telefonieren, ich weiß also nicht, was in letzter Zeit passiert ist.

RICKY: Was genau willst du denn wissen?

KARL: Was weiß ich? Ist jemand gestorben? ... Irgendwas halt.

RICKY: Wir hatten Teambesprechung. Wir waren uns nicht mehr sicher wegen des Titels *Die sieben Weltwunder des Karl Pilkington*. Ich hab einen Vorschlag gemacht, den sie alle gut fanden und den sie jetzt nehmen wollen. Ich probier ihn mal an dir aus: *Ein Idiot unterwegs*.

KARL: Nee, so haben wir nicht gewettet! Es sollte heißen: *Die sieben Weltwunder des Karl Pilkington*.

RICKY: Ja, aber dann hieß es: »Wer zum Teufel ist Karl Pilkington?«

KARL: Okay, aber wer zum Teufel ist der Idiot, der unterwegs ist?

RICKY: Das bist du. Und sie waren begeistert, sie waren echt begeistert.

KARL: Klar, mussten sie ja sein, es war ja schließlich deine Idee. Du weißt doch, wie sie sind. Sie sitzen alle da und sagen: »Ja, Ricky, klar, Ricky, toll, Ricky! Genau so machen wir's!« Die Serie wird nicht *Ein Idiot unterwegs* heißen. Sie wird heißen: *Die sieben Weltwunder des Karl Pilkington*. Ich bin hier buchstäblich durch die Hölle gegangen, und du sitzt in deiner Besprechung und machst ihnen bescheuerte Titelvorschläge. Es wird nicht *Ein Idiot unterwegs* heißen, so wird es einfach nicht heißen! Der alte Titel war das Einzige, mit dem ich mich bei der ganzen Sache überhaupt anfreunden konnte. Ich will nicht, dass die Leute denken, ich bin ein Volltrottel. *Die sieben Weltwunder des Karl Pilkington*, so und nicht anders. Ich bin in ein paar Tagen zurück. Dann setzen wir uns noch mal zusammen. Habt ihr euch da gratis Croissants und Kaffee reingepfiffen? Haben sie sich wieder mal die Ärsche platt gesessen und gesagt: »Na, Ricky, noch 'ne Idee? Noch 'nen Kaffee?« Ich bin euch alle so leid! Und du hast es geschafft, dass mein Herz jetzt noch heftiger schlägt.

RICKY: [lacht] Wir sehen uns.

KARL: Ja, klar, bis dann.

DIENSTAG, DEN 22. JUNI

Richard hat mir extra ein paar Laufschuhe besorgt für unseren Aufstieg nach Machu Picchu. Ich wandte ein, dass ja wohl alle Schuhe zum Laufen gedacht seien.

Dann lernte ich einen Mann kennen, der den Leuten, die zu dem Weltwunder hinaufwandern wollen, einen spirituellen Rat mit auf den Weg gibt – ein Typ, der hier in der Gegend in den Bergen lebte. Er heißt ebenfalls Richard. Unser Treffpunkt war mitten im Nirgendwo auf einem Feld. Er drückte mich auf den Boden, setzte sich mir gegenüber und machte dann so eine Art kleine Zeremonie für mich. Erst öffnete er eine Schachtel voll Plunder. Es lagen alle möglichen Sachen darin: Garn, Plastikstückchen, Saatgut, Pülverchen, Büroklammern ... Einen Moment lang glaubte ich, auch einen gebrauchten Ohrenstöpsel entdeckt zu haben. Er warf alles durcheinander wie eine verrückte Hexe, rieb mir dann mit der Schachtel über den ganzen Körper (na ja, bis zu den Schultern, höher kam er nicht), dann holte er ein Meerschweinchen aus einer Kiste, schubberte mich auch damit ab und erklärte, all die Schlechtigkeit in meinem Körper würde jetzt auf dieses Meerschweinchen übergehen. Das arme Ding. Dann nahm er die Schachtel mit dem Plunder und verkündete, er würde sie in den Bergen verbuddeln. Herr im Himmel! Wenn er das mit jedem macht, ist das alles hier bald ein einziger Müllberg.

MITTWOCH, DEN 23. JUNI

Um 4 Uhr aufgestanden, um dem Inka-Trail hoch nach Machu Picchu zu folgen.

Mein Magen spielt immer noch verrückt, hatte deswegen nur zwei hart gekochte Eier zum Frühstück. Wir mussten aus unserem Ort den Zug zum Fuß des Machu-Picchu-Bergs nehmen. Als wir am Bahnhof ankamen, wurde uns gesagt, dass Michael, unser Kameramann, nicht mitfahren dürfe, weil sein Ticket auf einen anderen Namen gebucht und ausgestellt war. Richard schlug vor, ihn zurückzulassen, damit er die Angelegenheit regeln könnte, und selbst keine Zeit zu verlieren. Freddie, der Tontechniker, würde Michaels Kamerajob übernehmen, und Christian, Richards Assistent, würde den Ton machen. Es war wie ein Tag Schnupperpraktikum. Und so, wie ich mich fühlte, hätte ich gern dem Lokführer meinen Job überlassen.

Freddie warf mit einer Menge Begriffe um sich, die er bestimmt bei der Arbeit mit anderen Kameramännern aufgeschnappt hatte – Begriffe wie »Fokus« und »Weißabgleich«. Ich fürchte allerdings, dass er nicht wirklich wusste, was er tat, und Richard war wohl der gleichen Ansicht. Irgendwann beschloss er, nun doch auf Michael zu warten, auch wenn wir nicht absehen konnten, wann er wieder zu uns stoßen würde, weil keiner von uns Handyempfang hatte. Ungefähr anderthalb Stunden später war er da.

Nach einem kurzen Boxenstopp auf dem Klo machten wir uns auf den Weg. Wir hatten vier oder fünf Träger dabei. Das sind Männer, die den Touristen dabei helfen, schwere Lasten hinaufzutragen. Sie können so viel schleppen wie ein Esel. Und obwohl sie eine Unmenge Gepäck auf dem Rücken hatten, konnten wir kaum mit ihnen Schritt halten.

Nach nur dreißig Minuten fühlte ich mich vollkommen erledigt. Kein Wunder, dass es hier dreißig Prozent weniger Sauerstoff gibt. Ich glaube, das liegt an all den Touristen, die den Berg zu dem Weltwunder hinaufsteigen. Je mehr man sich anstrengt, umso mehr atmet man. Wenn es hier einen Lift oder eine Rolltreppe hoch zum Gipfel geben würde, wäre garantiert mehr Sauerstoff übrig.

Ich ließ mich ein Stück zurückfallen, weil mein Bauch wieder rumorte, und kauerte mich hinter einen Busch. Inka-Trail war gestern. Heute wandelt man auf den Spuren des Karl Pilkington!

Wir kamen an uralten Gebäuden vorbei, die ganz aus Stein und ohne Mörtel gemauert worden waren. Ich weiß nicht genau, ob das von Anfang an der Plan gewesen war oder ob der Zementmann sich schlicht und einfach geweigert hatte, die Lieferung hier heraufzuschleppen. Die Gebäude sahen aus wie kleine Bungalows – was absurd ist. Ist das Grundprinzip eines Bungalows nicht: so wenig Treppen wie möglich? Und dann wird hier am Berg gebaut ...

Irgendwann schloss ich wieder zu den Trägern auf, die eine kleine Essenspause eingelegt hatten. Sie stopften eine Art Meerschweinchenragout mit grüner Soße in sich hinein. Ich nehme an, dass es Meerscheinchenragout mit grüner Soße war. Vielleicht war es aber auch nur das arme Tierchen von gestern, das meine Schlechtigkeit in sich hatte aufsaugen müssen. Ein paar Träger spielten Flöte, statt zu essen. Wie in aller Welt kommt man auf die Idee, nach einer stundenlangen Wanderung an einem Ort mit dreißig Prozent weniger Sauerstoff ausgerechnet ein Blasinstrument zu spielen?

Richard fragte mich, ob ich mich darauf freue, dass wir uns Machu Picchu näherten. Ich sagte Nein. Wieso auch? Mir war immer noch schlecht, mir war heiß, und ich war erschöpft. Die Aussicht war zwar wirklich toll, wir standen quasi auf dem Dach der Welt, aber ich verstand immer noch nicht, warum irgendjemand hier würde wohnen wollen. Als meine Eltern in Rente gingen, sind sie nach Snowdon in Wales gezogen und regen sich allein darüber auf, dass der nächste Supermarkt eine ganze Viertelstunde Autofahrt entfernt ist. So hoch oben zu leben ist einfach nicht praktisch.

Wir waren vielleicht acht, neun Stunden unterwegs gewesen, als wir bei einem Punkt mit dem Namen »Sonnentor« ankamen, von dem aus man Machu Picchu überblicken konnte. Es sah aus wie alles, was ich unterwegs auch schon gesehen hatte. Bungalows aus Stein, aber ohne Dächer. Ich bin mir nicht sicher, ob diese Häuser je fertig gebaut wurden. Ich glaube nicht, dass sie einfach im Laufe der Zeit zerfallen sind. Ich glaube, dass sie keine Bewohner dafür finden konnten, und deshalb irgendwann den Bau gestoppt haben.

Ich war fix und fertig und machte mir Sorgen, dass es schwarz wie die Nacht sein könnte, bis wir dort ankämen, und sagte zu Richard, dass ich es sinnlos fand weiterzugehen. Er entgegnete nur, dass ich für die Serie weitergehen müsse. Ich denke, er befürchtete, die Chefs bei Sky würden sauer sein, wenn wir ohne Filmaufnahmen wieder zurückkämen.

Ich rief Steve an und versuchte, ihn auf meine Seite zu ziehen.

KARL: Hi, wie geht's?

STEPHEN: Ganz okay. Wo steckst du gerade?

KARL: In unmittelbarer Nähe eines Wunders, wenn man so will.

STEPHEN: In unmittelbarer Nähe?

KARL: Ich bin unterwegs dorthin, aber hey, hör mal, okay, es ist eine lange Geschichte, aber du weißt doch, dass ich im Dschungel war...

STEPHEN: Du warst im Dschungel, ich weiß. Ist dort alles glattgegangen?

KARL: Ja, schon. Es kommt mir vor, als wäre das eine Ewigkeit her. Ich hab's überlebt. Ich war bei diesem Stamm. Ich hab alles mitgemacht. Es ging mir echt schlecht. Und dann komme ich hier an und denke so bei mir, okay, jetzt noch dieses Machu Picchu besichtigen, aber dann stellt sich heraus, dass ich erst noch dieses Gebirge besteigen muss. Ich musste heute früh um 4 Uhr aufstehen. Es gab Probleme mit dem Zug. Ich bin gerade erst hier oben angekommen. Ich bin also schon mehr als acht Stunden unterwegs. Ich kann das Wunder von hier aus sehen, der Kameramann kann das Wunder von hier aus sehen, und die Sonne geht bereits unter. Wenn wir wirklich noch dort hinwandern sollen, ist es dunkel, bis wir dort ankommen, und wir werden überhaupt

nichts mehr sehen können. Aber Richard, der hier heute den Chef spielt, stellt sich stur und sagt nur: »Die Sky-Leute wollen das Wunder sehen.« Ich bin der Meinung, von hier aus sieht man es gut genug. Hättest du ein Problem damit, wenn wir es uns einfach nur von hier aus ansehen? Von hier aus einen Blick draufwerfen und dann wieder verschwinden?
STEPHEN: Wie weit ist es denn noch?
KARL: Was meinst du, in Wanderstunden oder in Metern? Ich kann es von hier aus sehen.
STEPHEN: Nein, ich meine, wie weit entfernt seid ihr noch davon? Kannst du es wirklich in allen Details erkennen?
KARL: Absolut.
STEPHEN: Ich weiß nicht, was ich davon halten soll, Karl. Also gut, Kumpel, ich erklär's dir. Ich will diese Weltwunder in HD sehen. Ich fühle mich dafür verantwortlich, verstehst du? Ich hab dir diesen Deal mit Ricky und Sky klargemacht. Das ist eine Riesensache. Sie geben für dich ein Vermögen aus. Diese Serie entscheidet über ihren Erfolg im nächsten Jahr. *24* ist fertig, und Sky hat nichts Neues, Mann. Verstehst du, was ich dir sagen will? Ich will keinen verschwommenen Blick auf das Wunder bei dunstigem Licht. Kannst du dich nicht für ein paar Stunden hinlegen? Ein kleines Nickerchen machen? Und dann morgen früh aufbrechen und das Wunder besichtigen?
KARL: Nein, ich gehe keinen Schritt weiter. Ehrlich, du siehst nicht, was ich gerade sehe. Ich sage dir klipp und klar, wenn wir jetzt weitergehen, bekommen die Sky-Zuschauer nichts weiter als alte Steine im Dunkeln zu sehen. Die Dunkelheit wird natürlich gestochen scharf sein. Es wird die schärfste Dunkelheit sein, die sie je gesehen haben. Ich bin seit acht Stunden auf den Beinen, und die Aussicht von hier oben ist spektakulär. Und das sage ich jetzt nicht nur, weil ...

STEPHEN: Hast du das wirklich gerade gesagt? Meinst du das ernst?
KARL: Es ist wirklich spektakulär.
STEPHEN: Karl, du hast noch nie in deinem Leben das Wort »spektakulär« benutzt. Das macht mich misstrauisch.
KARL: Die Sonne hüpft sozusagen gerade vom Berg hinunter und in den Fels hinein. Und all das Grün – von hier aus sieht es wirklich toll aus. Ich fürchte nur, es sieht nicht mehr halb so gut aus, wenn wir näher dran sind. Es ist das Gleiche wie mit einem Gesicht. Aus einiger Entfernung sagst du dir: »Oh, diese Person sieht echt gut aus«, aber wenn du näher rangehst, denkst du: »Ach du Scheiße ...« Außerdem ist dies hier doch die letzte Folge. Warum lassen wir sie nicht mit einer schönen Panoramaaufnahme ausklingen? Jetzt mal ehrlich: Ich glaube, das könnte funktionieren. So könnte man die Serie beenden. Einfach eine schöne Einstellung mit untergehender Sonne. Es wäre ein richtiges Highlight zum Schluss, ich sag's dir. Mir fehlen die Worte.
STEPHEN: Erzähl mir, was genau du von dem Wunder vor dir siehst. Was ist dein persönlicher Eindruck? Vergiss mal das Fernsehen. Dein persönlicher Eindruck?
KARL: Na ja, um ehrlich zu sein, ich bin stinksauer. Ich bin seit 4 Uhr auf den Beinen. Ich hatte zwei hart gekochte Eier zum Frühstück und die Scheißerei. Es sind also nicht gerade die besten Bedingungen. Aber ich hab gerade wirklich nur den Zuschauer im Blick. Ich will nicht meinen Willen durchsetzen oder so. Und ich glaube ehrlich, für die Fernsehserie – und um die geht es doch? Darum geht's Sky doch? – sind die sieben Weltwunder ...
STEPHEN: Karl, was würde Michael Palin an deiner Stelle tun?
KARL: Wahrscheinlich einen Sprecher reden lassen. Er wäre

wahrscheinlich so spät überhaupt nicht mehr hier. Und er würde unter keinen Umständen dort noch hinlaufen. Er würde eine Gesamtansicht einblenden und sagen: »Machu Picchu, Stadt der Inka. Hier lebten sie vor Hunderten von Jahren...« Und so weiter und so fort. So was kann ich auch zu Hause in London einsprechen. Wenn der Kameramann jetzt noch so viele Aufnahmen wie möglich macht, schreib ich daheim in London einen Text dazu. Ich mache es den Zuschauern schmackhaft.

STEPHEN: Karl, weißt du, was? Du bist in den letzten Wochen als Mensch echt gewachsen. Ich habe das Gefühl, vor ein paar Wochen noch hätte ich dir einbläuen können, dort hinüberzugehen. Allmählich hab ich aber das Gefühl, dass du machst, was du selbst willst. Du bist ein anderer Mensch geworden. Ich weiß gar nicht, ob ich den wahren Karl überhaupt noch kenne. Wenn du also überzeugt bist, dort nicht mehr hingehen zu müssen, und wenn du meinst, dass die Sky-Zuschauer nicht enttäuscht werden, dann vertraue ich dir.

KARL: Mhm.

STEPHEN: Weil ich weiß, dass du sie nicht enttäuschen wirst. Du wirst mich und Ricky nicht enttäuschen, und ganz bestimmt wirst du nicht lügen.

KARL: Nein.

STEPHEN: Das glaube ich dir.

KARL: Es wird gut sein, Steve. Einen schönen Abend noch – und erzähl Ricky nichts davon. Ich spreche mit ihm, wenn ich wieder daheim bin.

STEPHEN: In Ordnung.

KARL: Bis dann!

Abschließender Fragebogen
von Ricky Gervais und Stephen Merchant

1. REISEN ERWEITERT DEN HORIZONT ODER SO ÄHNLICH. WENN MAN BEDENKT, DASS DU AN SICH SCHON EINEN ZIEMLICH BREITEN SCHÄDEL HAST – INWIEWEIT HAT SICH DEIN GEISTESHORIZONT ERWEITERT, NACHDEM DU ALL DIESE FANTASTISCHEN LÄNDER BEREIST HAST?

Ich finde nicht, dass es sich anders anfühlt. Ich habe einfach nur ein paar neue Erinnerungen in meinem Hirn abgespeichert, was bedeutet, dass ich wahrscheinlich ein paar ältere aus meiner Kindheit löschen musste, was ein bisschen ärgerlich ist, weil es glücklichere Erinnerungen waren als diejenigen, die ich von den Reisen mitgebracht habe.

2. GAB ES IRGENDETWAS, DAS DU LIEBER NICHT GESEHEN HÄTTEST?

Die ganzen Nackten am FKK-Strand in Brasilien. Ich meine, Brasilianer haben doch ohnehin so gut wie nichts an. Nudismus in England leuchtet mir gerade noch ein, weil die meisten zur Arbeit ja Hemden und Anzüge oder Kostüme anziehen müssen.

Vielleicht ist es deswegen ja ein schönes Gefühl, mal ganz ohne Kleidung rumzulaufen. Aber in Brasilien gehen sie sogar in Stringtanga und Flipflops einkaufen. Was gibt es ihnen da noch, schniedelsplitterfasernackt herumzulaufen?

3. WELCHEN GEGENSTAND, DER DIR DAS LEBEN ERLEICHTERT, WÜRDEST DU IM NACHHINEIN ZU ALL DIESEN ORTEN MITNEHMEN?

Ein Campingklo.

4. WER WÜRDE IN EINEM KAMPF GEWINNEN: EINER DER KUNG-FU-SCHÜLER AUS DER SHAOLIN-SCHULE IN CHINA ODER EL PORKY, SCHOCKER UND IHRE KUMPELS AUS DER WRESTLINGTRUPPE IN MEXIKO?

Ganz ohne Zweifel: die Kung-Fu-Schüler. Der Chef, Leo, hat mich nur mithilfe seines kleinen Fingers k.o. gesetzt. Meine kleinen Finger richten rein gar nichts an. Die sehen nur dabei zu, was meine anderen Finger tun.

5. OCHSENEIER, BLUTKUCHEN, ASCHE, GRILLEN, ESEL, WÜRMER, SCHARFER HASE, KRÖTE, DEIN EIGENES KNABBERZEUG ... DU HAST AUF DEINEN REISEN EIN PAAR LECKERE DINGE PROBIERT. WAS HAT DIR AM BESTEN GESCHMECKT?

Das Knabberzeug hab ich nur sicherheitshalber mitgenommen, als Trost, sollte das Essen vor Ort mir nicht schmecken. Ich habe unterwegs aber so viel davon gegessen, dass ich es nicht mehr sehen kann. Die Reisen haben diesbezüglich meinen Horizont also nicht erweitert, sondern im Gegenteil mir etwas weggenommen, was ich vorher gern hatte. Unterm Strich bin ich jetzt also schlechter dran als vorher.

6. WENN WIR EINES DIESER WELTWUNDER VON SEINEM STANDORT ABBAUEN UND IN DEINER STRASSE NEU ERRICHTEN WÜRDEN, WELCHES WÜRDEST DU DIR AUSSUCHEN?

Kein Einziges. Es ist auch so schon schwer genug, einen Parkplatz zu finden, auch ohne die ganzen Touristen, die dann meine Straße verstopfen würden.

7. WENN MICHAEL PALIN SICH AUF EINE REISE ZU DEN SIEBEN WELTWUNDERN BEGEBEN WÜRDE, WELCHEN RAT WÜRDEST DU IHM MIT AUF DEN WEG GEBEN?

Ich würde ihm raten, keine Ausflüge zu den Orten zu unternehmen, die Ricky und Steve vorschlagen. Ich würde ihm sagen, er sollte sich nicht den Kopf über die sogenannten »Wunder« zerbrechen, sondern sich stattdessen einfach irgendwo hinsetzen und Leute beobachten, statt irgendwelchen Highlights hinterherzujagen. Indien beispielsweise war der totale Wahnsinn. Es war, als würde man mit einem Dyson-Staubsauger einen Boden saugen, der eigentlich ziemlich sauber aussah, und dann erst erkennen, wie viel Staub und Dreck in Wirklichkeit da war. Indien ist genau so – es sieht auf den ersten Blick normal aus, aber wenn man genauer hinschaut, findet dort eine Menge komischer Sachen statt.

8. HAT SICH DEIN BILD VON GROSSBRITANNIEN VERÄNDERT?

Großbritannien ist verschwenderisch, aber das wusste ich auch schon, bevor ich auf diese Weltreise ging. Wir ersetzen, statt zu reparieren. Wir kaufen zwei Sachen zum Preis von einer, obwohl wir von vornherein nur eine Sache benötigen. Es gibt zu viele Gesundheits- und Sicherheitsauflagen. Ich hab neulich aus Versehen Essen auf den Boden fallen lassen, und da sagte jemand zu mir, es gäbe da diese Drei-Sekunden-Regel: Wenn irgendetwas mehr als drei Sekunden auf dem Boden gelegen hätte, sollte man es nicht mehr essen. In China ist die Hälfte der Nahrungsmittel wochen- und monatelang auf dem Boden herumgekrochen, bevor die Chinesen sie zu sich nehmen, und es scheint noch keinem geschadet zu haben.

9. JAMMERST DU INZWISCHEN WENIGER, JETZT DA DU WEISST, WIE WAHRES ELEND AUSSEHEN KANN?

Ich jammere nicht, ich nöle nur ein bisschen. Das sind zwei Paar Schuhe. Ich mag es rumzunölen. Ich finde, zu nölen ist eine natürliche Angewohnheit. Glücklich zu sein ist eine kulturelle Forderung. Ich glaube, dass wir uns alle selbst vorgaukeln, glücklich sein zu müssen. Ein bisschen zu nölen ist gut fürs Gehirn. Es treibt das Gehirn zu besserer Leistung an.

10. WAS HAST DU ALS ALLERERSTES GETAN, ALS DU VON DEINEN REISEN WIEDERGEKOMMEN BIST?

Ich hab meine Post geöffnet. Und wenn ich Post sage, meine ich damit Rechnungen. Der Briefträger bringt heutzutage doch nichts anderes mehr. Wenn ich ehrlich sein soll, bin ich immer froh, wenn die Briefträger mal wieder streiken. Und dann hat Suzanne uns was Schönes zum Abendessen gekocht. Würstchen, Baked Beans und Kartoffelküchlein, aber wie schon bei dem Knabberzeug bin ich langsam die Würstchen und Baked Beans und Kartoffelküchlein ein bisschen leid.

11. WARUM WARST DU SO BESESSEN DAVON, IMMERZU ÜBER TOILETTEN ZU SCHREIBEN?

Aufs Klo zu gehen ist eine meiner Lieblingsbeschäftigungen. Es ist Zeit, die mir ganz allein gehört – zumindest normalerweise.

In China war ich nie allein, weil die Chinesen in dieser Hinsicht eine Politik der offenen Türen pflegen bzw. nicht einmal das, weil es kaum Türen gibt. Es ist ein großer Raum mit ein paar Klos, auf denen die Leute nebeneinanderhocken. Es ist doch komisch. Überall auf der Welt gehen Menschen aufs Klo, aber trotzdem gibt es unterschiedliche Sichtweisen. Hierzulande versuchen wir, den Toilettengang möglichst angenehm zu gestalten, indem wir weiche Klositzüberzüge und sogar Toilettenpapiermützen benutzen. In China ist es eine Gruppenaktivität, und es gibt dort einfach weder Klodeckel noch Klorollen, die sie dekorieren könnten.

12. GIBT ES IRGENDWELCHE SITTEN UND GEBRÄUCHE, DENEN DU UNTERWEGS BEGEGNET BIST UND DIE DU HIER GERNE EINFÜHREN WÜRDEST?

Ja, ich fänd es klasse, wenn die Leute automatisch ihre Schuhe ausziehen würden, wenn sie zu Besuch kommen. Dann gäbe es nicht mehr diese peinlichen Momente, wenn man sie darum bitten muss, weil man gerade erst die Wohnung geputzt hat.

13. WENN DEINE FREUNDE MAHMOUD, CARLOS, ASHEK, LEO UND WILDER FÜR EINE WOCHE NACH GROSSBRITANNIEN KOMMEN WÜRDEN, WELCHES »WUNDER« WÜRDEST DU IHNEN ZEIGEN?

Ich würde mit ihnen ins Ripley's-Museum am Piccadilly Circus gehen. Egal, welche Sprache jemand spricht – der Mann mit dem Gesicht am Hinterkopf und die Pferdefrau interessieren jeden!

14. WO WIRST DU MIT SUZANNE EUREN NÄCHSTEN URLAUB VERBRINGEN?

Suzanne will auf Safari gehen, und angesichts der Tatsache, dass ich mich vor all diesen Reisen sogar gegen einen lausigen Affen impfen lassen musste, könnte ich davon glatt profitieren.

DANKSAGUNG

Danke, Jan Pester (erste Kamera bei allen Reisen außer in Peru), Rich Hardcastle (Fotograf), Freddie Clare (Ton und Bild), Richard Yee (Producer und Regie in Peru), Krish Majumdar (Regie in Ägypten, Brasilien und China), Christian Watt (Regie und Kamera), Ben Green (Regie und Kamera), Luke Campbell (Regie in Indien und Jordanien), Jamie Jay Johnson (Regie in Mexiko), Barnaby Lankester-Owen (Regie und Kamera), Michael Timney (erste Kamera in Peru), Emma Riley (Produktionsleitung), Claire Pocock (Produktionsplanung), Rebecca Wadcock (Produktionsplanung), Lynda Featherstone (Schnitt für Indien, Ägypten und China), Gwyn Jones (Schnitt für Brasilien, Jordanien und Mexiko), Sam Santana (Schnitt für Peru), James Cooper (Regieassistenz), Dan Goldsack (geschäftsführender Produzent), Simon Arnold (Produktionsassistenz) und Michael Andrews (Recherche).

BILDNACHWEISE

RICH HARDCASTLE
In Bildteil 1: Bildtafeln 1, 2, 3, 4, 5, 6, 7, 9, 12, 13, und 14.
In Bildteil 2: Bildtafeln 2, 3, 4, 5, 7, 11, 12 und 13.

FREDDIE CLARE
In Bildteil 1: Bildtafeln 4, 6, 8, 10, 11, 12, 15 und 16.
In Bildteil 2: Bildtafeln 1, 4, 6, 8, 9, 10, 11, 14, 15 und 16.